U0071418

大師系列01

大師教你學面相

華人最大命理網站「占卜大觀園」命理總顧問
陳哲毅◎著

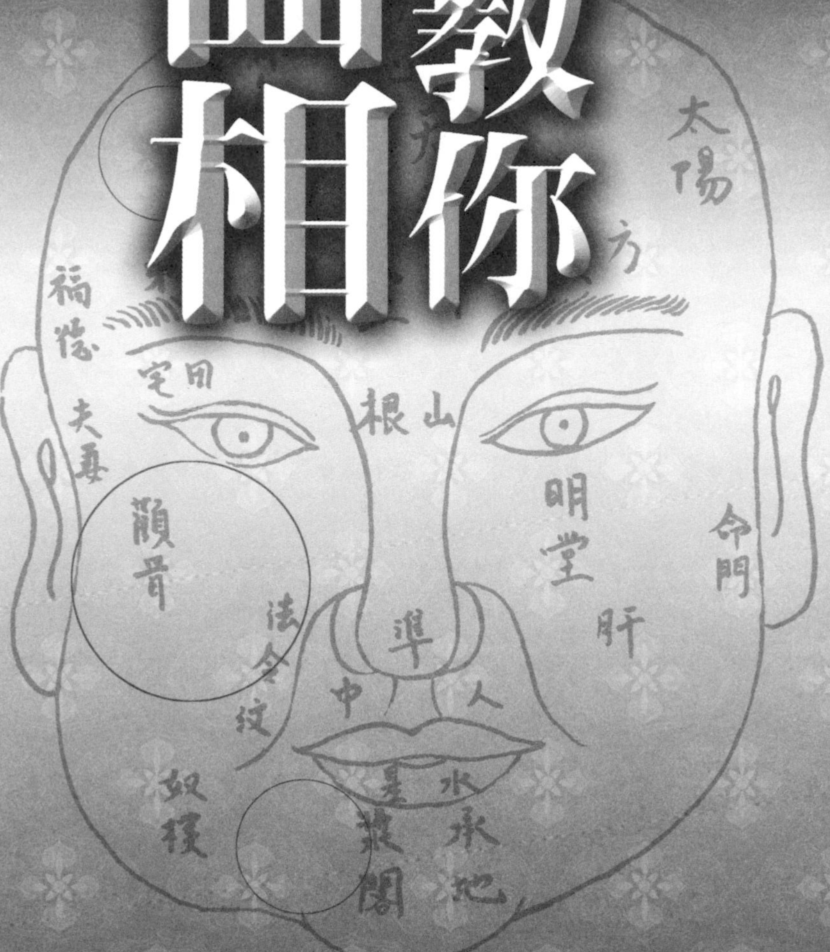

關於作者

◎亞洲最大個人命理資料庫網站「占卜大觀園」命理總顧問。

◎淡江大學、華梵大學、萬能技術學院等校易學研究社指導老師。

◎中華民國九十二年十大傑出命理金像獎。

◎曾任中國河洛理數易經學會理事長、日本高島易斷總本部學術顧問。

◎現任中華聯合五術團體總會會長、中國擇日師學會理事長、中華五術社團聯盟總會會長、大成報專欄作家。

◎著有《我的第一本求籤解惑書》《學梅花易數，這本最好用》《第一次學手相學就學會——事業感情篇》《第一次學手相學就學會——基礎入門篇》《第一次學面相學就學會》《學會面相學的第一本書》《姓名學開館的第一本書》《陳哲毅姓名學講堂》《學習姓名學的第一本書》《陳哲毅教您取好名開福運》等80餘種。

序言

面相學是門簡單易懂，但是最具實用價值的五術，因爲可以直接觀看，就能判斷而得出結論，不需要知道出生年月日，以及經過複雜的演算。像是個性方面的了解，就是面相學重點所在，不但能知道對方的好惡、想法心態，生活習慣如何，品行也可以加以推敲，讓彼此在認識的時候，自己比較不容易吃虧，在感情交往、生意來往、業務談判、問題溝通等等，都能發揮很大的作用，省去不少的時間與麻煩。

不過面相學的內容繁雜，坊間的書籍也很多，而且有些還是古書，讓有些人望之卻步，不敢踏出第一步來學習。其實面相學沒有哪麼難懂，只是需要花點時間，將各個部分與功用熟記，自然就會牢記在心，不會感覺到困難，若是還能經常使用，當驗證久了之後，哪麼就會更有信心，也更加得心應手。本書經過一番整理與編輯，將原本銷售很好的《學會相學的第一本書》、《第一次學面相學就做對》兩本相互關連延續的書輯爲完整一冊，內容更加豐富完整，使得大家方便閱讀吸收，尤其是「面相流年部位的圖解及白話解說」，讓讀者更能夠掌握住重點，明白論斷運勢的流年和重點，只要花幾分鐘就可以成為面相學大師，替自己趨吉避凶、增加好運。

最後要說明的是，面相學常說：「相不獨論」，不能單單就某些地方不好，就妄加斷定運勢不理想、人生沒有希望，而產生怨天尤人、自怨自艾的悲觀想法，這就不是正確學習五術的心態。要知道「相由心生、相由心轉」，只要能夠改變自己的想法，修正錯誤的觀念，增加實際的善行，哪麼就算面相再怎麼不好，運勢也不會跟著不好，反而無形當中能夠轉化，慢慢轉化成好的趨勢，所謂「積善之家、必有餘慶也」。說不定面貌就能夠改變，而不用太過擔憂煩惱，影響了原本該有的好運勢，希望大家能夠自我勉勵期許，妥善運用面相學的學問，朝向更美好幸福的生活。

目錄

5
4
1
3

2
5
3
1
4

3

2
1
4
3

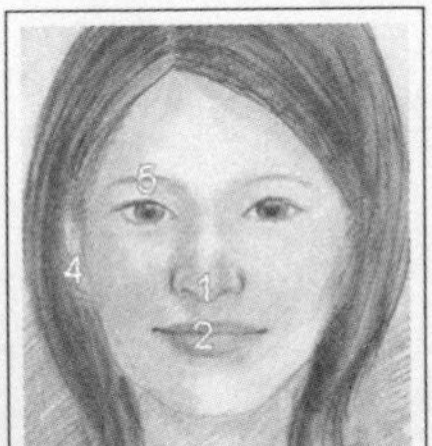
5
4
1
2

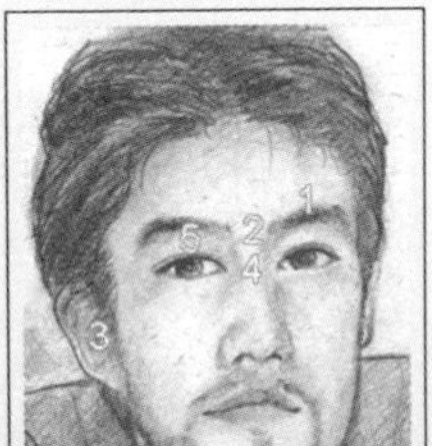
1
5
2
4
3

命好搭配好面相，事半功倍世人羨(一) 155

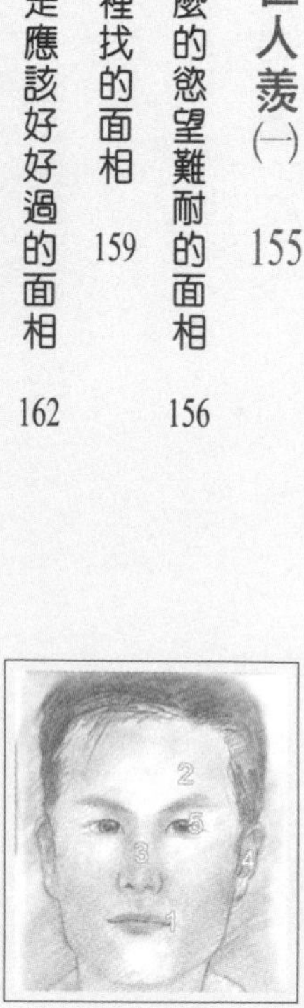

命好搭配好面相，事半功倍世人羨(二) 201

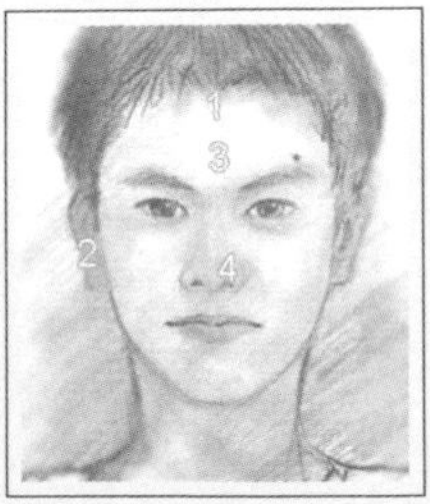

命好搭配好面相，事半功倍世人羨(三)　231

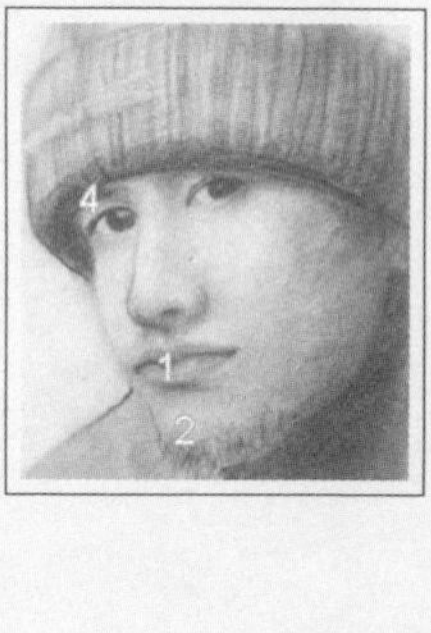

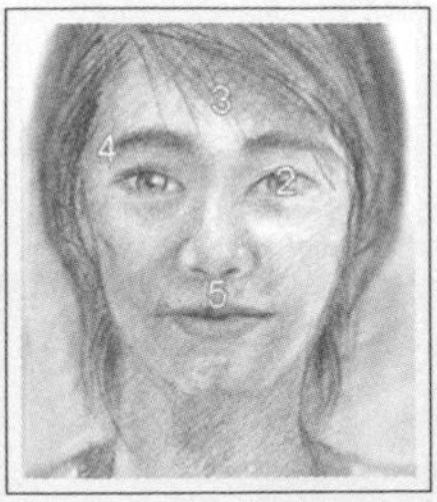
3
4
2
5

1
3
2

4
1
2
3

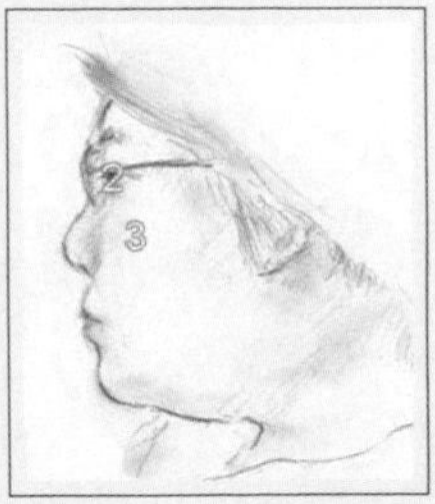
2
3

2
1
3
4

2
3

命相缺陷帶災難，事與願違徒辛勞（一） 343

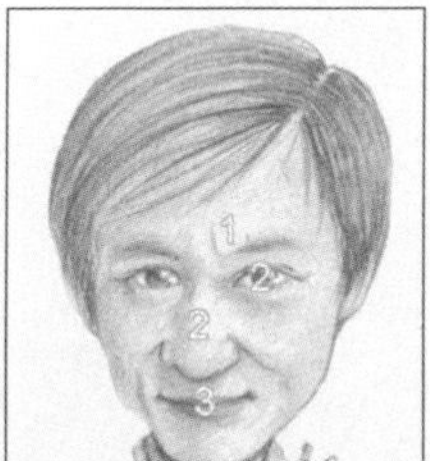

命相缺陷帶災難，事與願違徒辛勞(二) 377

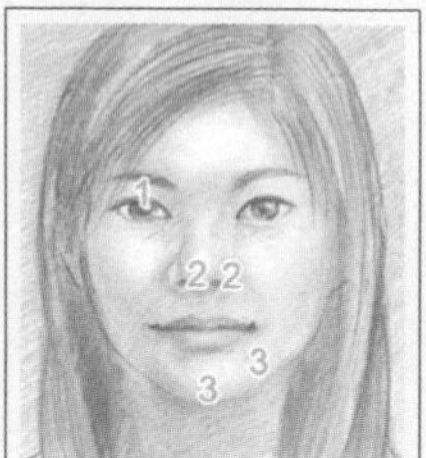

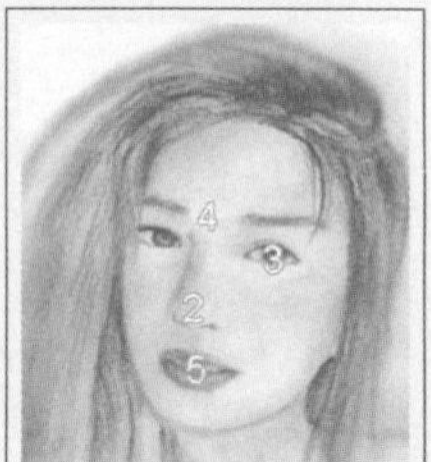

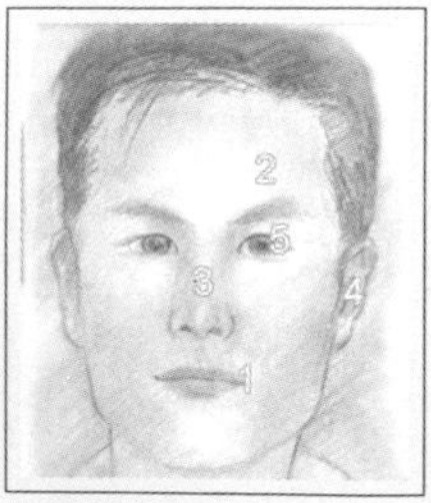

5
4
2
1

4
1
2
5
3

4
1
3
5

關於面相學

五術的相學淵源流長、分支眾多，可以從追溯黃帝的時期，一直到春秋戰國以後，才有比較完整的系統資料，這是因為面相學是一種實際觀察，需要統計累積的學問，要有一定程度的驗證，才能得出較客觀的結論，但由於涵蓋地區遼闊，內容繁雜瑣碎，又時代不斷演變的關係，有些論述已經不太符合，因此面相學雖然簡單實用，但若要深入專研精通，也不是一件很容易的事。有鑑於此，特別整理典籍資料，挑選重要的心得，並且加以白話論述，讓讀者能分門別類、按部就班來學習，可以馬上熟練、得心應手，直接用於日常生活當中，而獲得實際的利益。

就整個面相學來說，手面相學是最常用的，特別是面相學的部分，讓人一眼就看穿對方的個性、品格，因此能夠迅速了解對方，舉凡人際交友、感情婚姻、事業財運、健康運勢等等，各方面的對待情況，都可以由對方面相來得知，特別是五官跟十二宮的位置，幾乎是需要牢記熟讀的。而且現代人重視外貌，講求效率，跟人接觸的機會大增，處理的事情又繁雜，感情很容易受挫想不開，事業茫茫而選錯前途，加上社會動盪不安，無法日久見人心，因此若能學習面相學，用來交友、用人、做選擇，那將會節省很多時間，並且提高順利成功機會，這是非常重要的一點。

再者，面相學強調的是：「相由心生、相由心轉」，跟佛家所說：「萬法為心造」的道理相似。面相學所表現出來的，雖然能知道人的運勢起伏、命運趨勢，與周遭環境的變化等，但眞正所在意的，想指點出來的是「心性的好惡」，也就是反應在外的行為舉止、氣質風度、談吐說話、決策運用、生活實踐……，所謂觀人識人、知人善任也。若知道個人心性的優劣得失，就知道要如何彌補挽救，那麼不管是自我修身或是人際往來，都能圓融應對無所閃失，人生的過程將能平穩順利，減少不必要的阻礙、坎坷，各方面將有更上一層樓的視野。

看相好福氣、五官見真章

看相好福氣、五官見眞章

五官之一、看貴在眼

眼睛是靈魂之窗，是人跟人接觸時，最先正視的地方，因此眼神、眼形的感覺，決定了見面時的第一印象。不僅代表一個人的心思、個性，也顯示出自己行為舉止。更重要的是，就面相學來說，眼睛是五官之一，佔有最特殊的地位，眼睛的大小、位置、眼形、眼神等等，除了反映出個人的個性外，也透露出人生運勢的起伏高低，包括事業、功名、財富、感情、婚姻……，是面相學不可忽視的重點，如果能把握看眼睛的要點，那麼用來觀人、識人幾乎都能無往不利。

一、眼神要有力

眼神若有力的話，就會給人深刻的印象，會覺得對方精明幹練，而且精力充沛。有這種眼相的話，表示爲人積極努力，懂得力求上進，就算運勢不理想，也很容易有貴人幫助，因此成功的機率很高。反之，若是眼神渙散，沒什麼精神的話，表示爲人不積極，不值得信賴，運勢自然不是很理想，有每況愈下的情況。

二、眼神不能閃爍

另一個看眼神的要點，就是眼神有沒有閃爍，若跟人講話時，不敢直視對方，而頻頻左顧右盼的話，表示其態度不誠懇，言詞多半誇大不實，而且心裡一直想著其他的事情，讓人不是很放心交往，必須要暗中提防對方，才不會讓自己吃虧上當，這種眼相的運勢也不太好，很容易起伏不定，因爲缺乏自信的緣故，或有想佔人便宜的打算。

三、眼神要清澈

眼神的清澈也很重要，清澈就是黑白分明，而且最好不要有血絲出現。若是清澈的眼神，表示爲人正大光明，行事果斷，不會做出見不得人的事情，就算發生了困難阻礙，也容易獲得貴人幫忙，在事業上，能夠進展順利，緩慢累積財富，投資理財也不容易判斷錯誤，感情上也很容易找到相配的對象。反之，眼神不清澈，泛黃、泛紅或是黑白不分明的話，表示心裡的想法雜亂，不是很能夠安定下來，事業上會比較奔波操勞，經常遭他人拖累，財富不容易守住，判斷事情也容易出錯，感情上會反反覆覆，通常沒有好的結局。

四、眼睛的大小

一般人會認爲眼睛大就是好的，類似電影或漫畫中的主角，女性眼睛水汪汪很可愛動人，男性就是溫柔體貼的代表，而眼睛細小的話，就是反派或壞心眼的傢伙，其實這都是先入爲主的偏頗觀念。眼睛大有眼睛大的優缺點，眼睛小也有眼睛小的優缺點，並不是只有大才是好的，而小就是不好的，面相學不是如此單純的理論，因爲通常相不獨論，必須要配合臉形五官跟各個部位，一起綜合判斷之下，才能得出比較客觀的說法。而單一部位的說明論斷，只是爲了讓人方便了解而已。

眼睛大的人通常比較熱情開放，對什麼事情都充滿好奇，但往往只有三分鐘熱度，沒辦法長久持續，讓人有喜新厭舊的感覺，特別是表現在戀愛方面，異姓緣很好，但就是定不下來，若有爭執的話，會直接向對方發脾氣，不過脾氣來得快，去得也快。在工作上，則有半途而廢的可能，必須要堅持到底，才比較能快速成就，達成預定的目標，否則三心二意，恐怕會影響到前途。

反之，眼睛小的人，各方面行事都會比較保守，還可能帶點自卑感，所以無法勇敢的積極進取，探索不熟悉的陌生事物，人際關係上會給人封閉的感覺，不是很容易就能親近。而且眼睛小的人，凡事都比較固執己見，不太願意改變原則，缺乏彈性的手腕，有時讓人不敢恭維，但優點是非常細心，考慮比較周到，不會出嚴重的差錯。若兩者比較起來，前者適合外交、公關，多跟人接觸的相關事務，後者適合企畫、行政，可以撰寫研究的相關事務。

五、單眼皮、雙眼皮

眼睛單眼皮或雙眼皮，其實都各有優缺點，並不是雙眼皮就一定是好的，而單眼皮就比較吃虧，因爲眼皮的不同，只是表示個性上的差異，何況相不獨論，若其他部位能彌補的

話，其實單眼皮也可以很活潑好動，雙眼皮也可以很冷靜保守，所以無論是單眼皮是雙眼皮，實在不需要爲了愛美或增加運勢，而去動割眼皮的手術。

若是單眼皮的話，個性會比較保守，不敢積極行事，會先考慮清楚，再詳細擬定計畫，才有可能去執行，由於不善於言語表達，因此人際關係會稍微吃虧，必須要加強交際手腕才行。再者，由於態度比較保守，對很多事情都堅守原則，給人非常頑固的印象，有時候堅持是好的，但有時候就不妥當了，這是需要改進的地方。若是雙眼皮的話，個性顯得的非常外向，不害怕陌生的事物，會勇敢的大膽嘗試，雖然冒的風險很高，很容易遭遇失敗挫折，但在學習的心態之下，反而能得到許多經驗，有助於將來的前途發展。不過在缺點方面，爲人很容易感情用事，而有衝動莽撞的傾向，常常惹出不必要的麻煩，而讓人擔心受怕，這是需要注意的地方。

六、眼白的多寡

眼白的多寡跟個性有關，眼白必須要分明，這先前已經敘述過了，再來就是眼白的分佈有一定的意義。若是眼白比較多的話，表示個性比較叛逆，容易以自我爲中心，不太聽旁人

的建議，這是缺點的地方，但反過來說，也比較能突破創新、擺脫傳統，是個企圖心強烈的人，但手段會激烈許多。而三白眼或四白眼的人，內心通常有許多不滿、怨恨，但都沒有直接表達出來，平常會隱藏在心裡面，受不了才會爆發出來，這種人若沒有作姦犯科的話，就是脾氣暴躁凶殘的人，周遭朋友不太敢接近，因此本身會顯得孤僻。

七、眼睛的凹凸

眼睛的凹凸也非常重要，若是凹陷的人，表示容易感到自卑，不太敢表現自己，個性會比較退縮保守，凡事會比別人慢一步，加上主見不足、判斷較差，被別人慫恿影響的話，很容易受騙上當。若是突出的話，表示個性急躁，脾氣火爆，平時喜歡講話，與人聊天，也很愛批評、諷刺別人，凡事會爭強鬥狠，有時會失去理智，有歇斯底里的現象。因此眼睛凹凸適中，各方面的行事會比較中庸，懂得拿捏分寸所在。

五官之二、看福在耳

耳朵也是五官之一，重要性自然不可言喻，尤其在面相學上，耳朵不但看幼年的運勢、家境的好壞、教育的程度、心性的好壞，更是將來功名利祿、榮華富貴的參考，甚至一生辛勞的結果，都可以從耳朵上看出來，因此耳朵就像是人生成長過程的紀錄。

一、耳朵位置

耳朵的位置其實藏有玄機，不是一般人可以知道的，在面相學上特別有提到，位置的高低有一定的標準。耳朵高的人，就是耳朵頂端的部分，比眼睛還要高出的話，那麼表示爲人智商很高，學習、創造能力很強，從小家庭就有栽培教育，而且貴人運勢旺盛，會比較早出名發達，而有社會的地位與名聲。若是耳朵位置低的話，表示智商較弱，學習能力較差，教育程度可能不好，貴人運勢不是很理想，整天只想著賺錢、追求物質的溫飽與享受，而缺乏遠大的理想抱負。

二、耳朵的比例

耳朵的大小也相當重要，表示個人的格局大小，若是耳朵大的人，表示心胸遠大，領導管理的手腕很好，知道要變通行事，不會墨守成規，由於交際面廣闊，財運的情況也比較理想，物質生活不會很缺乏。若是耳朵小的人，表示心胸狹窄，企圖心較弱，只對有興趣的事情深入研究，不會想要坐大或是創業，人際關係上會比較孤僻，只會跟熟人打招呼，很害怕陌生的人事。

三、耳朵的輪廓

耳朵的輪廓若明顯的話，表示頭腦聰明、精明能幹，什麼事情都能夠正確判斷，而且不會感情用事，是非常理智的人。若不明顯的話，表示腦筋較遲鈍，很容易發脾氣，常常忘東忘西，忘記承諾的事情，信譽會受到質疑，做事情都要反反覆覆，才能夠順利辦妥。耳朵若

貼腦的話，表示思想保守，懂得知足常樂，不會有野心，雖然踏實、穩健，但難免缺乏變通，需要多變換方法才好。若耳朵外翻的話，思想會比較叛逆，不喜歡傳統束縛，會有創新的做法，但行爲舉止有時太過怪異，別人往往不能接受，感情生活也不穩定，會一直想要更換對象，來滿足自己的新鮮感。

四、耳朵的耳垂

耳垂是代表福祿，沒有耳垂的人，表示比較辛勞，沒有貴人幫助，凡事靠自己努力打拚，卻聽不進別人的建議，所以常常會吃虧，晚年生活要提早規畫，才不會有經濟拮据的問題。有耳垂的話，表示爲人忠厚老實，懂得聽進他人勸言，通常有貴人幫助，財運不至於缺乏，晚年可以享受福祿。

五官之三、看富在鼻

鼻子象徵個人的自我意識，也顯示脾氣跟個性，因此在面相學上也佔有重要的地位。而且鼻子位於臉的中央，向來有五嶽之主的稱號（額頭、左右顴骨、下巴分別為北嶽、東嶽、西嶽、南嶽），而若鼻子夠豐隆挺直的話，則表示個人運勢步步高升、有權有勢，榮華富貴可期，所以也是先天的財庫所在，對於物質經濟的生活，有直接影響的作用。

一、山根

山根表示事業的基礎，也是健康好壞的標準，若山根低陷的話，表示事業的基礎不佳，身體健康容易出毛病，爲人欠缺上進企圖心，做事情懶散、消極，沒有什麼主見可言，容易

受到朋友影響，而有被拖累的傾向，經常破財消災，甚至於誤入歧途，事業多半要辛苦奔波，多勞才能有收獲，事業成就會比較慢。若山根高聳的話，而且也沒有疤痕或惡痣的話，則表示事業的基礎穩固，身體健康比較硬朗，個人非常有定見，能做出正確的判斷，不會被別人牽著走，相對的小人會比較少，貴人會比較多，事業能夠進展迅速，比較快有成果出現。

二、鼻樑

鼻樑最主要是看有沒有歪斜，以及佔臉部的整體比例爲何？鼻樑若中正的話，表示心地善良，心思純正，不會想要耍小人技倆，而且人際關係較爲良好，感情交往的對象，一般來看條件也不錯，事業、財運也算是良好的。但若是歪斜的話，甚至於鼻樑有起節的話，表示心思不正，常常打著壞主意，想要佔人家的便宜，因此會暗中計畫，設計陷害他人，事情一旦曝光，信譽、名聲都會跟著毀了，所以要多提防這種面相的人。在鼻樑的長短方面，若鼻樑佔的比例較長的話，表示個性比較優柔寡斷，沒辦法果決做事情，常常東拖西拖，因此錯失了好機會，雖然不會受到損失，但也得不到什麼好處，應該想辦法讓自己積極大膽才行。

但若是鼻樑佔的比例較短的話，表示容易衝動行事，做事情不夠沉穩踏實，常常想要投機取巧，冒著高度的風險，當然就會遭遇到失敗挫折，而總是後悔不已。

三、準頭

準頭也是鼻子的重要參考依據，因爲它位於鼻子的中線，也是唯一明顯突出的地方。若準頭渾圓的話，一般表示爲人重視感情，喜歡交朋友，對於感情會比較珍惜，財運上也會動腦筋，用正當的手段來取得，特別是準頭也代表經濟能力的強弱，若準頭比例大，又沒有疤痕或惡痣的話，表示理財投資很有成就，會迅速累積財富，運勢會滿旺盛的。若準頭低陷，或是有疤痕或惡痣的話，表示個性反覆不定，非常情緒化，而且很容易受人慫恿，經常隨便浪費金錢，而欠缺詳細的理財規畫，有負債、破產的可能，若準頭是尖形又下垂，俗稱的鷹勾鼻的話，那麼就要特別注意，爲人通常心思陰險、手段毒辣，會想要奪取人家的好處，不太能與之接近，或是選擇來當深交的朋友。

四、鼻翼

鼻翼的部分象徵倉庫，也就是存放財富的地方，若豐滿厚實的話，表示財富充足，而且源源不絕，對朋友很大方不會吝嗇，也很懂得節制慾望。但若是出現疤痕或惡痣，表示喜歡追求物質生活，有敗金的傾向，很容易被朋友給拖累，又鼻孔外露看得見的話，雖然生性樂天開朗，沒有什麼心機，但由於不懂得節制慾望，會往往揮霍無度，負債或破產也在所不惜，晚年生活需要提前規畫，否則都會過得艱辛痛苦。

五官之四、看名在眉

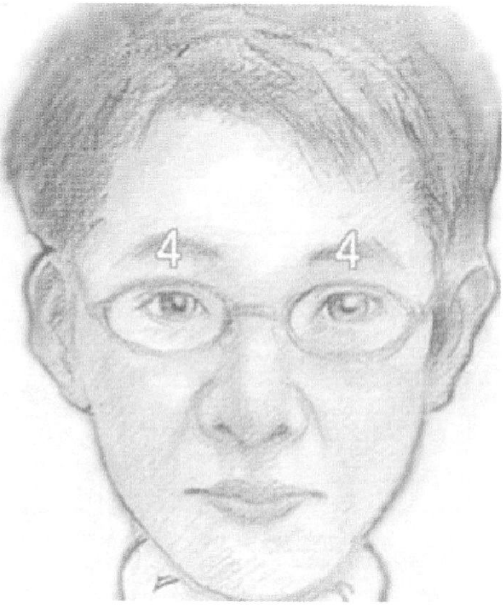

眉毛雖然不如其他五官重要，沒有實際日常使用的用途，在臉部上好像只有裝飾的感覺，不過就面相學來說，是不可忽略的地方，也是判斷個人運勢好壞、個性優劣的關鍵之一。眉毛一般說來除了表示個性之外，還能代表人際關係的親密與否，像是跟父母、兄弟姊妹的關係，甚至於配偶、子女等關係，也可以從這裡看出來。所以不同的眉毛，便有不同的個性、人際關係，是值得參考的地方。

一、眉毛間距與長短

眉毛的間距就是俗稱印堂的地方，若間距太過狹窄，不夠開闊的話，表示運勢受到限制，無法一展身手，困難重重，凡事都不理想。一般來說是以手指頭爲標準，一個半的間距爲最佳。但若間距太大，超過二指以上時，也不盡理想，爲人優柔寡斷，凡事患得患失，沒

有原則，在行事方面會顯得隨便馬虎，容易受到他人的慫恿影響，發生吃虧上當的情況，特別是在感情方面，有人財兩失的可能。

以眉毛的長度來說，以過目爲良好，所謂過目就是比眼睛長一點，這樣算是正常的情況。若眉毛太短的話，甚至不到眼睛的一半，或是沒有眉毛的情況，表示個性比較孤僻，時而冷漠時而熱情，處理事情雖然果決，但偏重實際利益，有自私自利的現象，人際關係不是很理想，感情也容易三分鐘熱度，最後無疾而終。但若是太長的話，或是有連眉成一直線的情況，表示個性比較固執己見，不懂得變通行事，別人的話比較聽不進去，常常因此而吃上大虧，人際關係上雖然正直，但作風過於強勢，欠缺適當彈性，有時反而會遭人詬病。

二、眉毛的粗細濃淡

眉毛若粗且濃的話，個性比較急躁，脾氣也不太好，但算是直來直往的人，不會耍心機，在感情方面，佔有慾會比較強，常常因此而吃醋、生氣，伴侶或配偶要受得了才行，不然吵吵鬧鬧難免。若眉毛是細且淡的話，個性比較溫和，但是太過神經質，對什麼事情都很在意，會跟人家斤斤計較，但卻不會大方付出，給人冷漠、自私的感覺，在感情方面，會比

較情緒化，也滿重視安全感，雖然很順從另一半，但也滿依賴別人的。

三、眉毛的形狀

ㄟ字眉：

有這種眉相的人，個性比較高傲、自負，不太相信別人的建議，只會遵照自己的想法，也時候會跟人家爭論起衝突，而有賭氣的情況出現，若能改正這點，將企圖心發揮在其他方面，前途將無可限量。

八字眉：

眉毛尾端若下垂，就形成八字眉的眉相。這種眉相的人，心胸很寬容開放，給人與世無爭的感覺，但有時顯得懦弱，會很怕事，容易讓別人瞧不起，又對朋友不好意思拒絕，常被朋友給拖累，甚至於因此沾上酒色財氣，而惹上是非糾紛，要有所節制才好，生活會比較快樂，不用整天煩惱憂愁。

劍眉：

劍眉是尾端的部分上揚，整體倒立像八字一樣，頗有英雄氣概的架勢。這種人通常個性

直爽，愛打抱不平，喜歡冒險新奇的事物，來鍛鍊增加自己的經驗，在事業上常有突出表現，讓人相當的激賞。但有時候容易衝動行事，而失去冷靜的判斷，特別是感情方面，容易因此走向極端，而有無法挽回的局面。

三角眉：

三角眉是常見的眉形，通常以男性居多，有這種眉相的人，表示精力充沛、鬥志旺盛，不怕任何的挑戰，會勇於面對難關，是責任感很重的人，讓人很能夠信賴，不過在溝通上，口氣要稍微溫和委婉，以免跟人起口角而傷了和氣。

新月眉：

一般來說女性比較有這種眉相，男性偶爾也會出現，這種眉毛表示感情細膩，思慮深遠，頗有藝術家的氣息，人際關係良好，若專心努力於事業的話，將會有一番成就，聲名遠播。但缺點是，情緒起伏較大，有時候不切實際，以致於很難貫徹始終，沒有什麼出息可言。

五官之五、看祿在嘴

嘴巴是五官中滿重要的地方，少了這個部位的話，人很可能就活不下去，也沒辦法開口說話來表達自己的想法、要求，所以嘴巴可是很實用的器官，幾乎天天都需要用到。在面相學上，嘴巴能看出自己的個性、人際、財運等等，也表示晚年運勢的好壞情況。

一、嘴巴的大小

嘴巴的大小是看個人的臉部比例，並沒有一定的標準。比例較大的話，表示爲人心胸開闊，處事隨和自在，人際關係良好，能領導管理衆人，事業上，企圖心也較旺盛，能夠蒸蒸日上，累積許多的財富。反之，若比例小的話，表示心胸較狹隘，行事傳統保守，不太敢積

極前進，對環境適應力較差，人際關係上心防較重，交際應酬不多，不適合當領導人物，對於行政事務、研究開發等等，會比較得心應手。

無論嘴巴的大小如何，其先決條件是：嘴巴沒有說話時，要能夠緊緊閉合，不能夠張開合不攏，如果是一直合不攏的話，表示生活奢侈糜爛，對物質沒有節制，而且爲人行事隨便，沒有原則可言，因此信用上會出現問題，特別是在金錢方面，若是談感情的話，會更換不同對象交往，同時腳踏多條船，甚至有性氾濫的情況。

二、嘴唇的厚薄

嘴唇的厚薄也很重要，嘴唇厚的人，比較重視物質生活，懂得自我享受，對於朋友會比較大方，也比較好溝通，但是感情上，佔有慾比較強，常有嫉妒的心態，是缺點所在。若是嘴唇薄的人，行事比較理智、冷靜，不太會衝動行事，但滿會爭取自己的利益，若被侵犯的話，將不惜一切代價討回，講話有得理不饒人的情況，手段也比較激烈極端，但若能替別人著想，用在團體利益的維護上，將可以發揮專長，受到禮遇和尊重。

三、嘴形與色澤

嘴唇的形狀，一般只是看有沒有稜角，就是嘴角兩旁的位置，跟人中交接的地方，輪廓是否明顯。若有稜角的話，表示心態樂觀積極，能替他人著想，常常笑臉迎人，運勢平步青雲，財源也比較穩定充足。反之，個性懶散，胸無大志，整天遊手好閒，貪圖物質享受，有揮霍無度的現象，他有負債、破產的可能。在色澤方面，一般以紅潤爲原則，表示身體健康，人緣極佳，而呈現青紫色或灰黑色的話，身體健康可能出毛病，運勢方面不太理想，將會有意外災厄發生，必須要注意才好。

命運十二宮、輪轉看人生

命運十二宮、輪轉看人生

一、命宮的面相圖

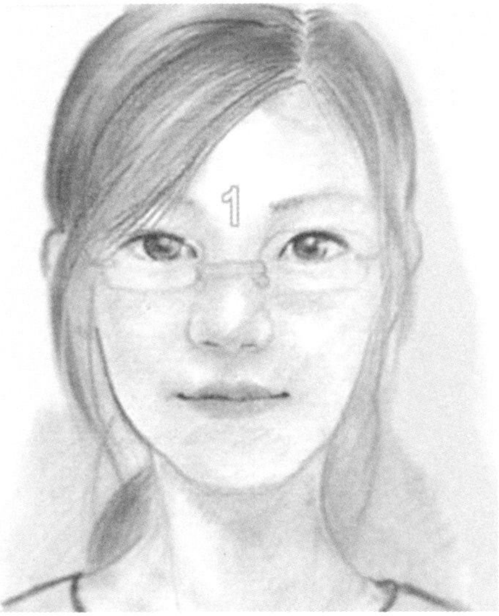

命宮的位置在兩條眉毛中間，在鼻子的山根上面，是一個人精神元氣凝聚象徵之部位，也是攸關一個人一生的貴賤福禍。命宮長得好的人，他的人生過得幸福美滿、身心愉快，命宮長得不好的人，人生道路多崎嶇坎坷、阻逆不順，過的日子當然痛苦多於快樂。

好的命宮之相理，就是印堂部位應該滿平直的，光潤如鏡子一般，得天獨厚，一生都能逢凶化吉。其他部位相理如眉毛和眼睛、鼻子又長得好

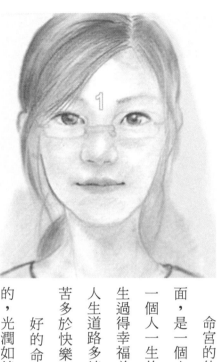

人，可以期待榮華富貴的生活。

命宮相理不好的人，印堂如有凹陷、眉鎖印、亂紋、惡痣、疤痕等缺陷，爲先天運勢較差的人，縱使本身才高八斗，但一生的境遇多寒滯、刑剋、破財、災禍，不免會抱持負面、消極的人生觀。宜多修心養性方能改變宇宙人生的法則。

命宮之氣色更是重要。印堂顏色是黃明色的人，財務進出通順；印堂顏色是紅潤紫氣色的人，事業上容易升官，生活中易有喜事；印堂顏色是赤色一片的人，容易有火災或破財失敗的突來意外；印堂顏色是青色的人，比較容易肇禍生事，印堂顏色是黑色的人會有死亡的危險；印堂顏色是白色的人，易遭他人剋害。

二、兄弟宮的面相圖

兩條眉毛叫做兄弟宮或交友宮，此宮位的好壞可以看一個人和其兄弟姊妹的緣分深淺，好的話彼此很親近，不好的話彼此有嫌隙，在朋友方面，可以看自己是貴人多還是小人多。

眉毛長得清秀優美的人，個性溫和優良，城府心機較少，對朋友及兄弟都很好，常保心境愉快，自然運勢上多貴人相助，能得到較好的名聲，很少沒有不事半功倍的情形，通常是英名早發的人。

好的眉相，眉毛應該是順生的，沒有向印堂長過去，而且形狀清秀，眉隨眉稜骨起，眉尾的部分毛是聚合的，眉毛長色澤光

潤。

若眉相不好，如眉毛長入印堂的部位，或眉毛逆生，眉形呈現三角狀，眉中有旋毛散亂，整條眉毛低垂，或眉頭很高眉尾卻低，眉毛短粗且是淡薄的黃色，眉毛中間有破斷疏散，眉毛跟眼睛的距離過近，表示兄弟彼此情緣較薄，有嫌隙不能互相幫助，同時表示本身小人多，也表示其人個性急躁，有怪僻待修養，在社會上的人際關係很差，也不容易保持美滿的婚姻與家庭生活。

三、夫妻宮的面相圖

夫妻宮位於眉毛及眼尾延伸到髮際的位置，相學上這裡又叫做魚尾奸門。夫妻宮相理好者，男性容易娶到賢慧的妻子，女性會嫁給一個顯貴的丈夫。從談戀愛是否順暢？能不能遇到賢淑的另一半？適合早婚或晚婚？夫妻婚後感情好不好？夫妻兩人互動好不好？與配偶以外之異性相處關係如何？這些問題皆可從夫妻宮部位的好壞來論斷。不好的夫妻宮相理如：整個眉毛部分過於散亂，眉尾部位不聚或稀薄，或者眉毛長的較低，尾端刺入奸門的部位，或眼尾部位凹陷不豐隆，奸門狹窄低陷或露骨，魚尾紋過多又雜又交叉。如果這部位有惡痣、斜紋、疤痕的話，都應驗在戀愛不順，婚姻不美滿，易有外遇的現象，或夫妻聚少離多，同床異夢的情形。

好的相理應是：奸門部分豐隆平滿，色澤光潤沒有雜紋，則表示婚姻幸福美滿，能和另一半共建溫馨家庭。

四、子女宮的面相圖

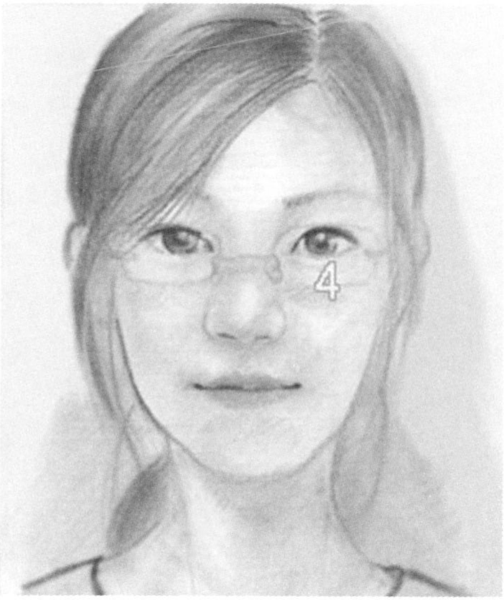

子女宮位於兩個眼睛的下面，相學上稱之淚堂或臥蠶。由子女宮的部位可以看與子女的緣分是深還是淺，彼此間能否相處融洽，將來子女是否會賢孝，以及本身生殖能力強弱，或子女的健康狀況如何，除了淚堂主要部分外，人中與口唇的部位也可以參看子女宮的好壞。

好的相理應是：

(1)淚堂豐厚隆起，光亮潔淨、色澤紅潤、無紋平滿。(2)人中部位深長。(3)嘴唇上多直紋，則兒孫福祿榮昌，自身亦身心健全。若有惡相如：淚堂位置有惡紋、惡痣、凹陷、色澤枯暗，或人中部位淺平歪曲，嘴巴形狀如吹火者，一般則表示與子女無緣到老，兒孫有代溝、嫌隙或一生爲子女憂慮。

凡子女宮有惡相者，應多做善事積陰德，不做虧心事，涵養品德，修養心性，注意養身之道。俟眼下陰紋生出，便可福報子女。

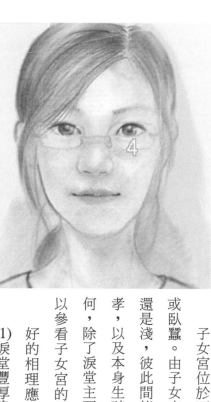

五、財帛宮的面相圖

以鼻子部分爲主，參看眼睛、天倉及地庫。鼻子相美好的人，象徵財氣比較多，物質生活比較富裕，身體方面也比較健康。若鼻相不好的人，非但沒有什麼財氣可言，其一生將會多煩惱、是非、疾病、傷亡等。

好的鼻相，鼻子中正且隆厚不偏，準頭圓滿不往下墜，鼻孔收藏不仰露，兩旁鼻翼厚實有收，如此則財星得地，這種相的人善於理財規畫，心地光明磊落。如鼻顴搭配得宜，眼相也不錯，富貴不請自來。

不好的鼻相如：鼻子太小又彎曲，太低、太短、偏斜、瘦削露骨、起節、孔露，鼻翼狹小，痣斑傷疵，鼻如彎鉤，井灶縮小平坦而無遮欄，兩顴低平無勢不能朝拱輔助鼻子，這種人一生財氣較弱、破耗較多，理財規畫及守財節流能力均差。

鼻子屬土，最怕色青，爲木剋土，象徵最近有疾病、災傷之事；鼻子顯赤紅，名爲「火傷中堂」，象徵燥土而不能生萬物，這表示最近有大破財或災禍頭臨的可能。鼻相不好看，應減低本身慾望、安分守己、量入爲出，不做非分之想的貪念，爲人要多慈悲，要知足常樂，要安貧樂道。

六、疾惡宮的面相圖

疾惡宮位在兩眼之間的山根，以及鼻樑上半部之年上與壽上部位，參看眼神與嘴唇與舌頭的色澤。

山根部位象徵人的根基，山根相理好的人，代表先天稟賦資質優良，反之，表示對疾病的抵抗力也差些。

鼻樑骨則對應脊椎骨，人的脊椎骨中正挺直，則疾病少侵，因此鼻樑骨相理好的人，一生很少疾病災禍。好的相理爲：山根稍寬而高，鼻樑年壽之位豐滿、中正、明淨、無紋，則可長保長壽健康。不佳的相理爲：山根低陷，狹細斷折、惡紋、惡痣，鼻樑平塌無勢，或凸起有結節狀、歪斜彎曲、雜紋斑痣、色澤暗者，一生遭遇災變多，人生苦比樂多。

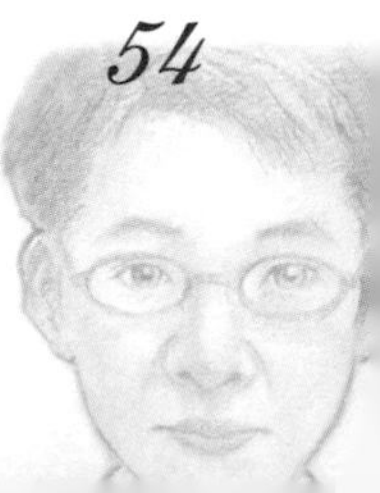

七、遷移宮的面相圖

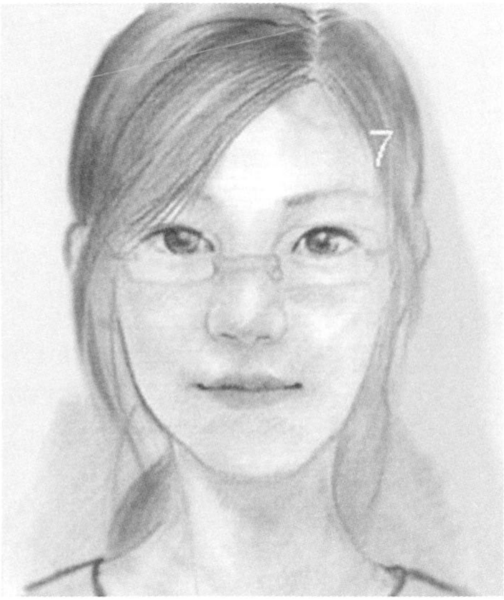

天倉福堂譯馬邊地部位爲遷移宮，即在頭角髮際旁和眉梢後上到鬢際的位置。主要看搬遷、居家、職業變動、遠行旅遊、投資創業、動靜之吉凶好壞。

遷移宮部位相理好的人，宜向遠方求財，即動中得利，旅行愉快，出外多貴人相助。此部位氣色若明潤，則適合變遷。

遷移宮相理不好的人，如額角低陷、高低偏斜，則象徵個人職業不安定。有惡痣、傷疤，髮際內侵額角，則表示個人工作不理想，或出外旅遊、或經商、或移民、或留學均不順利。除了周圍環境不容易適應外，身旁又多小人危害，同時又有車馬交通之憂慮，出外容易受傷，騎車、登山的活動應避免。且不適宜從事外務、貿易、旅遊領隊或導遊等公開動態及接觸面較廣的工作。

八、部屬宮的面相圖

古人稱做「奴僕宮」，在地閣地庫及腮頤部位，就是在臉的下停部分。此部位相理佳的人，能得到部屬的幫助，本身會用人唯才，人才爲自己所用，一呼百諾，侍者成群。自己統整管理有一套，能以德能服眾，部屬也願意追隨。若此部位相理不好，不宜做管人的工作，宜被人管。

好的相理爲：地閣地庫突有勢，腮頤豐滿，潤圓端正。表示用人得力，爲人公正，將來子女會賢孝，晚年康健，事業運久遠彌堅。

不好的相理，如地閣過於尖削、扁薄、退縮、過長、過凸、過短、傾斜、傷疵、紋痣。表示自己的決斷力及意志力差，個性頑固偏執，晚年行運不佳。一生難有部屬可以管理，或容易爲部屬造反所牽累。

腮骨尖而突出者，容易恩將仇報，其人之心必存不良，宜敬而遠之。

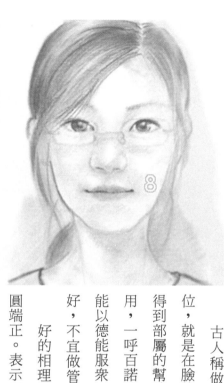

九、事業宮的面相圖

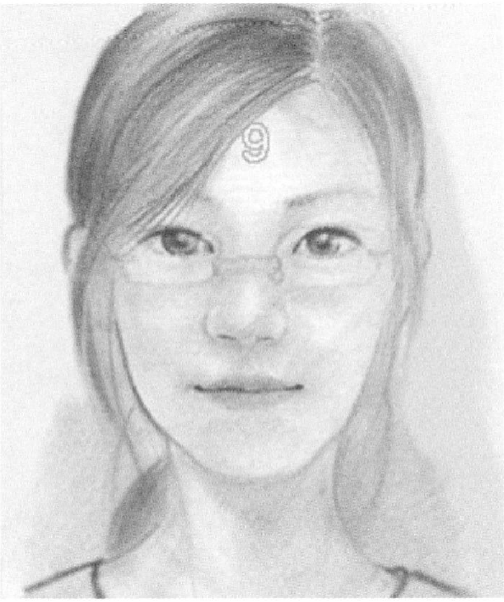

事業宮又稱官祿宮，位於前額中央髮際以下之天中、司空、中正到印堂以上的額頭中央部位。此部位長得好的人，記憶力、觀察力、思考力均比一般人強，在發展事業的過程，或人際處世的能力都不錯，反應快又靈敏，容易得到長輩或上司提拔，能掌握機會功成名就。

好的相理爲：此部位額相高廣平滿如伏龜、眉拂天倉、目如曙星、顴柄入鬢，再如伏犀貫頂，爲大貴之相。唯女性額頭之相如爲男相，屬於女強人類型，事業心很重，所以早婚不利。

不佳之相，如額之中央部位低陷，凹凸不平整，左右傾斜，亂紋多，傷疤、斑痣的人，表示一生多刑傷災難，從事職業多變，事業運勢坎坷，易懷才不遇，事多敗少成，自己勞多獲少，貴顯無分。額相不好的人，宜勤習一技之長，用技藝來謀生，或退居幕後，如此才有幫助。

十、田宅宮的面相圖

田宅宮位於眉毛與眼睛之間的上眼瞼區域，以及眼睛之形相，黑眼珠之神采、鼻翼、顴骨、地庫都要參看。

田宅宮長得好的人，較容易得到祖產或自行置產。好的相理，如上眼瞼寬厚，至少要一指半寬到二指寬，較易添置不動產，居住環境較安定，爲人仁心寬厚。再如雙眼秀而藏神，黑眼珠大而有神，則象徵財源廣進。如鼻兩翼旁寬厚，顴骨部分飽滿，地庫雙下巴，也都表示有添置較多不動產的可能。

相理不佳的人，爲上眼瞼狹隘、深陷無肉，宅心不夠寬厚，喜挖苦諷刺他人，居家環境不安定，較少不動產。此部位有惡痣、疤痕的人，容易在購屋上有糾紛或住宅環境品質不良，和家族來往關係也欠親密。

上眼瞼田宅宮部位，也不宜太寬，太寬的話容易缺乏主見，處事不能收放自如。女性個性容易自大，若田宅相理差者，宜多涵養度量，寬以待人。

十一、福德宮的面相圖

位於雙眉上方福堂佳，兼看天倉地閣。福德宮相理好的人，表示祖上積德，自身德品良好，有德方有福，一生積福厚祿財旺，出外均能逢凶化吉，福澤深遠，善始善終。好的相理爲：眉上方福堂位平整潤潔無痕痣，天倉、地庫豐滿肉厚骨突，天地有朝、臉的氣色要明潤、神清氣爽，聲音方面要宏亮。爲夙種善因，德高福厚，無與倫比。

不好的相理爲：福德位偏狹缺陷，表示祖德不足，自身德行欠佳。若再有紋痣擾局，爲夙植惡因，將自食惡果。一生多災多難，就算有祖業也會破敗，一生福薄祿少，諸事不順。有此相的人宜多積陰德，所謂「積善之家、必有餘慶」。自己的業障唯有靠自己來承擔與彌補。

十二、父母宮的面相圖

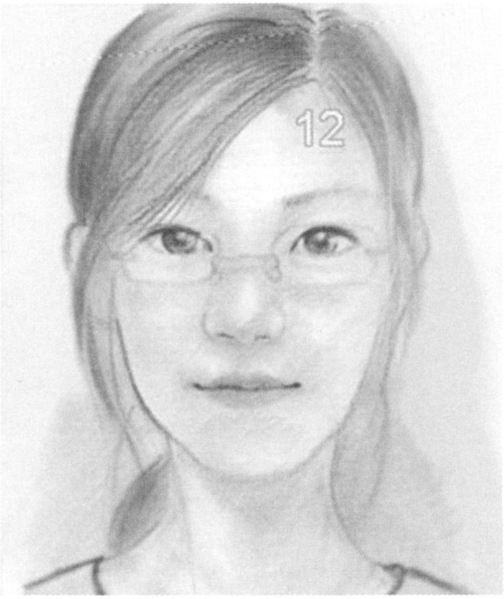

位於事業宮左右中央隱隱高起處。額左為日角象徵父親、額右為月角象徵母親。但由於陰陽道理，男相左為父、右為母，女相左為母、右為父。

父母宮為觀看自己與父母親之間的緣分深淺，也可表示父母親的健康及自身的稟承遺傳良好與否。還要參看耳朵，左耳代表父親、右耳代表母親，哪隻耳朵形狀劣則與誰緣薄。左眉為父、右眉為母，高低不一，哪邊眉毛低者較不利。左門牙為父、右門牙為母，外傾者不利。上嘴唇為父、下嘴唇為母，上嘴唇包下嘴唇與母親緣淺，下嘴唇包上嘴唇與父親緣淺。如頭頂尖者，與父親緣薄。

髮際低垂，髮角衝眉，額頂髮際成雁行狀，皆與雙親緣薄，或眉濃厚如潑墨及逆亂者，主其人父母荒唐。或頭側額窄多為私生子。或有黑痣、疤痕皆影響父母之運勢及福澤。若自身父母宮相理不佳的人，平常則更應多盡孝道，及長適宜遠離生地發展。

三才、六府

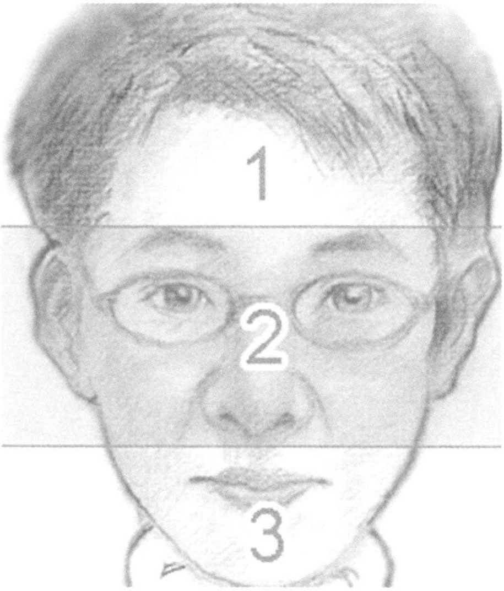

1. 上府二
2. 中府二
3. 下府二

三停

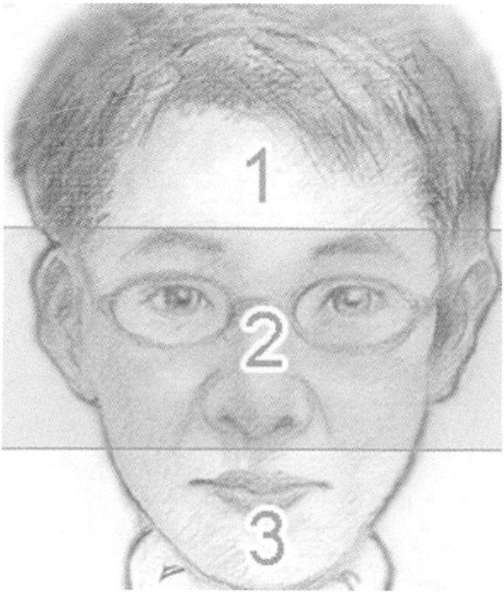

1. 上停
2. 中停
3. 下停

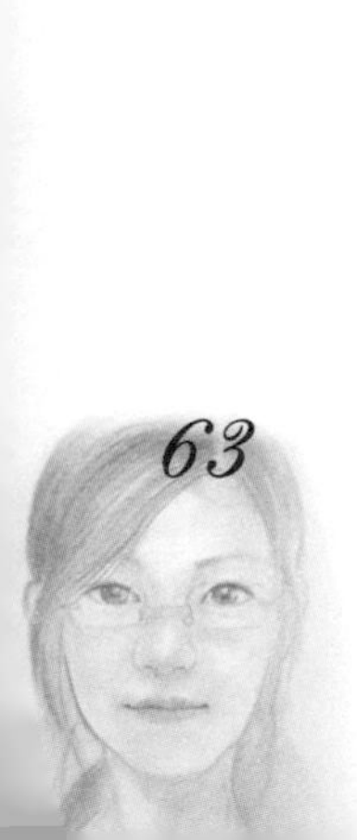

五官

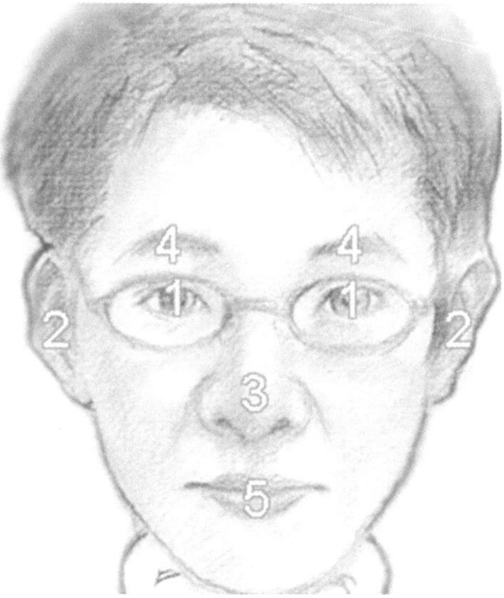

一、眼

二、耳

三、鼻

四、眉

五、嘴

十二宮

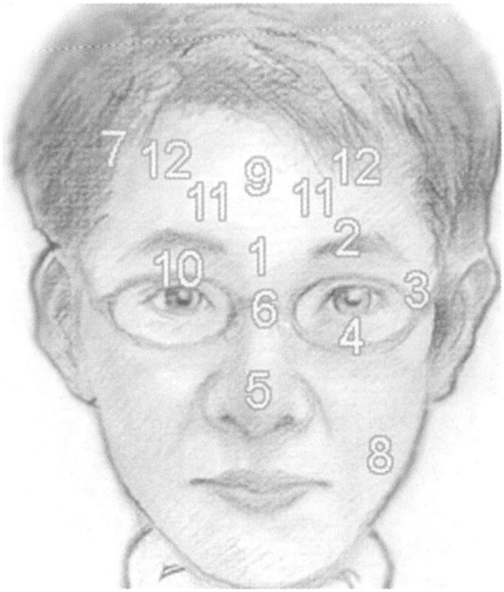

1. 命宮
2. 兄弟宮
3. 夫妻宮
4. 子女宮
5. 財帛宮
6. 疾厄宮

7. 遷移宮
8. 部屬宮
9. 事業宮
10. 田宅宮
11. 福德宮
12. 父母宮

十三部位

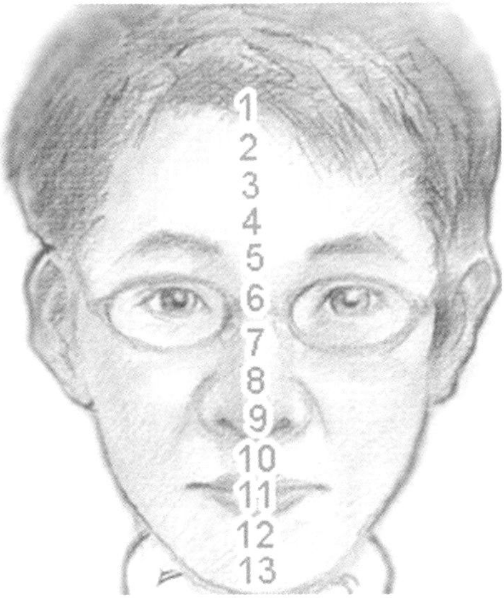

1. 天中
2. 天庭
3. 司空
4. 中正
5. 印堂
6. 山根
7. 年上
8. 壽上
9. 準頭
10. 人中
11. 水星
12. 承漿
13. 地閣

一分鐘迅速看穿他（她）的心

一、眼睛

(一)、眼睛比例小的論斷

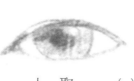

眼睛比例若顯得小，表示做人比較保守，凡事會謹慎小心，不太能夠冒險進取，對陌生的人、事、物有點排斥，需要花時間才能熟識並接受，是不錯的幕僚人才，但若要擔任領導的話，恐怕心胸會比較狹隘，沒辦法讓他人信服。

(二)、眼睛比例大的論斷

眼睛比例大的人，表示個性比較爽朗，對人很大方和善，凡事不會斤斤計較，對周遭新奇的資訊很容易接受，做事情雖然積極主動，不過往往三分鐘熱度，不太能夠長久持續，有喜新厭舊的習慣，生活會比較奢侈浪費。

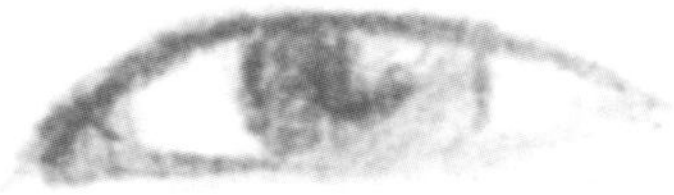

㈢、眼睛細且長的論斷

眼睛細且長的人，看起來比較精明能幹，凡事會考慮較多，眼光比較深遠，比較不會受其他人的影響，有時顯得有些固執己見，讓人覺得不太容易親近，但判斷往往都很準確，可以從中獲得利益，是天生的謀略家。

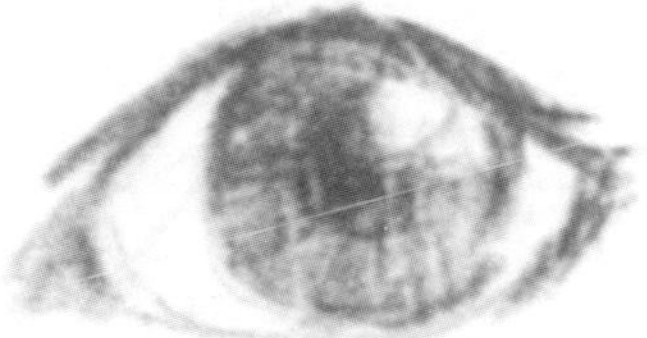

㈣、眼睛圓且大的論斷

眼睛圓且大的人，對很多人、事、物充滿興趣，會主動去接觸了解，所以人際關係還算不錯，也能吸收許多見解、知識，對事業上有一定的幫助，但由於很容易相信別人，有時會被朋友給牽連拖累，造成不必要的麻煩困擾。

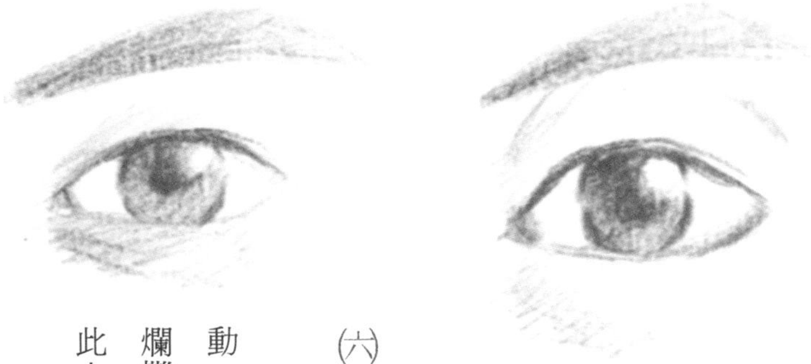

(五)、眼睛部位凸起的論斷

眼睛部位凸起的人，表示個性比較急躁，佔有慾很強，會時常跟人家發生衝突，多半是爲了私人的利益，有翻臉不認人的情況，事後也不太會檢討反省，人際關係顯得較爲緊張，發生問題時往往沒有人肯幫助。

(六)、眼睛部位凹陷的論斷

眼睛部位凹陷的人，表示個性比較懶散，對很多事情不積極主動，有好吃懶做的現象，或者經常在外惹出麻煩，需要他人出面收拾爛攤子，而連累周遭的親朋好友，會成爲大家眼中的拒絕往來戶，因此人際關係會比較孤僻。

(七)、眼睛斜視的論斷

眼睛斜視的情況，表示爲人心機深沉，常常算計他人，行事偷偷摸摸，很重視眼前利益，不願跟朋友分享好處，有自私自利的傾向，再者，疑心病會比較重，常懷疑身邊親近的人，因此人際關係會慢慢疏遠，有孤獨寂寞的傾向。

(八)、眼睛大小不一的論斷

眼睛大小不一的情況，表示心態、思緒常不平衡，對很多事情會有埋怨，常常有互相矛盾的現象，嘴巴說的是一套，但實際做的卻又是一套，行徑讓人匪夷所思，感情方面也不太協調，常有爭執吵鬧出現，還帶有桃色的糾紛。

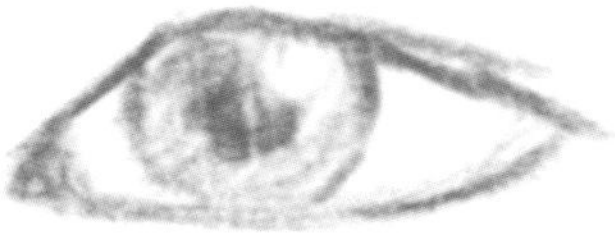

㈨、眼睛三角形的論斷

眼睛若是三角形的話，表示對事情觀察入微，處理方法冷靜有條理，有屬於自己的一套價值觀，不容許他人侵犯或改變，平常會替他人打抱不平，但卻得不到對方回饋支持，有心灰意冷的情況，人際關係會慢慢變得疏遠冷淡。

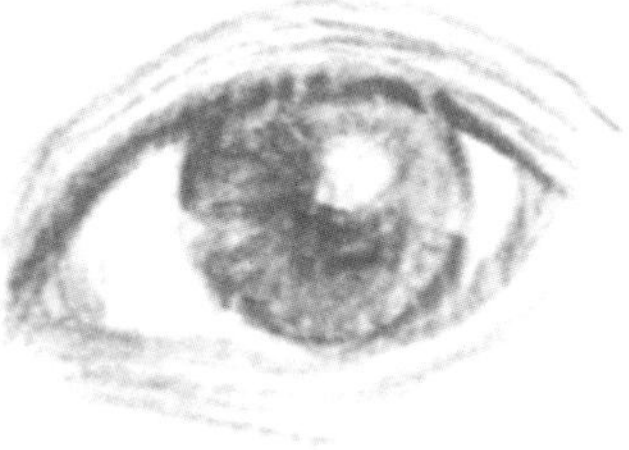

㈩、眼睛浮腫的論斷

眼睛若浮腫且有多層眼皮的話，表示腦筋反應遲鈍，缺乏自己的主見，很容易受人影響，而結交到小人，會有金錢財物的損失，事業上雖然刻苦耐勞，但是卻不懂變通創新，只適合聽從命令行事，無法領導或管理他人。

(十)、眼睛間距狹窄的論斷

眼睛間距狹窄的話，表示心胸不夠開放，爲人經常擔憂、害怕，覺得很多事情沒有把握，而且不容易相信他人，警覺性很強，很少跟朋友來往、接觸，加上做事情急躁、魯莽，沒有瞻前顧後，常因此陷入困境當中。

(十一)、眼睛間距寬大的論斷

眼睛間距寬大的話，表示生活過得很隨興，不太會刻意追求物質生活，凡事有得過且過的心態，與人相處還算能夠溝通，不會斤斤計較，但是由於缺乏判斷，不夠精明能幹，有時會被他人利用，而成爲利益下的犧牲者。

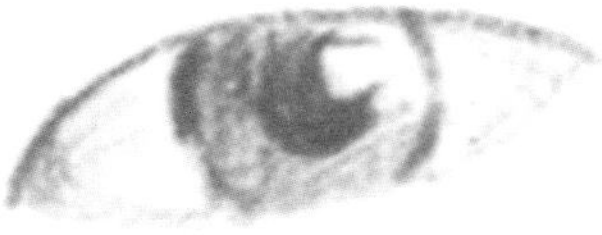

(十三)、單眼皮的論斷

單眼皮的情況，表示爲人沉著冷靜，做事有條有理，不太會炫耀才華，平常跟人相處，會公私分明，不會記仇恨或者受情緒化的影響，感情上，雖然不主動積極，但會很有耐心，向欣賞的人接近，是近水樓臺先得月的寫照。

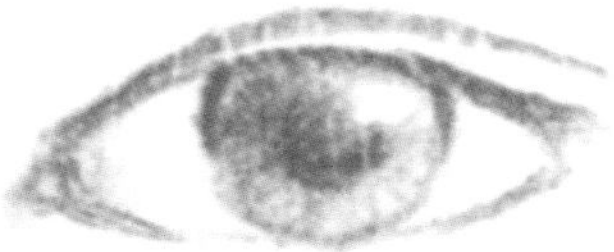

(十四)、雙眼皮的論斷

雙眼皮的情況，表示心中熱情澎湃，對新奇的事物充滿興趣，很喜歡跟人交談、接觸，出外的人緣相當不錯，也非常講信用、重義氣，但是感情方面，往往三心二意，有猶豫不決的情況，甚至會出現腳踏兩條船的現象。

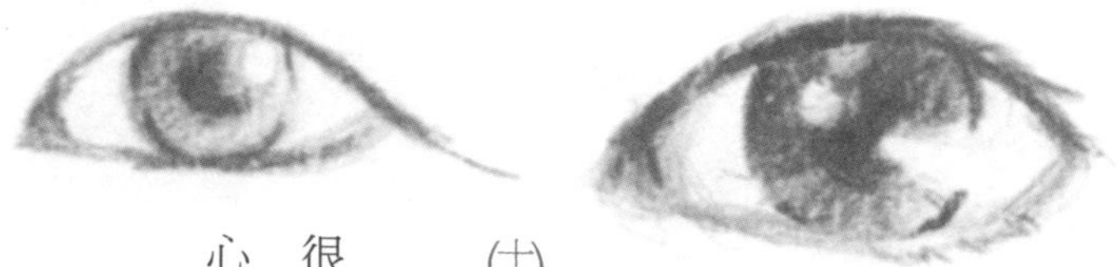

㈩五、眼睛水汪汪的論斷

眼睛水汪汪的情況，表示爲人腎水充足，充滿了性感魅力，對異性特別有吸引力，但是心思卻不夠純正，常常招惹桃花糾紛，而使自己傷透腦筋，交往對象要特別注意，以免造成人財兩失，耽誤了寶貴的幸福青春。

㈩六、眼角下垂的論斷

眼角下垂的情況，表示爲人不喜歡出風頭，總是默默的努力耕耘，工作上會很認眞、細膩，能發現問題的癥結所在，是個難得的輔佐人材，但由於缺乏自信心，不夠積極大膽，在感情上會較晚有結果，過程也會一波三折。

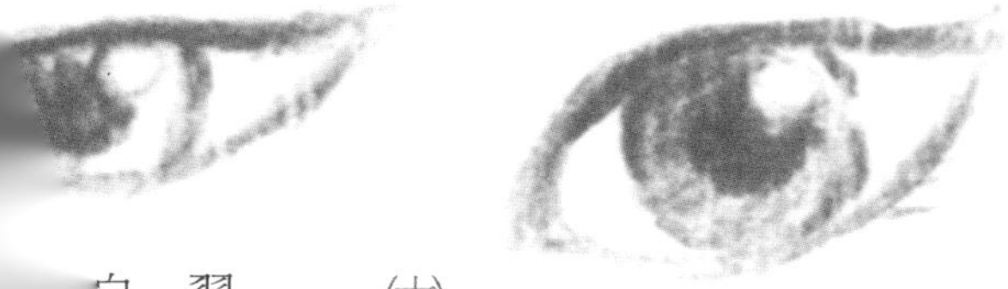

(十七)、眼角上揚的論斷

眼角上揚的情況，表示腦筋靈活聰明，常有出人意料的點子，是大家眼中的鬼靈精，會出面替大家解決困難，是個值得信賴、拜託的人，因此人緣非常的好，感情上能夠掌握情勢，懂得推銷自我，因此交往過程滿順利的。

(十八)、眼尾上揚的論斷

眼尾上揚的情況，如果眼睛又細長的話，這就是俗稱的丹鳳眼，表示學習的心態旺盛，凡事領悟力很強，所以往往能造就出好成績，感情上，由於自信心強，而且能言善道，所以身邊的異性不斷，時時刻刻都充滿了魅力。

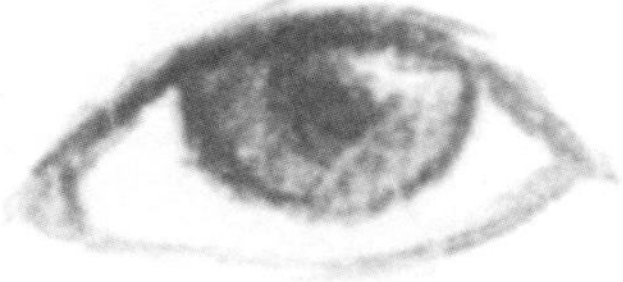

㈨、眼白黑瞳的論斷

眼睛的黑瞳若多的話，表示精神狀態穩定，做人處世公正，能獲得別人的肯定、支持，所以凡事無往不利，但若眼白較多的話，表示身心不得安寧，常常胡思亂想，疑神疑鬼，而跟人有爭吵的可能，感情、婚姻也往往不順利。

㈩、三白眼的論斷

三白眼的情況，表示爲人冷酷無情，表面對周遭事物好像不關心，其實內心很重視個人的利益，希望維護自我尊嚴，有時會爲了滿足私慾，而有出賣人格的行爲舉止，與這種人交往要特別留意，否則將會受到牽連拖累。

二、眉毛

(一)、眉毛較長的論斷

眉毛較長的情況，表示個性溫和、敦厚有理，很有細膩的觀察力，做事情會提前規畫，不太會衝動行事，對朋友很關心照顧，所以在外的人緣不錯，能獲得衆人的幫助支持，感情進展會比較平順，結婚後家庭能夠幸福美滿。

(二)、眉毛較短的論斷

眉毛較短的情況，表示個性急躁、缺乏耐性，對於想要達成的目標，會一股腦兒的去執行，但由於不懂事先計畫，往往事倍功半，還可能拖累其他人，人際關係會漸漸疏遠冷淡，感情起伏不定，很容易情緒化，家庭婚姻波折較多。

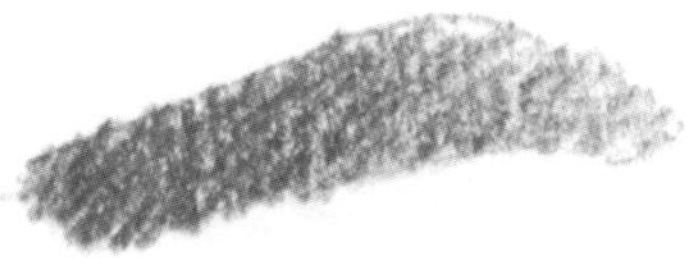

㈢、眉毛粗濃的論斷

眉毛粗濃的情況，表示爲人心胸寬大、膽識俱足，對事業充滿了企圖心，會積極主動去行事，希望能夠從團體當中脫穎而出，成爲領導管理階層。人際關係上比較好客，懂得拉攏人心，因此能獲得朋友的支持跟幫助。

㈣、眉毛間距狹窄的論斷

眉毛間距狹窄的情況，表示雙眉鎖印、運勢不開，各方面都不是很順利，像是被什麼限制住一樣。在情緒方面容易波動，受到刺激影響，而有衝動行事的可能，而且嫉妒心較強，會跟人產生口角、摩擦，凡事缺少額外的助力。

㈤、眉毛間距適中的論斷

眉毛間距適中的情況，表示爲人處事公正、心胸開朗，對什麼事情都很有分寸，不會有偏激過度的現象，對於人際關係的交往，很講究誠實信用，不會出爾反爾，因此當有困難發生的時候，也能夠獲得衆人的幫助。

㈥、眉毛壓眼的論斷

眉毛若跟眼睛的距離太近，又眉毛長得粗濃的話，表示有眉壓眼的情況，脾氣暴躁衝動、不能冷靜行事，凡事固執己見，對於建議往往聽不進去，常常遭受到失敗的下場，事業財運有大起大落的現象，要懂得節制、規畫才好。

(七)、眉眼間距開闊的論斷

眉毛跟眼睛的間距開闊，表示爲人心胸寬大，包容力強，做什麼事情都能深謀遠慮，提前計畫來進行，特別是財運方面，常常能因此獲利，添購不動產，人際關係上，善於溝通協調、化解紛爭，是大家心目中的貴人。

(八)、眉毛間距寬大的論斷

眉毛間距太過開闊的情況，表示爲人隨和，處事不是很斤斤計較，對事業較缺乏企圖心，有得過且過的心態，沒有什麼成就可言，人際關係上，由於判斷力較差，容易相信他人，很可能被人利用而不知，而有嚴重的損失發生。

㈨、眉毛高低不一的論斷

眉毛一高一低的情況，表示個性反覆無常，時而高興、時而憤怒，很容易受影響而情緒化，跟人不太能溝通協調，所以人際關係顯得緊張，感情方面，會跟對方意見不合，發生口角、衝突，而有分分合合的現象，婚姻也是如此。

㈩、眉毛有間斷的論斷

眉毛有間斷的情況，表示跟六親緣分薄弱，彼此關係不是很親密，凡事需要自行努力打拚，沒辦法靠福德庇蔭保佑，事業剛開始會比較辛苦，挫折阻礙較多，然後漸入佳境，感情、婚姻上，需要花費心思經營，才能夠穩定發展。

(十)、眉毛稀疏的論斷

眉毛稀疏的情況，表示比較沒有個性主見，凡事會喜歡依附他人，有隨波逐流的心態產生，對於物質需求不高，但是很重視感情生活，不過往往事與願違，經常被人家欺騙、辜負，但總是學不會教訓，有執迷不悟的現象。

(十一)、新月眉的論斷

新月眉的情況，表示爲人心地善良、脾氣溫和，什麼事情都會替人著想，算是體貼入微的人，感情上會願意犧牲奉獻，使對方獲得最好的呵護，對方會心存感激、回饋，彼此能長相廝守，一生貴人運旺盛，能夠逢凶化吉。

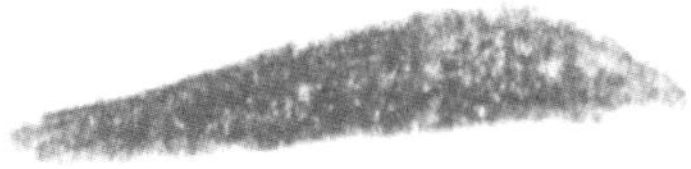

㈩三、一字眉的論斷

一字眉的情況，表示爲人充滿正義感，喜歡打抱不平，見到他人需要幫助，會義不容辭出面，因此是大家心目中的貴人，但是個性稍嫌剛強，有一意孤行的可能，而跟人容易產生摩擦，若能夠改進這點，各方面進展會更順利。

㈩四、三角眉的論斷

三角眉的情況，表示爲人精明能幹、心機深沉，對於新奇的事物很感興趣，學習的興致也很高，在團體中是屬於才華洋溢的類型，能夠結交許多好朋友，但是有喜歡逞強的習慣，不太願意讓人插手幫忙，是需要注意的地方。

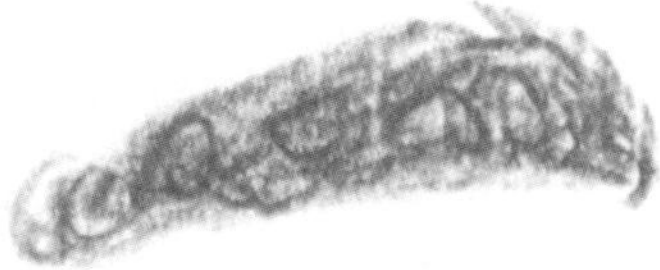

㈩五、眉毛如螺旋的論斷

眉毛如螺旋的情況，表示心思雜亂無章，行事反反覆覆，對什麼事情都很有信心，但是往往三分鐘熱度，沒辦法持續，對於喜惡很分明，會一直堅持到底，不願意聽從他人意見，態度顯得倔強、剛強，往往會因此吃虧上當。

㈩六、柳葉眉的論斷

柳葉眉的情況，表示爲人樂善好施、熱心助人，對於弱小的族群不會排斥，反而會願意付出心力照顧，是值得託付、信賴的夥伴，人際關係十分良好，感情上溫柔體貼、犧牲奉獻，會是個好情人，婚後也能打理、維持家庭運作。

(十七)、眉尾雜亂的論斷

眉毛粗濃有眉尾雜亂的情況，表示爲人很有權利慾望，喜歡指揮領導衆人，雖然有才華、天分，但是恆心、毅力不夠，遇到困難阻礙時，態度會顯得反反覆覆，行爲舉止會比較誇張，讓周遭人感覺到壓力，不是很容易溝通、相處。

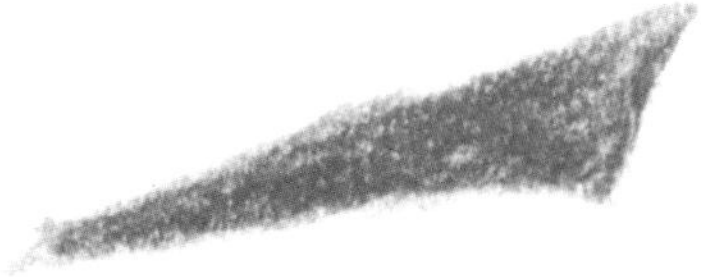

(十八)、劍眉的論斷

劍眉的情況，表示爲人藝高人膽大，喜歡從事冒險的活動，想法上敢創新求變，因此事業上還滿理想，會有驚人的成果出現，能獲得主管、長官的器重，感情上，比較直來直往，欠缺溫柔、婉約，容易出現不協調的現象。

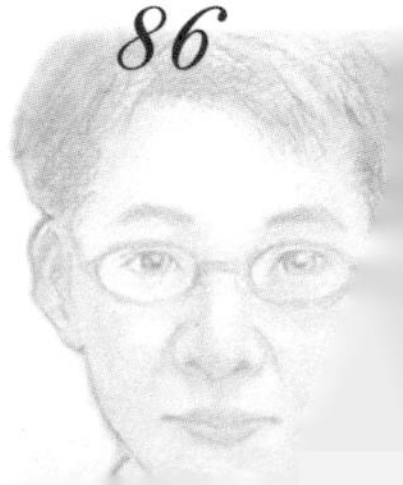

(十九)、八字眉的論斷

八字眉的情況，表示爲人生性悲觀、情緒憂鬱，對很多事情都很無奈，所以有放不開的現象，運勢會處於停滯的狀態，對於朋友的要求、期望，會盡心盡力去完成，算是值得信任、拜託的人，感情上會傾聽對方心聲，替對方默默付出。

(二十)、眉形帶勾的論斷

眉形帶勾的情況，表示爲人心機深沉、斤斤計較，凡事喜歡爭權奪利，但是卻不會直接表現出來，會懂得利用身邊資源，來營造有利的局面，算是謀略的個人類型，感情上重視物質，較爲勢利，會挑選條件好的對象來交往。

三、鼻子

(一)、鼻子比例大的論斷

鼻子比例大的情況，表示爲人自主性強、企圖心旺盛，凡事會積極奮鬥，爭取最佳的利益，往往能讓人刮目相看，人際關係方面，對朋友很大方、熱情、不拘小節，會願意資助對方度過難關，因此交友十分廣闊，能獲得衆人支持。

(二)、鼻子比例小的論斷

鼻子比例小的情況，表示爲人傳統保守、謹愼小心，事業上的企圖心較差，常常猶豫不決、三心二意，錯過大好時機，才來後悔不已，人際關係上，外表看似冷漠難以親近，實則熱情如火、充滿熱情，只是不太愛表現、搶鋒頭而已。

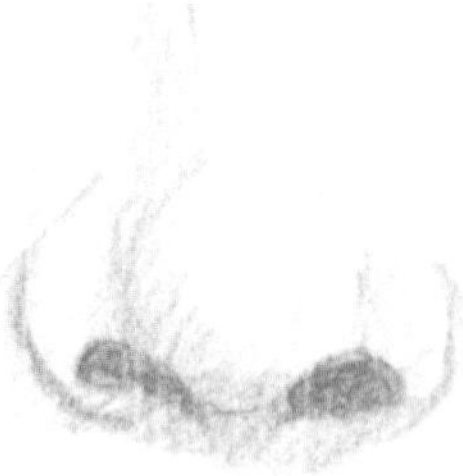

㈢、鼻孔大的論斷

鼻孔大的情況，表示包容力強，凡事看得開，喜歡物質享受，不會虧待自己，對於朋友也是如此，會懂得大方請客、拉攏人心，但在財運上，因爲判斷力差，需要仔細規畫，否則常常有所損失，沒辦法守住身邊的財富。

㈣、鼻孔小的論斷

鼻孔小的情況，表示心思細密，行事謹愼，表面上對時事漠不關心，實際上會非常在意，並且有深入的看法，只是不想讓其他人知道，心防會比較重一點，財運上通常會一毛不拔，有吝嗇的傾向，需要看對象來請客。

㈤、鼻頭下垂的論斷

鼻頭下垂的情況，爲人富有主見，喜歡出點子，跟人滿好相處、溝通的，講話也十分幽默風趣，不過有時容易計較，會有嫉妒的心態，但不會表現出來，財運上，由於不善理財投資，需要愼選合作夥伴，才能避免財物損失。

㈥、鼻翼豐滿的論斷

鼻翼豐滿的情況，表示心地善良、包容力強，對很多事情的看法深入，能有獨特的一套見解，對事業或人際關係上都能有正面的幫助，替自己帶來良好運勢與助力，財運上懂得規畫分配，是天生的理財高手，物質生活不至於缺乏。

(七)、鼻子較長的論斷

鼻子較長的論斷，表示思考謹慎、做法周延，但是有時候太過以自我爲中心，會有逞強的情況，嘴巴上很會說，但遇到實際狀況，卻無法當機立斷，而顯得優柔寡斷，影響到事業的進展，感情上也是如此，挑選對象會比較嚴苛。

(八)、鼻子較短的論斷

鼻子較短的論斷，表示腦筋靈活、充滿巧思，但是行事不夠沉穩，個性顯得浮躁不安，對於問題的處理，會有馬馬虎虎的現象可能，讓人覺得不可信賴，而影響到工作上的升遷，感情上表現似有若無，來得快去得快，是憑感覺來選擇對象。

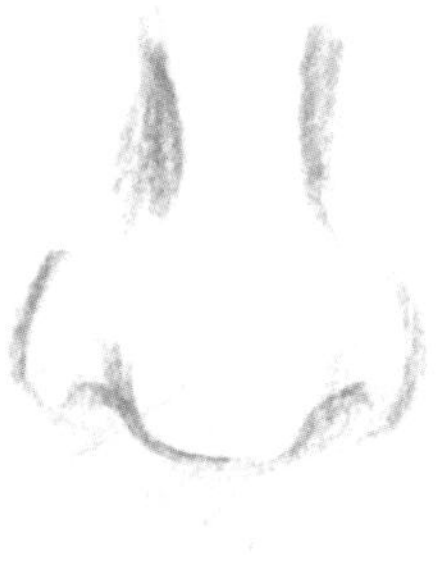

㈨、鼻樑寬闊的論斷

鼻樑寬闊的情況，表示個性積極，充滿主見，會勇於追逐個人的理想、抱負，遇到困難阻礙絕不退縮的決心，因此往往能成就事業，特別適合當業務或領導階層，感情方面異性緣佳，追求異性很有一套，能獲得對方的青睞。

㈩、鼻樑狹小的論斷

鼻樑狹小的情況，表示脾氣比較溫和，不會顯得以自我爲中心，針對自己的過失，會懂得檢討反省，並且尋求改進的方法，是難得的幕僚人才，但由於保守、膽小，不敢表現、強出風頭，因此好機會有時會被搶走，只有獨自哀傷嘆氣的分。

㈩、鼻樑起節的論斷

鼻樑有起節的情況，表示為人心機陰沉、貪圖利益，對於想要達成的目的，會不擇手段，因此人際關係上會有心防，警戒心很強，喜歡佔人家便宜，行事說話不切實際，別人會比較排斥、抵制，將會遇到反彈的聲浪。

(十一)、鼻頭凹陷有雜紋的論斷

鼻頭凹陷有雜紋的情況，表示為人創造力豐富，能有天馬行空的想像，常憑著直覺來行事，充滿著藝術家的氣息，不過感情上容易疑神疑鬼，比較不信任對方，彼此會有衝突產生，多半因此而分手，不停更換對象交往。

(十三)、鼻子高揚的論斷

鼻子高揚的情況，表示爲人剛愎自用，不聽任何建言，凡事喜歡獨斷獨行，不愛他人管教約束，在事業方面會全力以赴，獲得不錯的成就，不過感情上就比較麻煩，很在意交往對象的條件，希望對方能帶來實質的幫助。

(十四)、鼻子低陷的論斷

鼻子低陷的情況，表示思想單純、意志不堅，不是很有企圖心，會有懶惰、懈怠的心態，總是希望不勞而獲，出了問題就依賴他人，較沒辦法自行創業，感情上易受對方欺騙，而造成人財兩失，婚姻也容易有外遇、出軌的問題。

(十五)、鼻孔朝天的論斷

鼻孔朝天的情況，表示爲人慷慨大方、不拘小節，很懂得生活享受，會比較奢侈浪費，但對於朋友會很講義氣，願意資助對方金錢，感情上需要謹慎選擇對象，以免遭受對方欺騙，財運上要提前規畫，以防老年經濟困苦。

(十六)、鷹勾鼻的論斷

鷹勾鼻的情況，表示個性執著倔強，喜歡耍心機、計謀，對於想得到的東西，會用盡各種方法來獲得，不惜使出不正當的手段，或正面與他人結怨，因此人際關係會顯得糟糕，若不加以節制的話，將遭受到衆人的唾棄。

四、嘴巴

(一)、嘴巴寬大的論斷

嘴巴寬大的情況，表示為人心胸開闊，喜歡到處交朋友，跟人交換意見心得，又不會計較微小細節，出手會很大方、海派，讓大家都很信服，所以能夠擔任領導，財運上會比較亨通，物質生活不太缺乏，反而有倒吃甘蔗的現象。

(二)、嘴巴窄小的論斷

嘴巴窄小的情況，表示為人心地善良，不會貪圖利益，對待朋友很隨和，不太會無理要求，又幽默、風趣，跟人互動關係良好，因此人緣還算不錯，財運方面，投資理財比較保守，不太願意冒風險，能夠守得住財富。

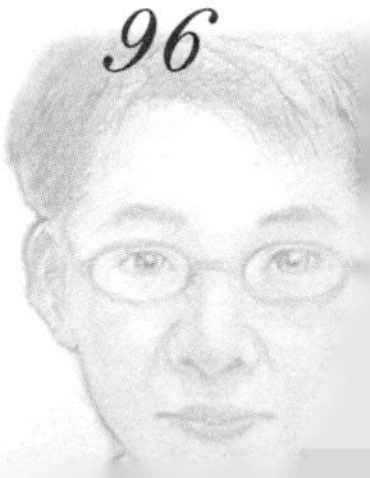

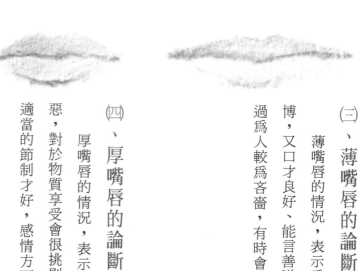

(三)、薄嘴唇的論斷

薄嘴唇的情況，表示爲人富機智、聰明，喜歡學習，因此知識、見解十分淵博，又口才良好、能言善道，是天生的演說家、推銷員，很適合靠嘴巴吃飯，不過爲人較爲吝嗇，有時會計較利益，讓人有自私自利的感覺。

(四)、厚嘴唇的論斷

厚嘴唇的情況，表示爲人老實敦厚，不愛逞強出風頭，凡事重視感覺、喜惡，對於物質享受會很挑剔，往往選擇高級的服務或精品，錢會花費無度，需要適當的節制才好，感情方面會滿執著的，但也有花心的傾向。

(五)、上下嘴唇平均的論斷

上下嘴唇平均的情況，表示做人處事很有原則，會有自己的一套方式，在事業上會很規規矩矩、安守本分，讓人很放心，但是由於缺乏彈性，不懂得變通，有時候會因此固執己見，顯得與人格格不入。

(六)、圓形嘴唇的論斷

圓形的嘴唇的情況，表示爲人思想單純、沒有心機，有樂天知命的觀念，凡事會願意熱心助人，而獲得大家的愛戴，但感情上比較任性，常會因擔心、害怕，而缺乏安全感，疑神疑鬼的態度，讓彼此會有溝通不良的情況。

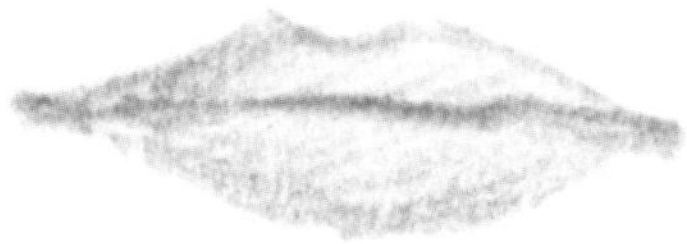

(七)、歪斜嘴唇的論斷

歪斜嘴唇的情況，表示爲人心思不正、個性陰沉，喜歡動腦筋，想出佔人便宜的詭計，因此會跟人家發生口角，甚至於產生激烈的衝突，事業上會有很多小人來阻礙，又不愛聽從他人建議，很容易導致失敗的局面。

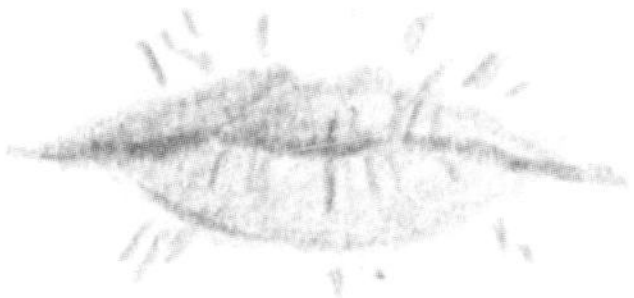

(八)、嘴唇有皺紋的論斷

嘴唇有皺紋的情況，表示爲人喜歡物質享受，會一心一意想賺錢，對於朋友會比較重視感情，彼此常有麻煩、糾葛，事業方面需要奔波、勞碌，花費一番功夫，然後才會有所成就，晚年經濟生活需要規畫，以免陷入困境當中。

(九)、嘴角上揚的論斷

嘴角上揚的情況，表示爲人積極樂觀，對什麼事情都很努力，遇到挫折不會灰心喪志，因此能學習很多才藝與經驗，對朋友的話，通常大方海派，所以人緣甚佳，財運方面，可以獲得貴人幫助而進財，也能夠守住錢財。

(十)、嘴角下垂的論斷

嘴角下垂的情況，表示爲人固執己見，喜歡獨來獨往，交際應酬的手腕較差，但想法、觀念勇於突破，又滿刻苦耐勞的，因此事業能夠有所成就，但需要花較長的時間，財運上會比較不理想，需要妥善規畫，以免投資失敗而損失錢財。

(十一)、嘴角紋路向下延伸的論斷

嘴唇紋路向下延伸的情況，這是一般說的長壽紋，表示爲人喜惡分明、行事果斷，但顯得固執不懂得變通，對物質享受很挑剔，人際關係上，會比較重視感情交流與實際利益，若對方得罪自己的話，恐怕就不會繼續來往。

(十二)、嘴唇太薄、鼻頭削尖的論斷

嘴唇太薄、鼻頭削尖的情況，表示爲人講話語帶諷刺，喜歡挖人家瘡疤，因此讓人覺得很反感，經常惹事生非，而招致禍端，財運方面，由於判斷力較差，又缺乏貴人幫助，經常會有週轉不靈的現象，甚至破產、背負債務。

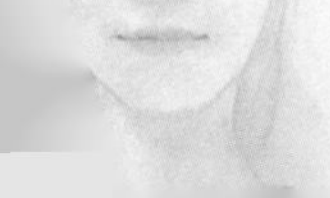

(十三)、上嘴唇突出的論斷

上嘴唇突出的情況，這是吹火嘴的面相，表示爲人好逞口舌之快，經常跟人家爭辯論戰，證明自己的見解，但是口氣都非常不屑，帶有藐視的意味，讓人覺得太過驕傲、自負，因此人際關係不是很理想，交不到什麼眞心的朋友。

(十四)、下嘴唇突出的論斷

下嘴唇突出的情況，表示個性剛強、獨立自主，不喜歡依賴他人，凡事追求個人利益，欠缺團體合作的觀念，因此事業的開展上會比較辛苦，感情上容易疑神疑鬼，讓對方感到吃不消，應該要加以改進，感情才能維持長久。

㈩㈤、嘴唇都突出的論斷

嘴唇都突出的情況，表示爲人愛好物質享受，對於金錢有崇拜的現象，個性會較爲任性，很容易在無形中得罪人而不知，替自己惹上麻煩、糾紛，財運方面喜歡投機取巧，但往往事與願違，會有損失的可能，需要保守行事才好。

㈩㈥、嘴唇無法緊閉的論斷

嘴唇無法緊閉的情況，表示爲人重視利益、個性衝動急躁，凡事喜歡佔人家便宜，因此常常跟人結怨，人際關係較爲緊張，事業或財運方面，由於猶豫不決、不能當機立斷，會錯失大好時機，以致於功虧一簣，有晚景淒涼的可能。

五、耳朵

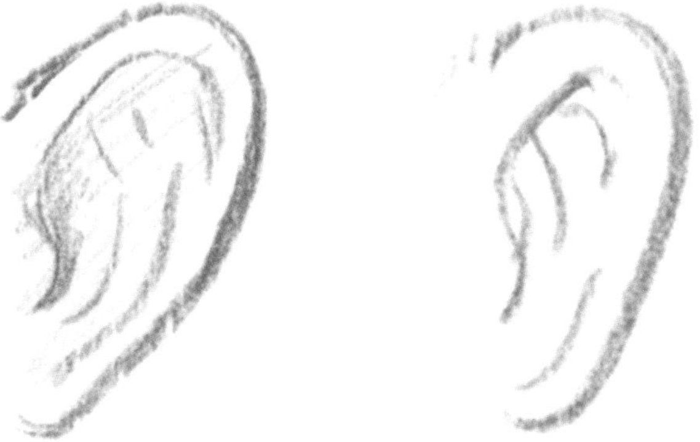

(一)、耳朵比例小的論斷

耳朵比例小的情況，表示爲人膽量較小，做事小心謹慎，對很多事情都很有興趣，但是由於自信心不足，不敢輕易的嘗試，總是徘徊不已，會有杞人憂天的現象，事業上需要不斷磨練，才能激發出潛能，成爲獨當一面的領袖。

(二)、耳朵比例大的論斷

耳朵比例大的情況，表示爲人聰明早熟、腦筋靈活，顯得活動力十足，會到處去遊歷、參觀，增加自己的視野，對未來充滿企圖心，對事業會相當投入，人際關係上喜歡跟人溝通，很愛他人的奉承和拍馬屁，會覺得自己受到肯定、歡迎。

㈢、耳朵柔軟的論斷

耳朵柔軟的論斷，表示做人處事很隨和，能跟人相處、溝通，但大部分的時間，會專注自己手邊的工作，不喜歡別人來打擾、拜託，很怕被捲入糾紛當中，財運上由於耳根子軟，易輕信他人話語，因此會有吃虧、上當的現象。

㈣、耳朵剛硬的論斷

耳朵剛硬的情況，表示做人很有骨氣，但氣勢顯得霸道，有咄咄逼人的傾向，讓周遭的人很不舒服，行事上會一意孤行，聽不進他人建議，固執、倔強的結果，斷了自己的貴人運，凡事會比較奔波操勞，但會漸入佳境。

㈤、耳廓外突的論斷

耳廓外突的情況，又叫做輪飛廓反，表示年少時個性叛逆，不愛讀書上進，常在外惹事生非，讓家人十分擔心煩惱，在事業方面，由於缺乏貴人相助，過程會滿艱辛困苦的，需要熬一段時間才能出頭，得靠自己白手起家。

㈥、耳輪缺角的論斷

耳輪缺角的情況，又叫做開花耳，幼年體質虛弱、健康經常出問題，而花費不少錢看醫生，讓家人擔心煩惱，求學階段時，人格易受影響，有學壞的可能，因此誤入迷途，而永無翻身之日，一生運勢變化起伏、坎坷難行。

(七)、耳朵削薄的論斷

耳朵削薄的情況，表示幼年家境辛苦，栽培有限，很早就要負擔家計，出外去奔波勞碌，但欠缺貴人幫助，會比較晚發達，財運上比較停滯不前，需要自行奮鬥努力，才會有所進帳，多半沒有意外偏財的福氣。

(八)、耳朵厚實的論斷

耳朵厚實的情況，表示爲人講求信義，重視朋友，熱心公益，奉獻犧牲，卻不求任何回報，但有時會顯得固執，不懂人情變通，感情上會比較順利，對方對自己很關心、照顧，婚後會成爲得力助手，主持家中大局。

(九)、耳朵有垂珠的論斷

耳朵有垂珠的情況，表示爲人天性樂觀，凡事想得很開，不會鑽牛角尖，很懂得生活品味，人際關係良好，會有貴人出面提拔，財運上會比較豐隆，不用擔心缺乏，很適合經商致富，有垂珠入口的面相，表示能夠安享晚年。

(十)、上耳廓尖突的論斷

上耳廓尖突的情況，爲人冷漠孤僻，心防很重，腦筋雖然很聰明，但不輕易相信他人，還有排斥陌生的現象，因此親近的朋友很少，事業上孤軍奮鬥，不愛依賴幫助，會獨自佔有成果，不願意跟人分享，心態顯得自私自利。

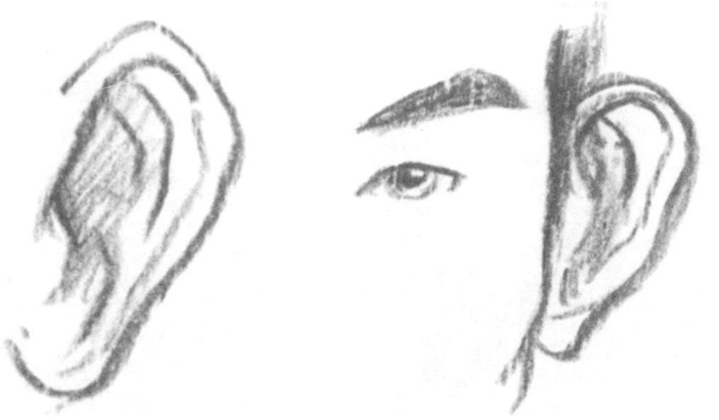

(十)、耳朵白潤的論斷

耳朵白潤的情況，表示家境富裕安康，能獲得良好栽培，因此才華洋溢、自信心十足，又身體十分健康，體力充沛，是能長壽的象徵。事業上能有貴人提拔，減少遇到的阻礙困難，社會地位能迅速提升，而使得名聲遠播。

(十一)、耳朵生毫毛的論斷

耳朵生毫毛的情況，表示身體機能健康，是能長壽的象徵，其個性聰穎好學，喜歡吸收新知，心胸十分開闊，眼光高人一等，很適合早年自行創業，也能獲得貴人幫助，而有不錯的成就，能不斷提升社會地位與個人名聲。

㈩、耳朵位置高的論斷

耳朵位置高的情況，表示為人天生聰穎、腦筋靈活，學習能力很強，反應相當敏銳，讀書成績異常優秀，很早就能出人頭地，能繼承家中產業或自行創業，由於懂得攏絡人心，善於協調溝通，因此很適合擔任領導的職務。

㈩、耳朵位置低的論斷

耳朵位置低的情況，表示反應較遲鈍、腦筋不靈活，對學習沒有太大興趣，對物質享受比較渴求，會汲汲營營於財富的賺取，人際關係上，跟人滿好相處的，只是判斷力較差，有時會被人利用欺騙，造成財物的損失。

㈩五、招風耳的論斷

招風耳的情況，爲人喜歡搞怪，很愛出風頭，讓自己成爲焦點和娛樂衆人的開心果，但內心固執、頑強，會堅持個人意見，不太願意讓步，很難溝通協調，又略帶神經質，經常會懷疑他人，講話直接不婉轉，造成不少誤會跟衝突。

㈩六、耳朵貼腦的論斷

耳朵貼腦的情況，爲人沉默寡言，但聰明靈敏，做事認眞負責，不會假手他人，對待朋友很誠懇、講信用，因此能夠互相幫助與回饋，事業方面又能夠突破傳統，使新的思維、觀念，具有競爭力，往往能開創一片天地。

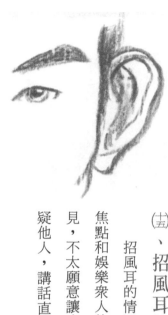

六、顴骨、臉頰

㈠、顴骨突出的論斷

顴骨突出的情況，表示權力慾望重，喜歡指揮別人，有老大的心態，事業上富有冒險精神，肯積極努力進取，爭取最好的成就，但自尊心強，經不起他人諷刺、譏笑，恐怕會採取極端手段，而影響到和諧的人際關係。

㈡、顴骨無肉的論斷

顴骨無肉的情況，若顴骨又突起，表示個性剛愎自用，喜歡獨斷獨行，不愛受到約束，愛怎麼行事就怎麼行事，會不考慮他人感受，而顯得蠻橫霸道，事業上缺乏貴人幫助，往往哀聲嘆氣、怨天尤人，但卻不知道檢討改進。

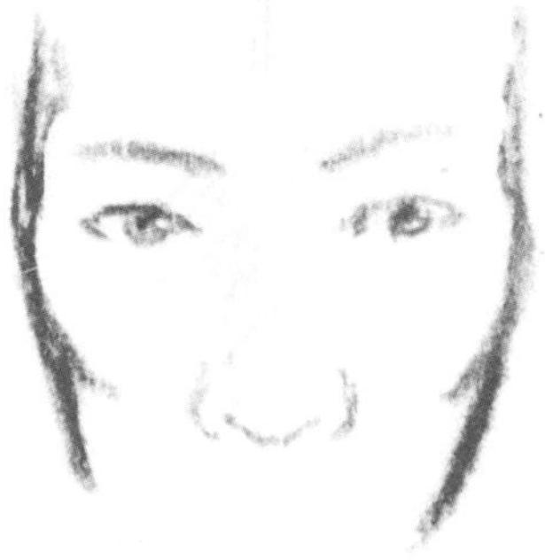

㈢、顴骨低平的論斷

顴骨低平的情況，表示個性消極、有悲觀的傾向，對物質享受不太追求，顯得淡薄名利，人際關係上，還滿好溝通、相處的，不過缺乏領導氣魄，變通能力較差，無法承擔重責大任，不適合自行創業，或位居管理階層。

㈣、顴骨飽滿的論斷

顴骨飽滿的情況，表示爲人交友廣泛、心胸開闊，身邊有很多貴人幫助，減少不必要的阻礙，對工作充滿旺盛活力，非常有企圖心，能夠自行創業當老闆，或者擔任重要職務，若從事政商工作，將可以平步青雲。

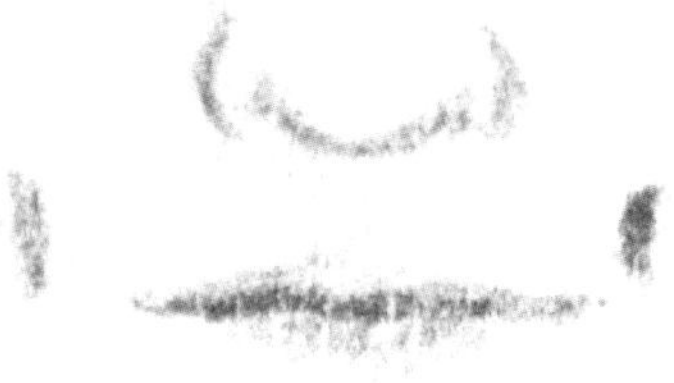

㈤、臉頰酒窩的論斷

臉頰有酒窩的情況，表示爲人多才多藝，學習能力佳，反應很靈敏，喜歡表現自我，可以吸引衆人的目光，所以人緣相當不錯，但講話比較坦白，不懂得語帶保留，有時候會因此而吃虧，特別是在感情交往方面。

㈥、臉頰僵硬的論斷

臉頰僵硬的情況，看起來死氣沉沉的，臉部表情很呆板，讓人有難以親近的感覺，行事愛獨來獨往，不聽從命令行事，主管、上司不是很容易掌握，但忍耐力十足，願意咬緊牙根，想辦法撐過難關，是很有競爭力的人。

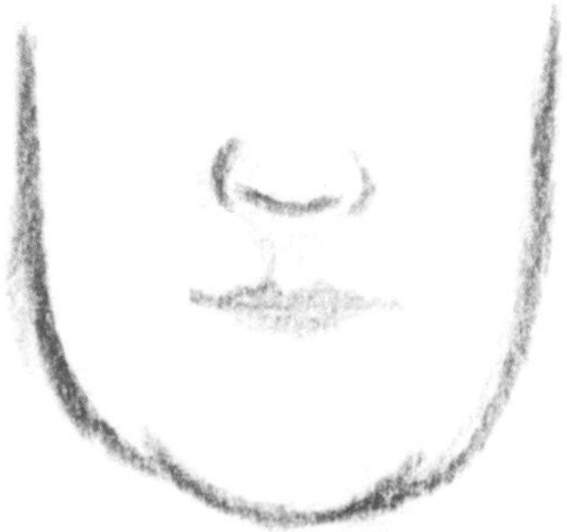

(七)、臉頰豐滿的論斷

臉頰豐滿的情況，表示個性開朗、不拘小節，喜歡跟人接近聊天，是很容易親近的人，做事情非常腳踏實地，不會想要投機取巧，因此可以慢慢發展，而順利達成目標，中晚年以後，多半事業有成、名聲遠播。

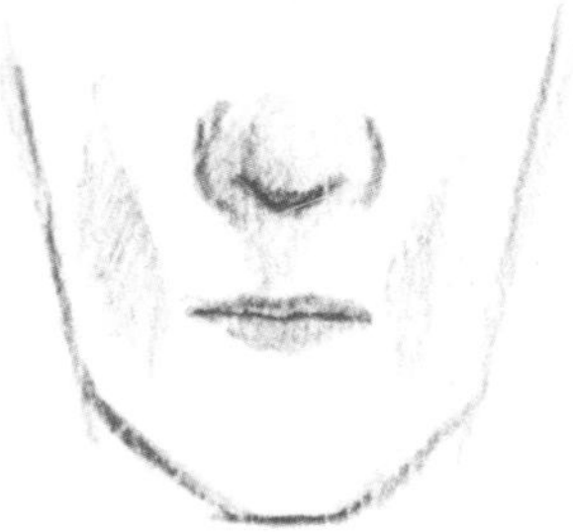

(八)、臉頰削瘦的論斷

臉頰削瘦的情況，表示運勢不理想，凡事會辛苦勞累，需要靠自己努力，缺乏貴人來幫助，在人際關係上，所有接觸的人中以小人居多，會想要動歪腦筋佔便宜，而有被拖累的現象，中晚年後有志難伸、經濟拮据。

七、山根、印堂

(一)、印堂懸針紋的論斷

印堂懸針紋的情況，就是印堂出現一條直紋，好像有根針插著一樣，表示運勢起伏不定，個性急躁衝動，缺乏耐性、恆心，做事情往往草率，不聽他人的建議，顯得任性頑固，三十歲前後需要注意事業，恐怕會有危機出現。

(二)、印堂雙直紋的論斷

印堂雙直紋的情況，就是平常皺眉頭的時候，所出現的兩條紋路，若清晰可見的話，表示爲人思考細膩，考慮周延，很害怕做不好事情，有自尋煩惱的傾向，人際關係上顯得比較拘謹保守，是不錯的幕僚人材或企畫人員。

(三)、印堂八字紋的論斷

印堂八字紋的情況，表示爲人較爲悲觀、消極，心境不易開朗，對許多事情思考謹愼，但往往太過執著完美，而失去捷足先登的機會，很適合學術或研發的工作，會比較能發揮本身才能，在人際關係上，需要加強交際手腕才行。

(四)、印堂川字紋的論斷

印堂川字紋的情況，表示爲人充滿正義感，會願意挺身而出，幫助弱小族群，但是做人愛好面子，經不起諷刺、批評，得失心會相當重，而影響到能力的發揮，感情、婚姻方面，容易衝動決定，過程會有阻礙，不利於長久發展。

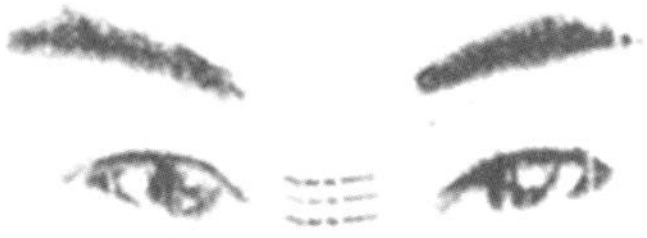

㈤、山根凹陷的論斷

山根凹陷的論斷，就是鼻樑與印堂交接處，有凹陷或橫紋出現的話，表示運勢受到阻礙、限制，凡事會比較奔波、辛勞，但卻不一定能有收穫，心境會比較鬱悶、困頓，有想不開的情況，中晚年以後，要注意感情與財務的危機。

㈥、山根橫紋的論斷

山根橫紋的論斷，若出現許多橫紋，表示個性獨立早熟，提早面對現實，往往有離鄉背井，到外地打拚的可能，但是過程卻不理想，會遇到許多阻礙，特別是中年的時候，但爲人腳踏實地，懂得節制，還算能守住小財。

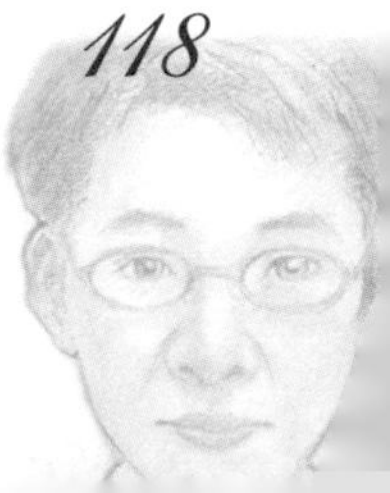

㈦、山根十字紋的論斷

山根十字紋的情況，表示爲人重視心靈方面的滿足，汲汲營營於精神的追求、探索，特別是對於宗教信仰，有相當的堅持與肯定的態度，但人際關係上，會比較敏感、神經質，有時會讓人受不了，事業上，則容易有懷才不遇的感嘆。

㈧、山根橫直紋的論斷

山根有橫直紋的情況，就是橫紋、直紋交錯，表示容易情緒化，會心煩意亂，各方面的起伏、波折較大，事業上，會遇到困難阻礙，而導致創業失敗，或是被面臨裁員的可能。感情、婚姻方面，關係不是很穩定，要注意彼此的溝通協調。

八、額頭

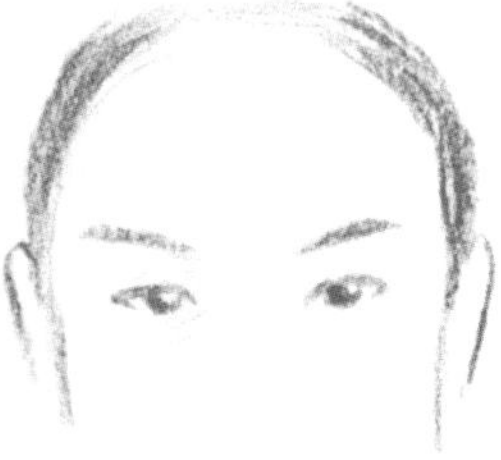

(一)、額頭高聳的論斷

額頭高聳的情況，表示腦筋聰明、學習力強，從小能獲得栽培，家境富裕，因此各方面基礎打得穩固，有利於將來的發展、競爭，但個性上，由於想得太多，判斷上經常猶豫不決，會有過於理想、不切實際的現象。

(二)、額頭圓廣的論斷

額頭圓廣的情況，表示爲人智商頗高、善於謀略，對於事情都看得十分透徹，能夠深入其中分析，事業上，喜歡掌握權力，相當有企圖心，遇到挫折不退縮，反而會激起心中的鬥志，有越戰越勇的氣魄表現。

㈢、額頭較低的論斷

額頭較低的情況，表示見識有限、思考遲鈍，做事情拖拖拉拉，還有推卸責任的可能，事業上比較沒有衝勁，也欠缺貴人賞識、提拔，但若頭髮濃密的話，個性反而顯得急躁、魯莽，不顧慮他人感受，有獨斷獨行的現象。

㈣、額頭寬闊的論斷

額頭寬闊的情況，表示爲人通情達理，懂得進退分寸，能得長輩的疼惜，各方面都能獲得資助，人生運勢相當平順，但感情方面，女性事業心很重，經常無法兼顧家庭，對於婚姻的維持不利，可能會有爭執吵鬧的現象。

㈤、額頭橢圓形的論斷

額頭橢圓形的情況，表示個性溫和、心胸開闊，對於朋友的要求，都會盡心盡力做到，但也容易有人情的牽絆，而造成煩惱、壓力的來源，事業上，不適合到外地去工作，需要花費較長時間適應，但中年以後會比較順利。

㈥、額頭方角形的論斷

額頭方角形的情況，表示重視現實生活，不愛幻想，做事情有條有理，而且會堅持原則，有完美主義的心態，感情方面，脾氣會比較倔強，缺乏溫柔與浪漫，所以不容易相處溝通，往往比較慢有結果。

(七)、額頭低窄的論斷

額頭低窄的情況，又頭髮是捲曲或赤色的話，表示精力充沛、活力十足，喜歡到處冒險，追求刺激的事物，但人際關係上，較不分青紅皀白，態度顯得衝動，有時候會遭人慫恿、利用，而造成損人不利己的情形。

(八)、額頭髮尖的論斷

額頭髮尖的情況，就是額頭上的髮際，如果有美人尖的情況，一般都不是很理想，表示印堂受到沖剋，本身才華無法發揮，有經常更換工作的現象，在感情上會搖擺不定，很容易胡思亂想，不停變換交往對象。

㈨、額頭圓凸的論斷

額頭圓凸的情況，表示思想富創造性、很有文學氣質，能夠學習多樣才藝，有很好的記憶力、想像力，很有可能成爲專家學者，人際關係上，能結交許多朋友，也能獲得父母、長輩的支持，能夠開創屬於自己的事業。

㈩、額頭凹凸分明的論斷

額頭凹凸分明的情況，就是從側面來看，額頭到鼻樑的位置，有明顯的高低起伏的話，表示個性固執、行事果斷，很具有冒險的精神、願意嘗試新穎的方法，來解決困難阻礙，開創性十分良好，工作上很具有競爭力。

(十)、額頭平坦的論斷

額頭平坦的情況，表示智商平凡、見解普通，生性保守內向，不活潑好動，由於缺乏判斷、主見，所以很容易受到影響，朋友的選擇就非常重要，特別是感情跟金錢的問題，常會遇到煩麻、糾紛，讓自己不堪其擾。

(十一)、額頭隆起的論斷

額頭隆起的情況，就是眉稜骨隆起，或是兩旁輔骨隆起，叫做輔骨插天，也是頭角崢嶸的象徵，表示爲人雄心壯志、氣度宏偉，跟人言談之中，富有機智、幽默，能得到衆人的愛戴、欣賞，可以領導聚集群衆，成就一番個人事業。

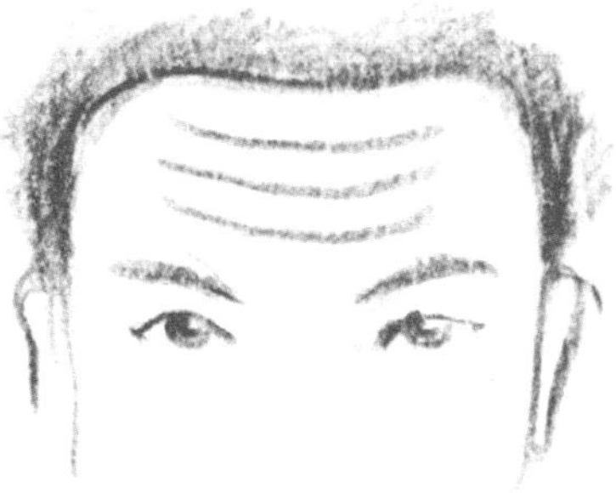

(十三)、額頭彎曲紋的論斷

額頭彎曲紋的情況，就是三條橫紋但兩端向上彎，又叫做偃月紋，表示爲人正直清廉、行事穩健，不喜歡捲入無謂的紛爭，會堅守自己的工作崗位，默默的服務奉獻，很適合擔任公務人員，或是管理監督的職位。

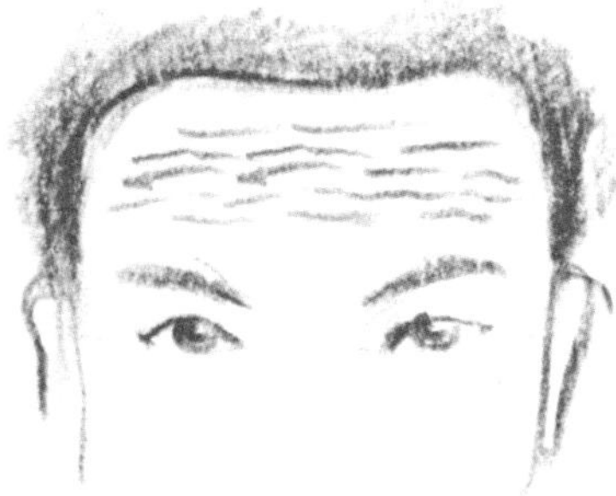

(十四)、額頭橫雜紋的論斷

額頭橫雜紋的情況，就是額頭的皺紋多，而且斷斷續續的，顯得非常的凌亂，表示爲人思緒繁多、夜不安穩，帶有一點神經質，脾氣比較煩躁沒耐性，凡事需要自立自強，不會有朋友或貴人幫助，早年辛苦勞累，但晚年能享清福。

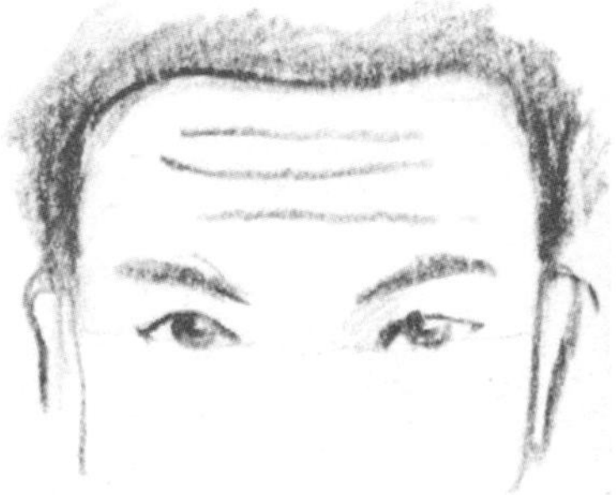

㈩五、額頭三橫紋的論斷

額頭有三條橫紋的情況，相學又叫做伏犀紋，表示爲人敦厚，有很強的意志力，喜歡學習新的事物，具有超強的記憶力跟分析能力，凡事不怕辛苦勞累，會耐心等待時機，情勢看準了就會出手，最後會獲得成就。

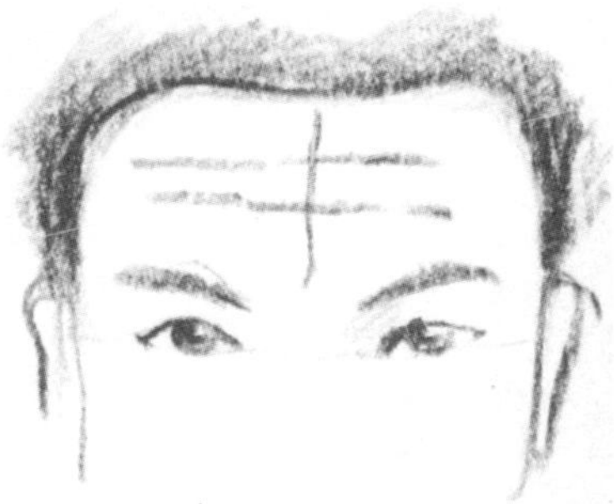

㈩六、額頭縱橫紋的論斷

額頭縱橫紋的情況，表示紋路雜亂、運勢多變，通常需要經過較多的挫折磨難，才能培養出堅毅的性格，多屬於孤軍奮鬥的類型，不太依賴他人的力量，有時候遇到困境阻礙，便會自怨自艾，覺得人生不得志、生活不如意。

九、牙齒、舌頭

(一)、牙齒較多的論斷

牙齒較多的情況，一般是表示名聲地位，牙齒數目越多的話，就是越容易發達貴顯，三十六～十八齒的話，福祿豐隆、不愁吃穿，三十二～十四齒的話，身體健康、壽命較長，三十齒以下的話，則是平庸之輩。

(二)、牙齒整齊的論斷

牙齒整齊的情況，若排列的像白色的貝殼，表示爲人聰明靈活，個性大方爽朗，不會扭扭捏捏，惺惺作態，人際關係相當不錯，但顏色若焦黃枯黑的話，表示體質過敏、虛弱，健康情形不佳，在事業上，運勢也不太理想。

(三)、牙齒較小的論斷

牙齒較小的情況，表示爲人膽量小、好計較，凡事容易鑽牛角尖，會有想不開的情形，心情總是鬱悶難解，又心防很重，旁人不容易接近，但在事業上，態度會冷靜、謹慎，面對困難問題，算是不錯的幕僚或是副手人選。

(四)、牙齒不整的論斷

牙齒不整的情況，就是切面參差不齊，表示個性急躁、衝動，喜好爭奪利益，有自私自利的可能，加上容易情緒化，不好溝通，所以人際關係不理想，事業運方面，會有每況愈下的現象，到中晚年時要提早規畫。

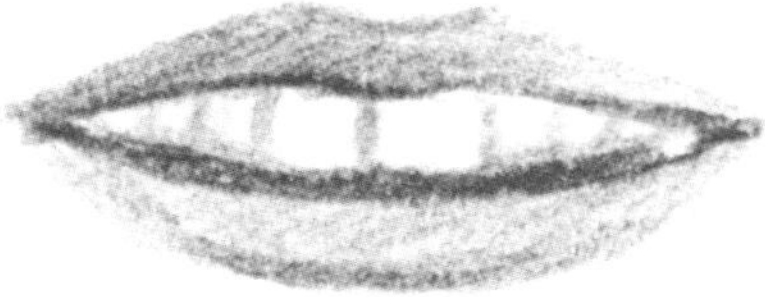

㈤、門牙較大的論斷

門牙較大的情況，表示身體強壯、健康良好，做事情積極有活力，不怕任何的挑戰，精神鬥志非常高昂，不過由於講求快速，缺乏長期的規畫，有時候會因此而吃虧，特別是在理財投資方面，有大賺大賠的現象。

㈥、門牙縫細的論斷

門牙縫細的情況，若門牙有縫細的話，表示爲人個性開朗，屬於樂天派的類型，凡事喜歡自由自在，不愛受到約束管教，但人際關係較薄弱，不懂得交際應酬的手腕，多半靠自己打天下，辛苦的白手起家。

㈦、牙齒尖銳的論斷

牙齒尖銳的情況，表示個性奸詐、爲人陰沉，會想辦法爭奪利益，甚至不惜出賣朋友，事業上，由於行事反反覆覆，讓人無法放心交代，所以升遷較爲困難，理財方面很愛投機取巧，但錢財來來去去，沒辦法存守的住。

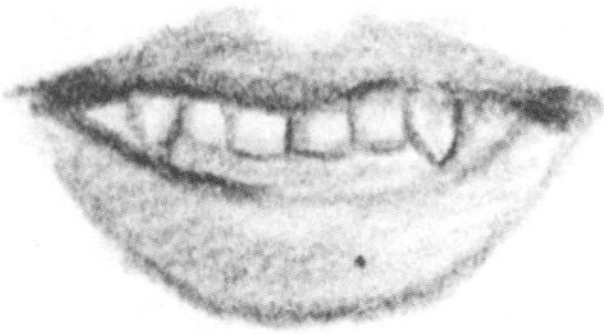

㈧、虎牙突出的論斷

虎牙突出的情況，表示個性外向活潑，不怕陌生環境，喜歡到處遊玩、享樂，花費比較奢侈，人際關係上，由於來者不拒、廣結善緣，所以朋友非常的多，但多半會有小人出現，而被對方拖累，導致名譽或金錢的損失。

㈨、舌大而方長的論斷

舌大而方長的論斷，表示行爲端正、講求信義，不屑偷雞摸狗的事情，會傾向光明正大的行事，但若舌頭長卻狹窄的話，表示爲人舌燦蓮花、說話不切實際，不是很值得信賴，不宜交往太過親密，以免受到對方牽連。

㈩、舌大而削薄的論斷

舌大而削薄的情況，表示聰穎巧智、口才犀利，很具有說服力，不過卻愛搬弄是非，流於狡辯之徒，會到處散播謠言，破壞別人的名聲，舌頭大卻短的話，表示胸無大志、遊手好閒，也屬於飢不擇食的類型。

(十一)、舌大而嘴小的論斷

舌大而嘴小的情況，表示爲人木訥、不善言詞，人際關係互動較差，不善表現自己，但若舌小嘴大的話，表示講話直接、欠缺思考，經常不小心出口傷人，造成人際關係上的不愉快，若舌頭上有川字紋，爲人知足常樂，能夠存守財富。

(十二)、舌頭紅潤的論斷

舌頭紅潤的情況，舌頭紅潤像丹砂的話，表示身體健康，抵抗力強，很少生病看醫生，財運方面比較平順，能有穩定的收入，若舌頭顏色暗黑的話，表示健康欠佳，有中毒的可能，運勢坎坷難行，凡事操勞卻無所獲，容易招惹官司、小人。

十、人中

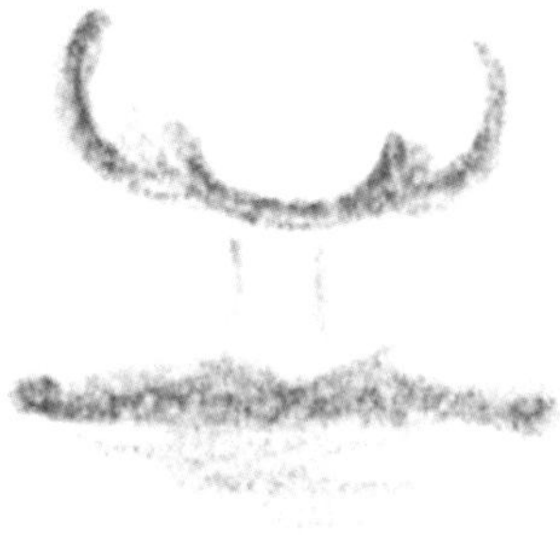

㈠、人中深長的論斷

人中深長的情況，就是輪廓清晰可見，像是凹下去一樣，表示爲人忠厚老實、態度溫和有禮，滿熱心幫助人的，人緣會相當不錯，事業上，很有耐性跟毅力，會願意奮鬥不休，中年以後可以發達，晚年可以享受福祿。

㈡、人中短淺的論斷

人中短淺的情況，就是輪廓顯得不清晰，表示爲人懶散無鬥志、凡事較被動，不會想要上進，爭取好成績，事業上，有半途而廢的傾向，喜歡依賴他人幫助，毫無企圖心可言，賺不到什麼財富，中晚年以後，運勢會每況愈下。

㈢、人中無溝的論斷

人中無溝的情況，就是看不出有輪廓，表示爲人個性內向保守、行事拘謹，不太愛跟人打交道，通常會孤單一人，事業上，討厭繁瑣的事務，不願意花心思處理，又愛推卸責任，所以升遷較無希望，人生也很少有作爲。

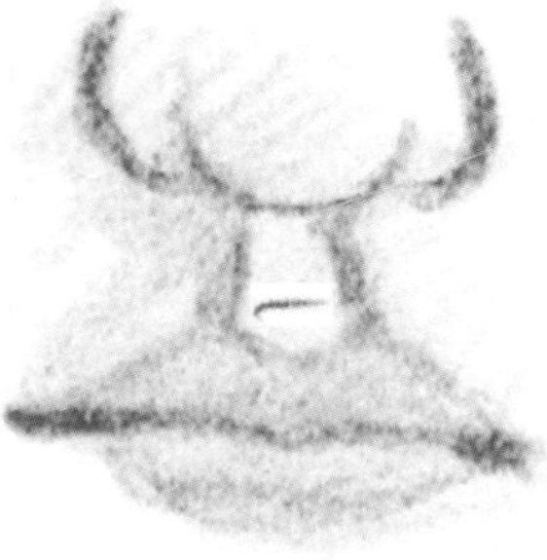

㈣、人中橫紋的論斷

人中橫紋的情況，就是有紋路劃過人中，表示運勢不太理想，恐會有災禍發生，要特別小心注意，尤其是健康方面，人際關係上，會因子女的問題而煩惱，彼此會產生代溝、嫌隙，常替子女出面收拾爛攤子。

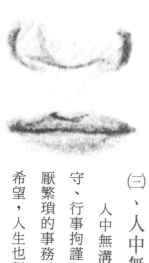

(五)、人中上窄下寬的論斷

人中上窄下寬的情況，表示家境平庸、栽培有限，凡事需要靠自己努力，才能有較好的結果，是白手起家的典型，事業上，很早就必須出外奔波，爲家庭謀生計，雖然過程艱苦困難，但慢慢能漸入佳境，晚年可以享受福祿。

(六)、人中上寬下窄的論斷

人中上寬下窄的情況，表示爲人敏感過度、帶有點神經質，對很多事情都看不慣，會有疑神疑鬼的現象，讓人很頭痛，事業上，欠缺耐力跟定性，會時常更換工作，財運方面，不善於理財規畫，恐怕會卯吃寅糧。

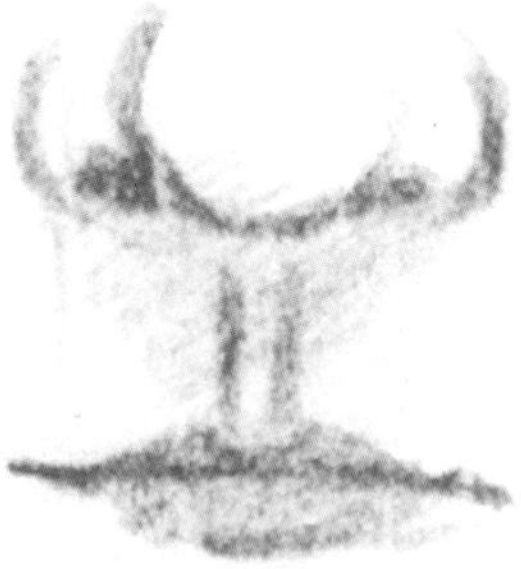

(七)、人中細狹的論斷

人中細狹的情況，就是人中非常狹窄，表示爲人心胸肚量不大，很容易吃醋、計較，對朋友不夠大方，有吝嗇的傾向，又不善溝通，不願承認錯誤，因此被他人嫌棄，而列爲拒絕來往戶，導致情緒鬱悶無法抒發。

(八)、人中寬闊的論斷

人中寬闊的情況，表示個性坦白、直言不諱，對很多事情都看得開，不會一直惦記在心上，願意無條件幫助朋友，是個很有包容力的人，所以人際關係佳，能受到別人的尊重，事業上能一步一腳印，慢慢達成理想目標。

(九)、人中橢圓形的論斷

人中橢圓形的情況，表示身體健康不太理想，帶有遺傳疾病的可能，使身體外觀有損傷，人際關係上，跟子女、晚輩的互動有問題，彼此容易觀念不合、有口角的衝突，沒辦法好好管教子女，或帶領部屬共同工作。

(十)、人中彎月形的論斷

人中彎月形的情況，就是人中有彎曲的現象，表示為人心胸狹隘、見不得人好，會在背後搬弄是非，破壞別人的名譽，令人家相當頭痛，事業上，缺乏貴人幫助，遭小人陷害多，有官司訴訟的可能，晚年運不是很理想。

(十一)、人中偏斜的論斷

人中偏斜的情況，表示為人三姑六婆，有長舌的現象，很容易招惹是非，而陷入糾紛當中，甚至有官司訴訟的可能，婦女方面，懷孕恐怕有危險，要注意流產或難產，將來子女會比較叛逆，溝通上也會有問題產生。

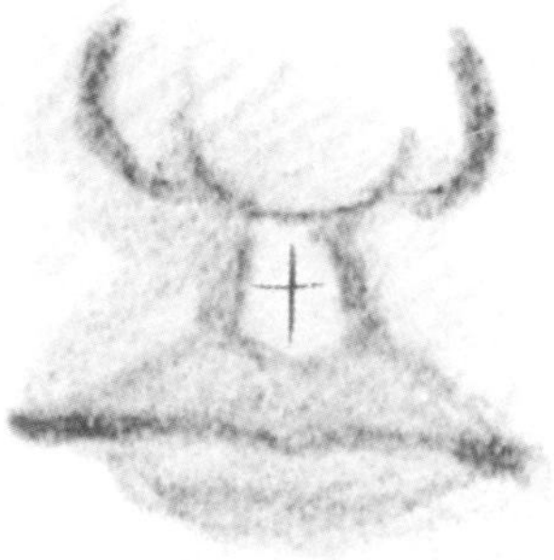

(十二)、人中十字紋的論斷

人中十字紋的情況，表示為人重視心靈，喜歡精神追求，特別親近宗教信仰，意志力會比較堅定，但是人際關係上，會顯得較孤單寂寞，找不到適合的伴侶，若結婚後有子女，跟子女的緣分薄弱，彼此會很難相處、溝通。

十一、法令紋

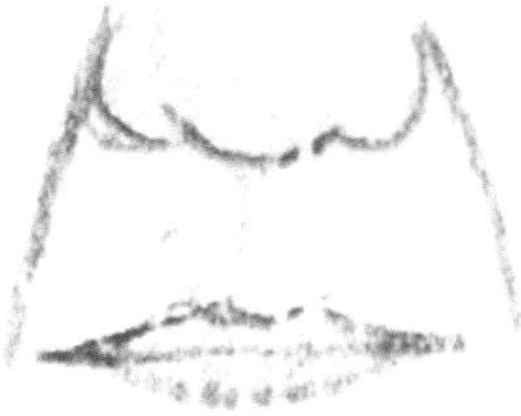

(一)、法令紋深且長的論斷

法令紋深且長的情況，表示爲人精力旺盛、頭腦清晰，處理事情有條有理，不會隨隨便便敷衍，在學習方面，能夠深入專心研究，成爲某領域的權威，很受到他人的尊重與肯定，隨著年齡的增長，地位、名聲也會慢慢的提升。

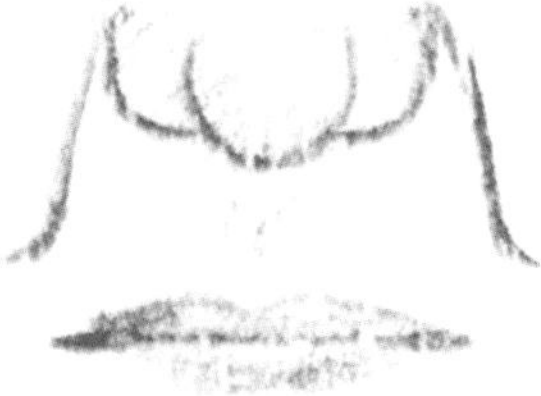

(二)、法令紋八字型的論斷

法令紋八字型的情況，表示淡薄名利、崇尚悠閒，喜歡過輕鬆自在、沒有壓力的生活，跟人很好溝通，結交的朋友也很多，沒什麼特別的野心，所以事業能平穩發展，就非常心滿意足，中晚年以後，可以安享清福。

㈢、法令紋入嘴角的論斷

法令紋入嘴角的情況，相學上叫做螣蛇入口，表示為人苦悶鬱卒，心境不夠開闊，常常為小事情煩惱，有杞人憂天的傾向，事業上，若遇到挫折、失敗的話，很可能就灰心喪志，而無法東山再起，健康方面，壽命可能會比較短。

㈣、法令紋不明顯的論斷

法令紋不明顯的情況，表示為人缺乏企圖心，做事情馬馬虎虎，有得過且過的心態，不喜歡出風頭，總是躲在人群的後面，很少直接跟人互動，事業上不愛變動，會喜歡固定的職務，但升遷比較不容易。

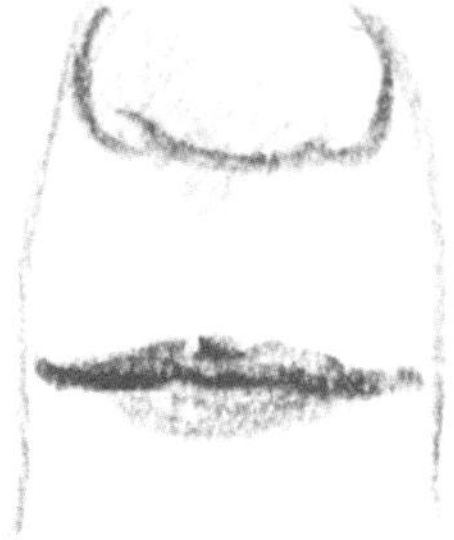

㈤、法令紋過嘴角的論斷

法令紋過嘴角的情況，就是紋路從嘴角旁向下延伸，涵蓋住整個下巴部位，表示脾氣古怪，剛愎自用，不愛跟人家溝通，想怎麼做就怎麼做，常常無形中得罪人而不知，會有口角糾紛，但健康情況良好，會有長壽的可能。

㈥、法令紋有分岔的論斷

法令紋有分岔的情況，相學上叫做金縷紋，表示爲人心胸寬大，喜歡結交朋友，很有交際應酬的手腕，加上領導管理的才能，所以很適合經商發展，投資理財上，由於眼光獨到，又能沉穩踏實，可以累積豐厚的財富。

(七)、法令紋有橫紋的論斷

法令紋有橫紋的情況，像是有橫紋劃過一樣，表示祖業破敗、六親無靠，需要自立自強，靠白手起家，人際關係上，大多爲了實際的利益，很容易跟人家起衝突，而有是非糾紛的困擾，運勢上，要提防意外災害的發生。

(八)、法令紋有數條的論斷

法令紋有數條的論斷，就是法令紋旁有平行的小細紋，表示爲人勤儉努力，奮鬥不休，會透過爭取表現來獲得獎賞鼓勵，事業上，事必躬親，不假手他人，但由於憂慮過多，缺乏果斷，僅可以當幕僚、副手，不適合擔任領導。

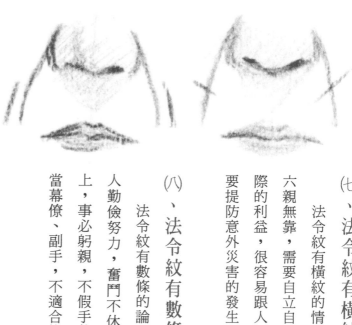

十二、下巴、腮骨

(一)、下巴圓突的論斷

下巴圓突的情況，像是圓形的隆起，表示善於領導統馭，很有權力慾望，喜歡指揮別人做事，雖然有時候顯得自負，但不會得意忘形，懂得拿捏分寸，對朋友、部屬非常照顧，還算是有人情味，事業能夠開展順利。

(二)、下巴短小的論斷

下巴短小的情況，佔臉部的比例較小，表示不善於言詞表達，會把感受隱藏起來，不輕易透露心事，讓人摸不著頭緒，事業上，由於缺乏自信心，不敢大膽行事，有時會因判斷延誤，而失去大好時機。

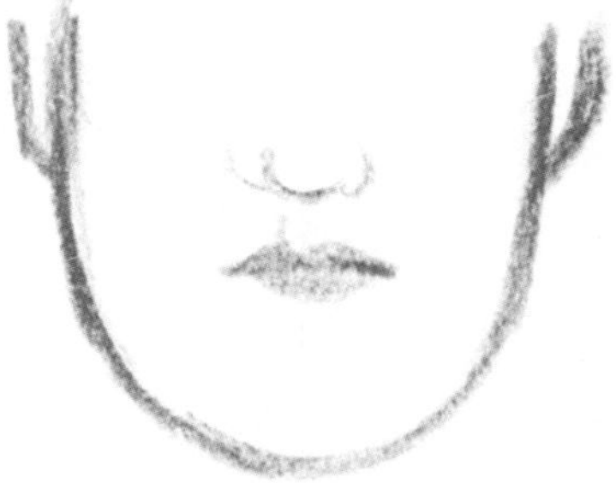

㈢、下巴拉長的論斷

下巴拉長的情況，像是戽斗一樣的形狀，表示爲人精力充沛、善於計謀，很有群衆魅力，能擔任領導地位，又腦筋聰明，反應靈敏，可以從困境當中，找出生存的契機，算是滿有企圖心的人，不過脾氣固執，有時會因衝動而得罪人。

㈣、下巴寬圓的論斷

下巴寬圓的情況，表示個性敦厚老實，爲人古道熱腸，喜歡到處交朋友，跟人家溝通意見，所以人緣還算不錯，又態度穩重、處事圓融，很適合領導管理，甚至於可以自行創業，物質生活不缺乏，晚年可享福祿。

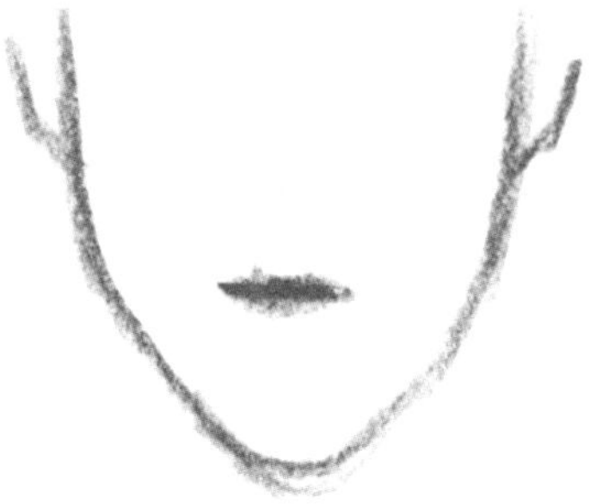

(五)、下巴尖小的論斷

下巴尖小的情況，表示好奇心強、喜歡學習，對什麼事情都很有興趣，但是卻無法持久下去，人際關係上，反應靈敏、說話很流利，看起來很有人緣，但相處久了，會疑神疑鬼，帶有點神經質，使人覺得不好相處，特別是在感情方面。

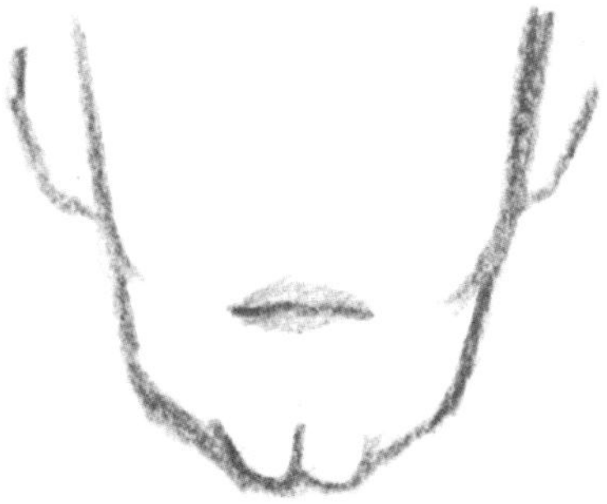

(六)、下巴凹紋的論斷

下巴凹紋的情況，就是下巴中間凹陷，好似兩個下巴，表示爲人富創造力，很有美感細胞，喜歡藝術氣息的東西，本身的文采也不錯，但感情方面，較不安分，有喜新厭舊的可能，需要注意彼此的溝通才好。

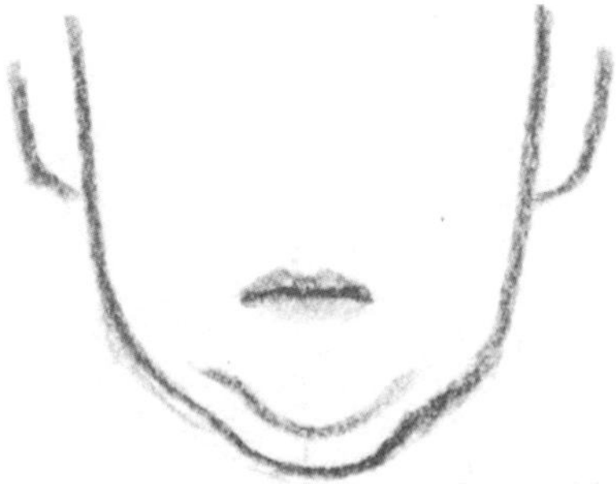

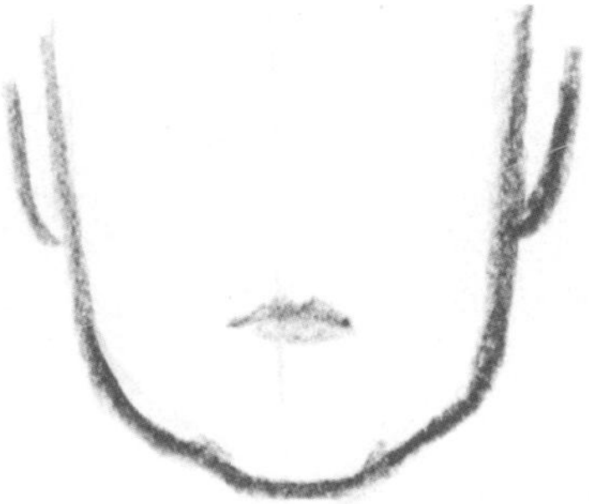

(七)、雙層下巴的論斷

雙層下巴的情況，表示心寬體胖、個性溫和，對人不是很計較，不太會記恨、尋仇，往往會得理饒人，建立良好的風度形象，因此風評還算不錯，理財投資上，通常會有偏財運，可以因此獲得小財，晚年貴顯發達。

(八)、下巴方正的論斷

下巴方正的情況，表示爲人腳踏實地，不會想投機取巧，是白手起家的典型，人際關係上，願意幫助弱小，充滿了正義感，能得到他人回饋，在事業方面，會按部就班，評估自己的實力，絕不會任意吹牛，妄想一步登天。

(九)、腮骨畸形的論斷

腮骨畸形的情況，就是下巴呈現不規則形，表示爲人有小聰明，喜歡賣弄口舌，會想佔人家便宜，常常與人發生糾紛，事業上，有半途而廢的現象，缺乏耐心、毅力，無法承擔重責大任，因此風光出頭的機會較少。

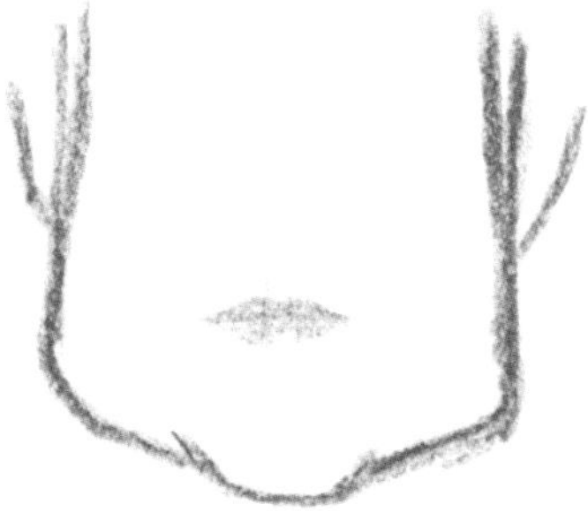

(十)、腮骨均圓的論斷

腮骨均圓的情況，就是腮骨有突出，但是有肉包覆，顯得圓潤，表示充滿膽識氣魄，願意冒險開創，有很強烈的企圖心，因此常能自行創業，擔任領導管理的地位，財運方面，懂得投資規畫，可以添購置產，晚年生活富裕。

(十)、腮骨歪斜的論斷

腮骨歪斜的情況，就是一邊高、一邊低，或是形狀不對稱，表示運勢起伏大，人生變化多，需要面對很多的折磨苦難，才能獲得微薄的報酬，因此心境上，會比較煩惱、苦悶，也容易遭受朋友牽連拖累，而影響到婚姻家庭的幸福。

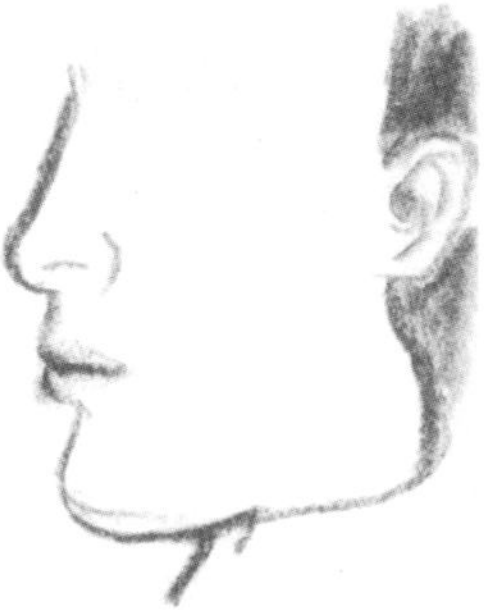

(十一)、腮骨尖突的論斷

腮骨尖突的情況，就是腦後可以見到腮骨，表示脾氣暴躁，手段極端，會到處惹事生非，讓人收拾爛攤子，但若肯用於正途，則事業上，會展現氣魄，勇往直前，不怕任何困難，會勇於面對挫折，再接再厲，而能有所成就。

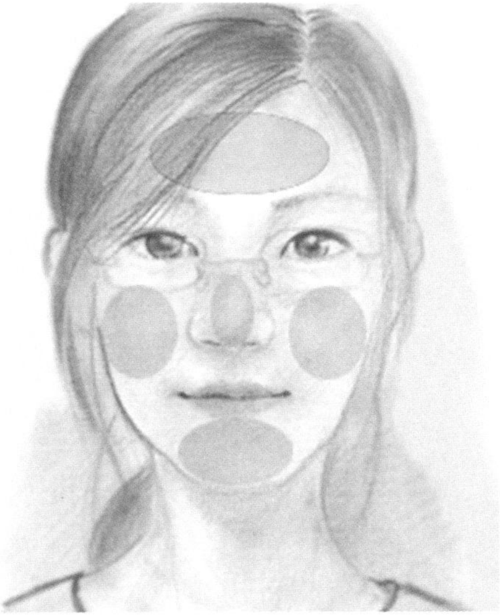

十三、氣色

(一)、觀看氣色的論斷

觀看氣色的情況，最好是早上起床時，在刷牙洗臉以後，對著鏡子詳細觀看，並且應該採用明亮的光源，這樣的結果會比較準確，若面部氣色微紅，膚色黃潤光亮，表示運勢亨通，是喜祥的徵兆，反之，氣色黯淡無光則是凶兆。

(二)、臉部氣色的論斷

臉部氣色的情況，若黯淡無光、呈現灰黑的現象，表示近日的運勢不順，恐怕會有意外或疾病發生，要特別的小心提防，工作上，會遇到困難阻礙，而有挫折、失敗的可能，要堅強、勇敢的面對，才能撐過眼前難關。

(三)、額頭鼻頭的論斷

額頭鼻頭的情況，就是額頭、鼻頭以眼皮的位置，出現黃潤光亮的氣色，表示運勢亨

運、無往不利，最近的偏財運旺盛，有機會獲得小財，在投資理財上，可以盡量放手一搏，通常會有驚人的收穫，但最好節制花費，以免奢侈浪費。

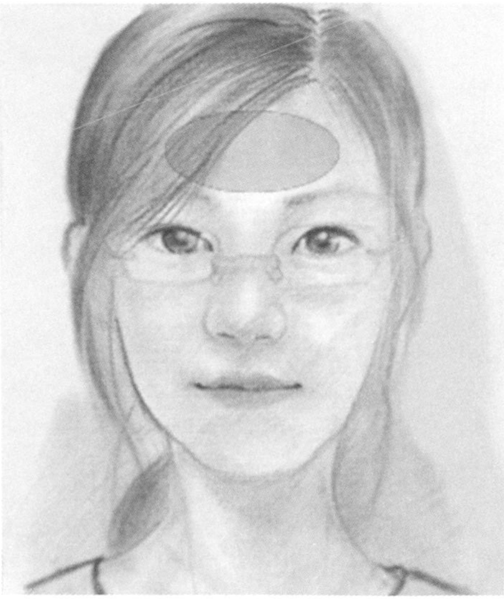

(四)、額頭印堂的論斷

額頭到印堂的情況，若是氣色呈現慘白，或是有皮膚脫屑的現象，表示運氣欠佳、諸事不順，工作上恐怕會出紕漏，而有被人責罵的可能，嚴重的話，還會因此而失去工作，家庭方面，注意親人的健康與安全，提防喪憂之事。

(五)、眉眼氣色的論斷

眉眼氣色的情況，若眉毛之間黯淡無光，又下眼瞼氣色泛黑，表示身體健康不佳，有可能住院開刀，財物方面，出外要謹慎小心，居家要提高警覺，以避免遭受他人偷盜，感情上，情侶或夫妻會爭執、吵架，要注意溝通協調。

(六)、驛馬氣色的論斷

額頭髮際的情況，就是俗稱的驛馬位，是觀看出遊旅行或遷移調動的運勢，若氣色黃潤明亮的話，表示時運亨通，可以出遠門或搬新家，過程將非常順利，反之，若氣色黯淡無光，或灰黑的現象，要注意出外的安全，盡量不要招惹是非。

(七)、鼻子氣色的論斷

鼻子氣色的情況，若出現黑青黯淡的現象，表示運勢不佳、感情失和，很可能跟對方吵架，而面臨分手的情況，財運上，也要注意防範，以避免遭受欺騙上當，人際關係上，恐怕會有是非糾紛，甚至有官司訴訟的可能。

(八)、山根氣色的論斷

山根氣色的情況，如果黯淡無光，或是有青濛的現象，表示身體健康不佳，恐怕有腸胃方面的毛病，再者，也表示遇到困難、挫折，需要跟人家開口求援，有身不由己的感嘆，不然就是，替子女的事情傷神，而顯得操心勞累。

(九)、眼白氣色的論斷

眼白氣色的情況，若氣色不佳、顯得泛紅，表示睡眠不足，火氣旺盛，脾氣會非常暴躁，容易與人發生衝突，要特別的注意，若眼白佈滿血絲，叫做赤縷貫睛，要注意出外的安全，行事不要太過招搖，慎防破財的現象。

(十)、奸門氣色的論斷

奸門氣色的情況，若出現淡淡的紅暈，表

示有喜事將近，單身的人，有機會邂逅理想伴侶，而情侶有可能步上紅毯、結爲連理，但若出現黯淡灰黑的現象，則表示遇到桃色糾紛，感情婚姻有第三者介入，讓你不堪其擾。

(十一)、迴光返照的論斷

迴光返照的情況，若生病重患的人，已經躺在在床上休養一段時日，卻不見病情有所起色，但忽然精神抖擻、容光煥發，顯得非常有活力，而且會積極想進食，這其實是迴光返照，即將離開人世的徵兆，特別是老年人。

㈩、人中氣色的論斷

人中氣色的情況，若出現黑暗青濛的現象，表示身體健康不佳，婦女多有生理疾病，要進快治療、調養，再者，跟子女、晚輩的溝通欠佳，會有代溝出現，而有憂慮煩惱的跡象，若口唇又黑紫的話，戲水恐怕有危險，應暫時避免出遊。

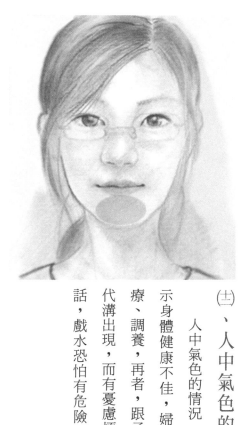

命好搭配好面相，事半功倍世人羨(一)

一、那段追求敗金的日子、是多麼的慾望難耐的面相

(一)臉型像由字、物質慾望重

臉型像由字的人，額頭窄小，而下巴渾圓厚實，通常身材也相當豐滿有肉。這種女性本身舉止很粗線條，做事不用腦筋，且物質慾望很重，也很貪心，對任何誘惑都缺乏免疫力，易做出錯誤的判斷，導致本身舉措常出現紕露。

(二)鼻子塌陷短小、思考能力薄弱

鼻樑低陷，鼻型又短小，鼻子整體上看起來缺乏氣勢的人，思考能力薄弱，沒主見，很容易受朋友的影響，特別是又像小孩子般，皮膚質地細柔，鼻頭部分有點尖，有點朝天鼻的小孩鼻，更是如同兒童般的幼稚，似乎永遠長不大。

(三)帶有桃花眼、感情世界多糾纏

生來帶有桃花眼的女性，多半是隨和、親切的人，對他人的防禦心不大，基本上是社交方面較無主見的人，不太懂得拒絕別人的要求，也不太能表達內心的想法。生有此桃花眼的人，最需要學習的事，就是表達自我的主張，對不願意的事情勇敢說不，感情上才不會與異性糾纏不清。

(四)兩眉毛間太寬、感情上隨隨便便

兩條眉毛寬過兩個手指的距離的女性，感情上會隨隨便便，要是眉毛尾部還向下垂，成

爲八字眉形狀，本身更是缺乏自我主張，會因金錢，物慾的誘惑而墮落。

(五)說話談笑露齒齦、個性十足傻大姊難

說話或笑的時候，上齒齒齦很明顯顯露出來的女性，有相當親切、柔順的性格，對人十分開朗，像個傻大姊一樣。但其實也有不爲人知道的一面，對於金錢和感情上很有企圖心，因本身需求比較多，有時反而會不擇手段，也算是容易被慾望誘惑的人。若下齒齒齦露出來，這樣的女人，愛冷笑，個性也較冷酷，不容易深入交往。

二、少奮鬥三十年、這種好康哪裡找的面相

㈠耳朵垂珠厚大、財運人際特好

耳朵耳垂厚大的人，金錢、朋友這方面運氣都不錯，也象徵能得有遺產的可能，有貴人幫助自己逢凶化吉。特別是耳垂大又柔軟的女性，對人十分和善寬厚，尤其對自己晚輩、部屬。人緣良好，有福報庇蔭。

㈡聲音甜美柔和、理想賢內助

聲音甜美，柔和的女性，個性上多半溫柔、體貼，絕對是理想的賢內助。

㈢下巴飽滿圓厚、生性溫和敦厚

下巴飽滿圓厚的女人，個性開朗大方、溫和敦厚，是可與之相守的終生伴侶，並且有雙下巴的女性，算是特別有幫夫運的相貌。下巴的肉過於豐腴，有點下垂，則有太過熱心的毛病，很喜歡路見不平，無端招惹一大堆的麻煩事，讓自己忙得一個頭兩個大。

㈣人中清晰且深長、現代豪放俠義女

所謂明顯清晰、深且長的人中，第一：由鼻隔到嘴巴之間，上窄下闊。第二：左右線形筆直非常明顯。第三：人中上沒有痣、橫紋、斑點、凹凸狀等不良相貌。第四：人中不能太過短（至少一公分半）。有以上條件的女性，象徵精打細算、聰明過人，做事有恆心、毅力，有氣魄、品行良好，作風光明磊落，爲人頗有幾分俠義自居的味道。

㈤鼻子筆直高挺、能爲人中之鳳

鼻相筆直而挺、山根部分豐隆、兩側鼻翼飽滿的女性都有貴氣，多半是做官夫人的命。富貴逼人的風采，高雅大方的氣質，能作爲人中之鳳。唯山根部位不宜過挺，否則堅持固執、頑固不通，不利戀愛婚姻。

三、女人該疼惜自己、人生不就是應該好好過的面相

㈠面上朝天鼻、缺乏自制力

從正面看鼻孔有外露的傾向，露孔越高越明顯越有朝天鼻的特質。這種人看起來隨和，很好與人相處、溝通，但買起東西來很衝動，自我控制能力較弱。

㈡嘴巴大、愛吃好用好

嘴巴大的人氣度很大，性格爽朗分明、頗有氣勢。所謂的大嘴必須是寬過於鼻的兩側鼻翼，嘴唇寬而且厚。若女性生有此大嘴，格外富有男子氣

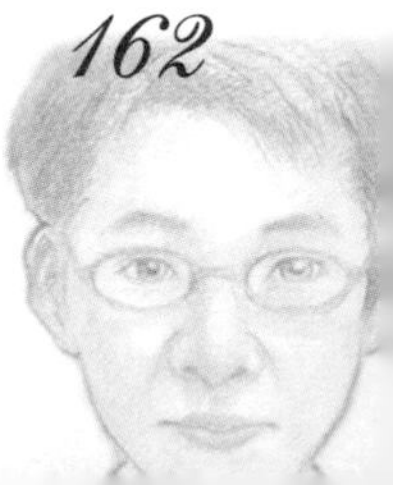

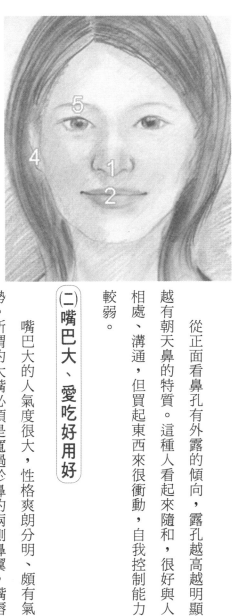

機，若嘴唇形狀優美，則是大富大貴的相貌，在事業上、野心大、企圖心旺盛，生活上愛吃好的、用好的。

㈢臉型像申字、愛買也愛花

兩個臉頰圓鼓鼓，下巴稍微尖尖的，介於鵝蛋臉跟瓜子臉之間，爲典型申字臉。其性格方面，就是對流行與美的事物相當敏感，愛追求時尚、喜歡打扮，哪怕花費多少時間、金錢，都不會感到疲倦。

㈣耳朵無耳垂、易揮霍成性

天生耳朵無耳垂，是屬於比較不會蓄積財富的女性，容易隨興揮霍，但對自我感覺很忠誠，是一種靠感覺生活的人，屬於感覺派的人，一旦感覺對了，一擲千金也面不改色，感覺若不對，寧可花錢消災，也不情願與不對盤的人打交道。無耳垂又兼具耳朵上部的天輪區域大而發達的，對於藝術、文學這類虛無飄渺的內涵或羅曼蒂克的情調更是嚮往。

㈤眉凌骨單薄、愛花費成癖

眉凌骨尾端的肉非常單薄，似乎可清晰見到眉凌骨的形狀，這種女性絕對喜愛花錢，消費的金額與收入成正比，有多少花多少。眉凌骨單薄的女性，都帶有神經衰弱的傾向。

四、就是想要徹底解放隱藏在內心的熱火的面相

(一)眼睛下淚堂青黑、易陷溺情色漩渦

眼睛下方的淚堂能看出一個人的縱慾程度。平時睡眠不足會造成短暫性的黑眼圈，但若眼袋老是呈現出青黑色，那麼八成是有縱慾的現象，尤其在年輕二、三十歲的人就如此，不但影響循環系統的機能，甚至導致不孕的後遺症。

(二)雙下巴太過長、喜愛調情氣氛

無論本身胖不胖，凡是擁有雙下巴的女性，都相當熱情活潑、寬宏大量、不拘小節、喜歡玩樂享受，各種朋友都交往，交際應酬多。雙下巴太過長

的女子，因熱情好客的天性使然，及愛表現本身喜愛調情的能力，容易有三角、四角戀情的問題。但個性又有點固執、不聽人勸告，多情反被多情苦。

(三)臉型像目字、熾熱而狂野

目字臉就是臉呈長方形、額頭方、下巴也方。這種臉型的女性相當具有男性的果敢與戰鬥力，在事業上的表現很突出。若下班休閒娛樂時，會展現成熟又富智慧的性感風情。她們喜歡的愛情非常熾熱而狂野，最能形容現代「不在乎天長地久、只在乎曾經擁有」的女性。

(四)眼睛晶瑩若水、性感豪放女

眼睛晶瑩若水的女性，不論外貌多麼和善、甜美，原則上可判斷這是一個沒有情慾生活，就沒辦法過生活的女性。但也有一些，雖然眼睛非常清澈明亮，又柔情似水的閃著光彩，但卻非面相學上所說的「眼水氾濫」。判斷的方式為：必須眼睛中含水量很高，只差沒有滴下來般的溫潤，才是喜好淫色的相貌。

(五)耳朵紅於面頰、爲性而戀愛

耳朵的顏色比臉頰還要白潤，表示健康良好、運勢不錯。如耳朵的顏色長期都非常紅潤、比臉頰還顯得紅潤，表示此女性是個沉溺床地之事的好淫婦人。戀愛就是爲了性生活，沒有性就無法談情說愛。除了耳朵紅潤之外，如果她的毛髮偏濃、偏黑，情慾方面更是旺盛。

五、有些危險是你無法觸碰的面相

(一)眼神飄忽不定、擁有鬼怪腦筋

眼神飄忽不定的女性，有一個特徵，就是特別能洞悉別人心裡在想什麼，觀察力非常敏感銳利，個性上卻傾向情緒化，很躁動不安，有點控制不了自己，顯得有些神經兮兮。雖然鬼主意很多，卻不見得能付諸行動，要使壞也壞得不徹底。

(二)鼻子如鷹鉤、使壞的專家

鷹鉤鼻的女性，其實都有相貌高雅的儀表姿態，且頭腦冷靜、高貴中有股媚惑人心的魅力。但

自私、自我、重視現實利益、以目標爲導向，「愛自己勝於一切」的自戀心態，教人不敢接近。「鼻準如鉤財上毒」、「鼻準尖斜、心事加鉤」反映出來的心性特徵，就是爲城府深喜算計、使壞技倆高明。

(三)說話聲音飄散、神秘的化身

說起話來全無丹田氣，發出來的聲音，好像也不經過喉嚨般的全是氣聲，這種女性，在行事作風上也和她的聲音一樣，給人一種說不上來的不踏實感，帶有點神秘感，叫人無法捉摸她的心思。

(四)齒列向內凹、性格如怪胎

牙齒長得上下齒列都向內凹的女人，要是與她有金錢往來、感情交往，肯定被她翻來覆去的意見，弄得糊裡糊塗、七上八下。其性格上不是慾求不滿、心性不良，就是性情偏於冷淡。

(五)側面正面差異大、個性如同雙面人

有些女性正面看起來很吸引人，可是側面卻不怎麼樣，也有些正面普普通通，但側面卻優美動人，很明顯的看出正面、側面之差，像是兩個人似的。基本上算是一種兩面人的類型，表面上說一套做一套，私底下行另一套，有點陰險狡詐，讓人難以捉摸。

六、在鏡子的面前心情爲何如此不安的面相

(一)眼神變化快速、人前人後兩個樣

有兩條路線，一種是勾引型，喜歡用空洞的眼光盯著男性，雙唇稍微張開，伴隨著用力的眨幾下眼睛，故意引起男性注意。另一種則是相反，走的是文靜端莊，良家婦女的路線，碰到相親或社交活動，馬上變成「正經八百」的模樣，吃有吃相、坐有坐相，表現出良好出身的形象。

(二)聲音裝妖媚、愛獨領風騷

想藉由裝模作樣達到媚惑男性爲目標的女性，一定有獨特的聲音音色，一種是聲音尖高，一種是走白光式的低沉慵懶。

(三)沒事愛皺鼻子、不行也會裝行

有事沒事會有皺鼻子習慣的女性，本性上都有些傲慢，認爲自己非常聰明，高人一等，潛藏有心虛的心理，她明知道自己條件沒那麼好，可是又不肯認輸，故更要裝出很行的舉止態度，走路時頭抬得高高的，穿著上也要有點不一樣，勇於嘗試最流行，最前衛的彩妝，凸顯自己的特殊。如皺眉成性，鼻樑上會產生許多直條的細長紋路，這種相貌的人，人際關係更不好，也容易顯出老態。

(四)披肩散髮半遮臉、情路上阻礙多多

披著長髮半遮臉，雖有幾分神秘的飄逸美感，但其實這樣的髮型會阻礙情緣。眼睛尾部

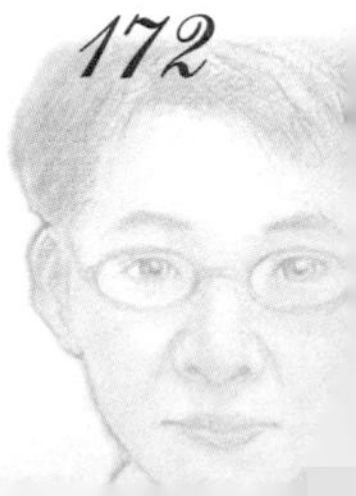

是夫妻宮，一邊有露出來、一邊卻遮著，立刻造成兩邊的不平衡，不但夫妻宮有損，就心理的角度來看也是可議，因爲人的視覺看到的是一張不清爽的臉。

(五)習慣性掀嘴唇、帶有性暗示

掀嘴唇就是在說話時，嘴唇有上揚起的動作，可看到嘴唇內部，甚至因而露出齒齦的嘴相。此種女性的肢體動作和她的嘴一樣的動作，坐姿不端莊、身體半倚著沙發，會習慣性嘟著嘴，身體晃來晃去，舉止上潛藏著勾引男性的慾望，還帶有性格倔強、不服輸的特點。

七、盛開的百合花人人都喜愛的面相

(一)眼神清澈明亮、天眞活潑開朗

眼睛稍偏大，眼珠黑白分明的人，且明亮清澈的女性，都是天眞活潑、單純開朗。多出生富裕家庭，教養佳且氣質好，應對進退有禮貌，沒有令人難以忍受的大小姐脾氣。如教養不好，會覺自己是高高在上的傲女，眼神偏向露光散漫。

(二)眉毛是柳葉眉、心地都柔軟

眉毛是柳葉眉的女性，心地都是善良無比，心腸特軟的溫柔女性，其柔情似水除非親身經歷過，否則不容易體會，對人不會大呼小叫，眼淚特別多，情緒上很容易受到感動。

(三)臉型像田字、樂愛當慈善家

田字臉就是額頭偏方形且腮骨突出，同時臉上有豐腴肉質，整個臉型爲方中帶圓的特徵。這種女人心地寬闊，喜好交朋友又樂於助人，且行事作風海派、大方，愛到處交際應酬，同時也是心思細密，會幫朋友度過困難的慈善家。

(四)嘴唇紅潤牙齒白、溫柔體貼懂人意

嘴唇的色澤偏紅色，同時牙齒整齊，不尖不暴、牙齒白皙，說話時聲音偏向柔和優美，有此特徵的女性，性格上中庸、不會流於情緒化，不喜歡大起大落的生活，且很溫柔體貼懂人心意。

(五)髮質柔軟、協調性好

髮質柔軟的人，個性比較溫和，比較不會自尋煩惱，行事上不見得沒有主見，而是協調性和妥協性很高。要是頭髮柔軟，但是眉毛偏向粗硬，就沒那麼好說服，個性上強硬了些。

八、任性就是我的自信與美麗的面相

(一)眉毛呈螺旋捲、喜怒無常不定

螺旋捲眉毛的女性，個性潑辣凶悍、帶有野蠻氣息、行為舉止粗魯、心胸不寬闊、喜怒無常、愛恨分明。由於性格極端強烈、適宜軍、警、法的工作。這種女性的身世較曲折，如養女等，所謂雙父雙母命。也是一種孤獨的相貌。

(二)兩隻眼睛大小不一、個性敏感多變

左右兩隻眼大小不一的女性，情緒和眼睛一樣，不和諧、不平衡，表示性格無常，反覆不定。左眼代表內心，右眼代表外在行為，左眼大過右眼，表示外剛內柔，右眼大過左眼，則是外柔內剛，表面很豪放，內心感受力平淡。從好的來看，這種人變化多端，敏感無比，

合從事服裝設計、繪畫等工作。

㈢身體偏向前傾、做事先成後敗

如果一個人走路時，總是頭比身體向前傾，若是整個人向前傾的模樣，這樣的人做起事業來都是先成後敗，爲什麼會這樣呢？因爲這種動作的人，從事一件工作多半熱力十足，行動敏捷快速，但流於匆忙草率，不深思熟慮的類型，一有問題就立刻改方向，朝三暮四、心猿意馬。

㈣鼻子小顴骨高、嘴上強硬不認輸

鼻子小、顴骨高的女性，主要表示此人很有權利慾與野心，同時因鼻子小缺乏恆心、毅力、決斷力，而有信心不足的問題。又因爲好強之故而嘴上強硬不認輸，很難和她溝通。

㈤額頭多亂紋、穩定度不夠

額頭上出現亂紋或是凹凸不平的人，代表此人反反覆覆的性格特質。任何事情都猶豫不決、拖拖拉拉，很難下決定。

九、誘惑是一種魅力而不是一種演技的面相

(一)嘴唇小而薄、能言又善道

嘴唇小而薄的人都能言善道，但有小家子氣的毛病，但若能具有長長的嘴角，就不會有上述的缺點產生。

(二)眼尾部分鉤圓、多半狡詐陰險

眼尾鉤圓就是眼尾的部位，上下眼皮交會的地方，不是收起成一點，而是呈弧狀帶鉤圓的樣子。

這種人多半陰險狡詐，城府相當深，具備不動聲色的能耐，以威逼利誘的手段，逐步達到自己預設的目標。

(三)聲音宏亮且厚實、定力與氣勢非凡

聲音發出如「鐘鼓之響」，「氣大則聲宏」當然就是貴人之聲。聲音低沉厚實型的女性，多半是商場上的女強人，有泰山崩於前而色不變的本事，即使在悲傷、慌張的時候，都有一套特殊的鎮靜功夫。但面對欣賞的異性時，演技反而顯得笨拙。

(四)鼻子像鷹鉤、性情難捉摸

鷹鉤鼻分成兩種，一種是鼻相上顯得有肉而豐腴，這種相還算好，不會差到哪裡去。另一種爲鼻上削薄少肉，極爲寡情、刻薄。生有此相的人，演什麼像什麼，沒有利益衝突時，人不但不可怕，反而有迷人的魅力，可是當利益衝突時，她可怕的一面就會表露無疑。

(五)眉毛稀稀疏疏、利益重於情感

眉毛的長度看似只到眼睛中間部位就斷了，尾部的毛稀稀疏疏、散開不聚，且整個眉毛形狀散亂，這種叫斷眉。生有此眉毛的人，哪怕笑容可掬，親切有禮，都不可以輕言相信，因爲她的感情是隨著她感興趣的事和利益來決定，而不時變化。

十、我不是一隻可憐的應聲蟲的面相

(一)嘴唇厚實嘴又大、作人忠厚講道義

「口如牛唇，必是賢人，非特口德，又且性純」，牛口之相指的是一張大嘴，女性有大嘴，會讓相貌顯得誇張，就相學而言是好相。不過必須嘴巴形狀圓滿厚實，嘴唇輪廓清晰。此相之女性屬於忠厚的人，不會把別人的是非對錯掛在嘴邊，只要求自己的行事必須合宜，且出言柔和，能用善言表達善意，不會惹事生非，是做人忠厚講道義的好女性。

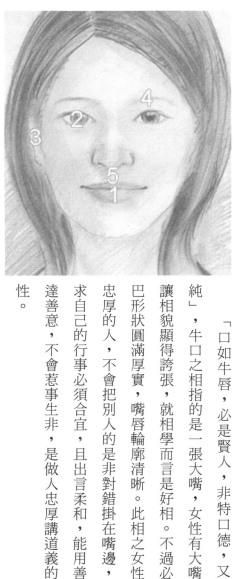

(二)目下一字平、耿直磊落

眼睛的下方的眼波（眼的下半圈），是平平的如一橫線者，作風光明磊落，是非對錯分明，其個性偏向嚴肅，眼神不是偏向銳利，而是顯得深邃穩重，對就是對、錯就是錯，給人直率的印象。故此相的女性，會顯得過於剛強，缺乏溫婉的氣質，但是是很值得信賴的人。

(三)耳朵耳門寬大、知識見解過人

耳門就是進入內耳的耳洞口，「耳門寬廣、聰明豁達」。耳門大，表現豐沛的吞吐能量，故能擁有寬大的胸襟，且對知識上的追求和好奇心特別強烈，當然也就有了過人的見解，是非善惡、眞理俗見，均能了然於胸。

(四)眉毛成一字、行事一絲不苟

有一字眉的女性，其人的行事作風，往往一以貫之、一絲不苟、善惡分明、嫉惡如仇。個性比較頑強，不懂拐彎抹角的溝通，講話相當直接。淡淡的眉毛如一字眉的人，若加上眉毛尾軟質地的，有外柔內剛的傾向，若眉毛根根堅硬，也是脾氣很強硬的婆娘。

(五)人中深長、穩健得體

人中深長但紋路不是很深刻（相好過深刻，會顯得強勢、霸氣），上窄下寬。在個性上有心地光明、忠厚老實的優點。以女性而言，爲氣宇不凡，毅力與韌性很強，心性純美，生殖機能方面良好，將來生出的孩子聰明且傑出。人中就如同「洞庭湖」一樣，有調節宣洩的功能，故此相好者，對事物的看法與行事的風格，屬平衡而中庸的類型，不過於偏激、不過於情緒化，行爲舉止、應對進退都穩健得體。

一、拒絕當溫室裡的花瓶的面相

(一)兩隻耳朵貼腦、處世小心謹慎

從臉頰的正面來看，幾乎看不見兩隻耳朵，必須從側面看才看得到，這是耳朵貼腦的特點之一，大凡耳朵長得越貼近腦，其人的作風越內斂、越沉穩。其次耳朵飽滿，下巴圓長、圓潤、偏白，表示頭腦聰穎、反映出智慧過人，有這種相貌的人，都有很高的成就，工作效率高，判斷力也特別準確。

(二)鼻子大有氣勢、耐力及毅力強

鼻子大有氣勢，反應在生理上爲：具有體能良好，衝勁十足、耐力夠、毅力佳、鬥志高，在事業方面，效率好又招財。不過自主性、自尊心都很強，非常固執，若加上顴骨飽滿，才算得上好相，若顴骨低陷無力，反而會有頑固、無能的情況。

(三)牙齒強健、靈敏聰慧

只要門牙大，以及牙齒排列的每顆牙齒相當整齊，且齒長、齒白，咬合有力，就是好的相貌，天天有充沛的活力，腦筋靈敏、聰慧，人生的格局相對的比較大。

(四)輔犀骨飽滿、智慧過人

生有此一相貌的人，一者表示頭腦發達、聰慧過人，任何東西一學就懂。其次有相當的理想性色彩，會做與眾不同的事情。大家會以她作爲團體中的意見領袖，固有此相者的共通點，都是該行業的頂尖人才。

(五)方顎帶尖、靈活機巧

方型臉且額頭寬闊，下顎偏方，但有點尖尖的下巴，此種顎相的女性，都肯努力進取，而且沒有成九十度標準方顎的人那般固執。這種人，機巧靈活、懂得付出、懂得要求，處事手腕相當高明。

十二、連風也跟不上我的速度的面相

㈠下顎中間略凹、生性浪漫多情

下巴的中間部分凹進去的女子，都是浪漫多情的人，感情生活豐富。而且特別具有從事藝術或審美工作的細胞，這種相貌因爲多情的關係，故疑心病重了些，佔有慾望強。

㈡乁字眉、過人才華

整個眉身揚起，過了眼睛中間之後，陡然下降謂之。有這種眉毛型狀的人都很聰明，有過人的才華，極富巧思，是金頭腦的類型。此種女性不但眼界很高，且自尊心非常強，有不達目的不終止的企圖心。

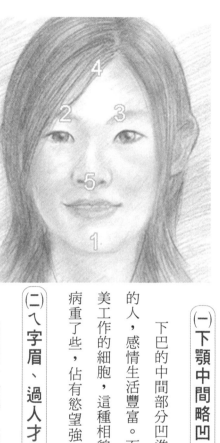

㈢眉凌骨飽滿、才華敏銳

眉毛的下方眉凌骨的位置，如果說很高聳，表示此人有標新立異、高傲自我的個性，凡事有特殊的見解，很難有人可以將她說服。喜歡表現自己的正義感，對不順眼的事往往有話直說，不怕得罪人，男女都一樣。眉凌骨突出，圓而飽滿，反倒是具有標新立異的思考模式，可以轉化爲創意性的想法，展現不凡、敏銳的才華，如生有此相貌，眉毛又濃密，脾氣一定暴躁。

㈣M型額頭、天生藝術家

額頭髮際圓弧型代表柔順，方型代表理性。M型額表示有藝術家的天分及敏銳度，若配上較突出的眉凌骨則有從事投機事業的天分，M型額頭的女性，都帶有神經質，常有多愁善感的想法。

㈤創意鼻、頭腦靈巧

如果鼻子像注音符號的ㄥ，這種鼻子就是ㄥ的前端多了一個u。具有此鼻相的人，很有創意巧思，稱得上是企畫高手。女性生有此相，肯定是頭腦靈光得不得的鬼靈精，常有意料不到的整人鬼點子。在工作上顯得出類拔萃，也會把創造的樂趣帶到生活和家庭中，大體而言，相當擅長裝潢設計，美化家居廚藝。

十三、委曲求全只希望你可憐的面相

(一)耳朵形狀弱小、缺乏自我主見

耳朵很單薄、很柔軟，同時顯得弱小，小時候生活不是刻苦，就是先天體弱多病，故性情顯得消極怠惰、懦弱怕事、缺乏信心主見。有很強的依賴性，且心中多半不踏實、慌亂。

(二)口小合不攏、凡事逆來順受

人的嘴巴明顯小於鼻子的寬度，就是個性上放不開的類型，眼界較窄，若同時還常合不攏似微開的口，則象徵其人頭腦單純、反應遲鈍，做事像無

頭蒼蠅沒重點，不過忍耐力很強，凡事逆來順受，嘴巴合不攏是一種「洩」，對身體、財運都不好。

(三)眼睛小如豆、內向又被動

眼睛小而且眼尾不是成長型或沒有眼尾線，只像小豆子的人，非常傳統保守、小家子氣。此種個性保守、單純的女性，多有「以不變應萬變」的心態，欠缺積極進取的好奇心，也不敢獨自冒險，碰到問題總是放在心裡獨自咀嚼，如加上本身眼神會游移不定的人，其心思不只好依賴、想不開、喜猜疑而已，往往小心眼特多，而且會有使壞的可能。

(四)下齒齦往後收，個性退卻軟弱

下顎即下齒齦，縮退在上顎之後。此相的女性，個性退卻軟弱，意志力單薄、凡事被動，且易受周遭的環境所影響，一副傻樣子，只會聽命行事，沒有自己的想法，易被欺騙、或被人利用。

(五)下顎地閣窄小、自我防衛心強

下顎地閣窄小，就是腮骨不發達，臉龐較消瘦，性格容易敏感，在乎周遭人們對她的看法，人際關係上顯得被動，如果有人主動表示好感，其潛在的依賴性就顯現出來了。這種人除了依賴性即自我防衛心也很強，思考重心環繞在自我的世界裡，自苦勝於傷人。

十四、無法拒絕的衝動行事的面相

㈠乀字眉、眼界高

乀字眉的女性，不會像生有劍眉的人那麼剛強頑固，但其實也高傲得很，表現一副很有品味的樣子，但不可否認本身審美眼光不錯，有質感、有品味。眉毛整體高揚的眉型，具有理想色彩及遠大抱負。

㈡鼻型特別大、偏向極端固執

鼻子大的相貌，本就帶有極爲固執的天性，如

加上顴骨又塌陷，那更是「叫她第一名」的固執天后。更糟糕的是，她們總是自認聰明過人，認爲自己深具富有穿透力的見解，是先知先聖者之流，自怨自艾不會反省，又只會批評別人。

㈢下巴戽斗、極度自戀

下巴顯長，有些戽斗的女性，腦筋多半很靈敏，聰明而有才華，對自己很有自信，個性上熱情洋溢，團體活動中都很活躍。但私底下，其實不好相處，因爲非常自戀，個性極端自我，凡事只忠於自己的想法，與人溝通妥協性很差，容易把人際間的問題搞僵。

㈣額頭部分開闊、自認高人一等

額頭飽滿又開闊，髮際很高，又有一點高凸感的女性，她們辦事能力強，向來自認見解高明，對自己的事、別人的事，充滿了責任，總以爲事情沒有她來插手，就沒辦法做到完美。

(五)臉型是由字、個人特色顯著

額頭低窄但地閣飽滿、寬潤的相貌，就像柚子般的相貌，謂之由字臉，生有此相的女性，性格上衝動、好冒險、不拘小節，舉止比較粗魯。喜歡聊天，天南地北的扯得沒完沒了，而且見解異於常人，常是歪理一堆，有時卻歪打正著的精闢之處，實在夠特殊，算是很有個人的特色。

十五、壞女人只是我的代名詞的面相

(一)間歇眉、喜怒無常

眉毛長的很不均勻，遠遠看去斷斷續續，相當不順暢爲間歇眉。此相的女性，自我意識強，喜怒無常，又善於計謀。另一方面，她的感情十分脆弱，缺乏安全感，長期處於情緒不穩定的狀態。爲人多疑不相信別人，凡事很挑剔，人際關係差。

(二)鼻子形狀尖細、城府極深

鼻子尖尖細細的女性，最厲害的地方，就是能猜中別人的心事，具有超強的解析力，很懂得順勢而爲，做人有伸縮自如的彈性，是精研厚黑學的謀

略家。

㈢耳後見腮骨、自私兼自利

一種從正面看，腮骨像兩邊翻出，另一種從側面看，腮骨過方，似有尖角般的向耳後突出，就是所謂的「耳後見腮」。這種人一定會做出反叛背棄的事情，比方帶兵降敵、出賣長官、搞窩裡反，或以「吸星大法」、「五鬼搬運」的手段，掏空你名下資產，總之，會讓你損失慘重。

㈣帶有鬼齒、恨意滿腹

門牙不像門牙，虎牙不像虎牙，一口凌亂不堪，顯得尖稍歪斜的牙，謂之鬼牙。此人生性奸詐狡猾，愛攪和人際是非，老以算計別人爲樂，心中充滿了怨恨，妄想報復仇家，陷害他人，有事沒事，喜咬牙若怒。

(五)眼尾如勾圓、狡猾不老實

眼尾勾圓就是眼尾呈弧狀，圓溜溜的，且眼珠的靈活度很高。臨場反應機靈，最大的特色是狡猾不老實，表面貌似誠懇、禮貌周全的清秀女性，骨子裡卻全然不是如此。這種眼相的人不是很多，但有上述心態的女性是不少。如果說話時眼神閃爍，不敢看對方，態度猶疑不定，可斷定這種人心眼多，頗爲滑頭。

十六、誰有治歇斯底里的藥方的面相

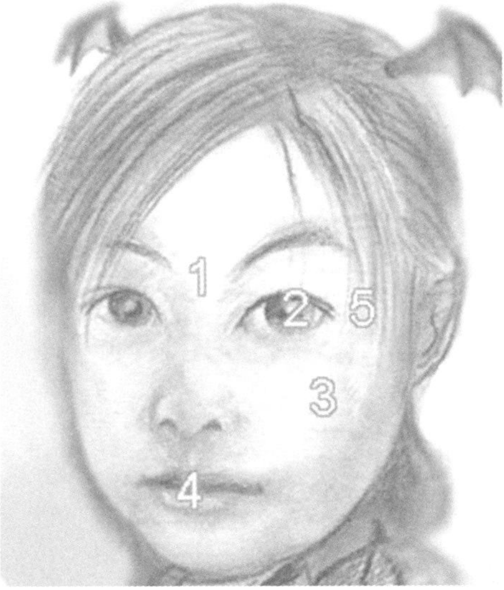

(一)印堂狹窄、生性猜疑

印堂有傷疤，不利於官運，也表示想法上會有不按牌理出牌的傾向。從好處說，有創新能力，從壞處說，看待事情的見解，有時會顯得負面。如狹窄有傷，那更是心胸狹隘無比的人了，會記仇且很會猜疑，充滿假想敵。

(二)眼睛赤黃、急躁固執

眼睛顏色偏淡，眼白又有紅絲的女性，脾氣都很躁動、執著，賭性堅強，不聽人言。「一碰就跳」的超級神經質，缺乏耐性，不懂自我反省。眼睛赤黃的人，多有自律神經失調之類的毛病，不是很貪吃，就是對吃完全沒胃口。

(三)皮肉顯薄、性情多變

面皮薄的人，個性上較苛，且想得很多，故顯得神經衰弱，有睡眠不正常的毛病，性情顯得起伏不定。這種女性多有一種完美主義傾向，對人、事、物與自己的要求很高，若達不到要求，就感到十分挫折，會當場發飆。

(四)牙齒突暴、自尋煩惱

牙齒突暴的女性，容易興奮或沮喪，神經相當敏感，一點小事就會引起她大喜大悲，搞得大家不知道所措。凡事小題大作，很會自尋煩惱。如加上喜歡咬牙若怒，除了上述缺點，個性還很強悍，要是與之口角，恐會被報復，得多加小心。

(五)奸門多紋路、心神焦慮多

奸門上魚尾紋特多，有若網狀般佈滿在整個區域的女性，終日勞碌無比，爲了生活奔波的苦命相。這種女性很會往負面的方向想，所以常感到心神不寧，只好以不斷的變動來面對這份不安全感。

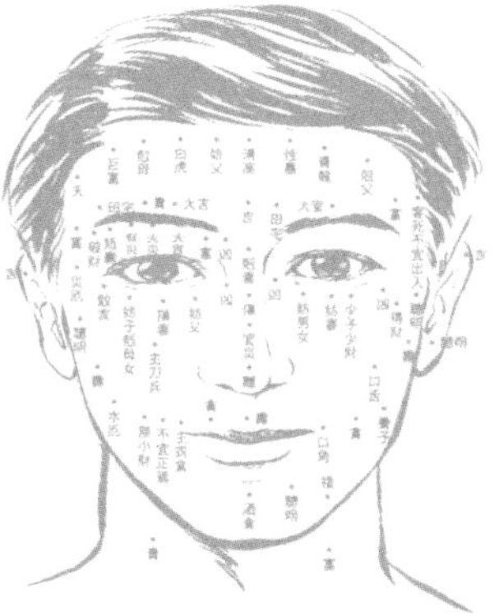
天
白虎
大吉
口舌
酒食

命好搭配好面相，事半功倍世人羨(二)

一、頂著幸運之神的光環的面相

(一)下巴豐滿有肉、晚年運較顯發

地閣就是所謂的下巴，下巴豐滿和臉頰有肉的人，代表其人人際關係不錯，個性比較隨和柔順、生性寬厚，會喜歡交朋友，如果在近左右腮骨處各有直的深紋一、二條，通常就叫做「成功紋」，表示此人很積極且努力，有踏實的個性，人氣很旺，一定能時來運轉，晚年運較顯發。

(二)眉清秀色澤佳、能逢時來運轉

眉毛的相如有光澤、有光彩，或眉毛濃但不會太粗，或眉清淡但形狀不散，或眉頭清淡毛柔順，或眉毛本身往上揚，或眉尾有聚收攏。有這種眉毛相的人，多半是聰明富理智，心

地善良的人。可以從失敗的例子中記取教訓，加上不會嫉妒他人，有樂觀、開朗的心境，自然可以否極泰來，時來運轉。

(三)額頭寬闊且飽滿、他日必能登高位

天庭、日月角、邊城、山林這些在額頭的部位，如果是飽滿有肉、額頭距離高聳的人，或頭型堅硬、膚澤光亮，在十五～二十五歲走運的時候就會小有名氣、頗有名聲。額頭的部分主官貴，額頭長得美，可走上從政的路，他日可能登高位，或入主企業界當高階主管、經理級人物，額頭寬闊的人，本身大腦較發達、思考推理、理解判斷能力都比別人還要高一等。但如果後腦削薄，爲人處事比較冷酷無情。

(四)雙顴高聳且明亮、官運統御扶搖上

顴骨能代表一個人的進取心及管理部屬的能力。兩邊顴骨高者戰鬥意志力強，也很會運用謀略，其中雙顴插天倉實屬佳相。與鼻相佳的搭配，對部屬可產生威嚴又自己也能掌控大權。鼻子若塌扁，卻有高顴骨者，反會因部下作風強勢而受拖累，反倒不是一件好事。

(五)耳朵高於眉毛、本身聰明過人

耳朵位置長得較高，這種人會具有自我突破，不斷追求上進的特質。耳高於眉毛，年輕的時候就容易出人頭地，而且很有可能是出身上等家庭的孩子，或者家裡有祖先庇蔭，在人生的各個階段都很懂得應對進退的處事道理。

、衰神附身、倒楣連連的面相

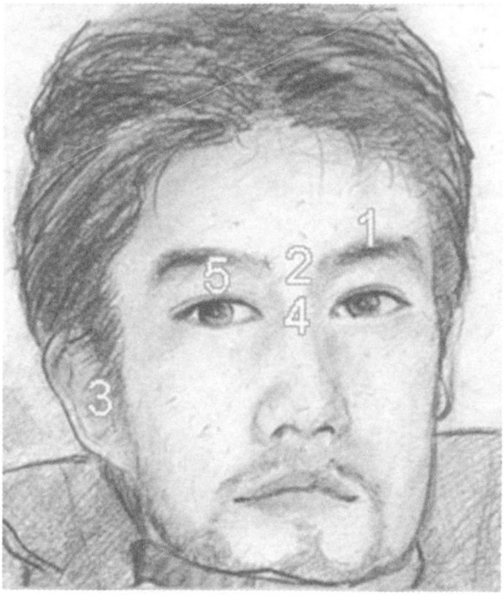

(一)臉上福堂氣色差、人生處於低潮期

內外福堂可看人際交往的情況，外福堂可看人的財務狀況。有高凸的眉骨，代表財務狀況不錯，但若有骨無肉則表示錢財雖多，耗費也很大，福堂有受傷的話就不適合從事商業生意，比較難聚財。

(二)印堂發青紅、凶災易上身

印堂是整個人精神匯集的重點部位，印堂若色澤暗青、暗黑，很可能會碰到突如其來的意外災禍、強盜劫財、交通意外等傷及身體之事件。印堂若呈現暗紅之色，多半有臨時的口舌是非，嚴重時會犯官非而上法院打官司。

(三)耳朵形狀若單薄、元氣弱運氣受阻

耳朵形狀若單薄，先天體質就孱弱。耳朵的顏色可以辨識人的健康狀況，顏色透暗，身體健康上肯定出了問題。顏色青暗則是腎不好。顏色躁紅，有心臟血管方面的問題。

(四)山根低陷、力不從心時運低

山根部位低陷，或山根部位有一、二道橫紋的人，有力不從心的無奈，事事不順的憂慮煩心。山根部位有痣或氣色青黑，表示健康出問題，身體有隱疾，出外則常有意外血光之災。

(五)眉與眼間距不開、凡事運勢皆不開

田宅宮若寬闊的人，個性開朗，耐性夠，有利於購置房地產。田宅宮若窄的人往往是租屋而居，好的一面是其反應快、辦事乾脆俐落，壞的方面是個性太急躁，喜歡速戰速決，易造成投資不利。田宅代表家庭及家庭生活，田宅不美，主其人與家人相處有問題。有斑、痣、疤者，表示目前家中問題很多，成員之間常有糾紛。

三、怎麼沒有人跟我搶第一的面相

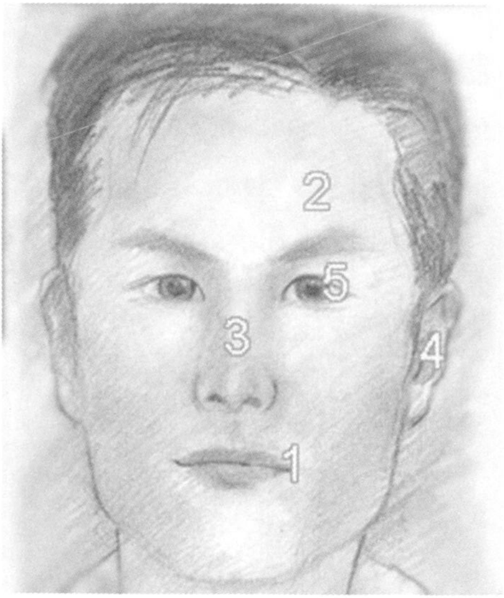

㈠嘴角稍長、反應靈敏

嘴形清晰、嘴角特長，處事比較圓融完滿，積極開朗。唇薄的人講話多刻薄，即使本身很聰明，還是會給人恃才傲物的感覺。嘴角長也代表能言善道，這是人中與唇相接的地方，是一個明顯的三角洲。

㈡輔犀骨、領導力高

輔犀骨位置靠近眉毛骨上方，向上延伸至髮際處。擁有輔犀骨的人，統御能力高，多半會成爲領袖級人物。如：陳水扁。富商的面相中少有具此骨者。

(三)鼻若懸膽、積極有爲

鼻自年壽以下，含準頭、廷尉、蘭台皆渾圓碩大，鼻孔有收不見者爲懸膽鼻，有懸膽鼻的人，其內臟構造優良，大腦發達、思考清晰，個性積極有爲，努力必有所成。還有高壽的可能。

(四)雙耳貼腦、成就超凡

耳形基本上是一生不會改變的部位，所以觀察人先天智慧、健康、遺傳、心性，最好從耳朵看起。耳朵大者，皆有長壽的可能，耳輪耳廓清明，表示身體不錯，思考力清晰，學習能力強。雙耳貼腦的人，通常成就很高。耳朵形狀優美的人，能聽進善言，本身有善心，可以信賴。

(五)眼皮內雙、是讀書料

從事高科技研究工作，做學問的知識分子，往往以眼神深邃，眼皮內雙的人居多。眼皮內雙的人，個性沉靜穩健，鋒芒內斂。若雙眼皮的話個性過於熱情、衝動。

四、爭強鬥狠、無師自通的面相

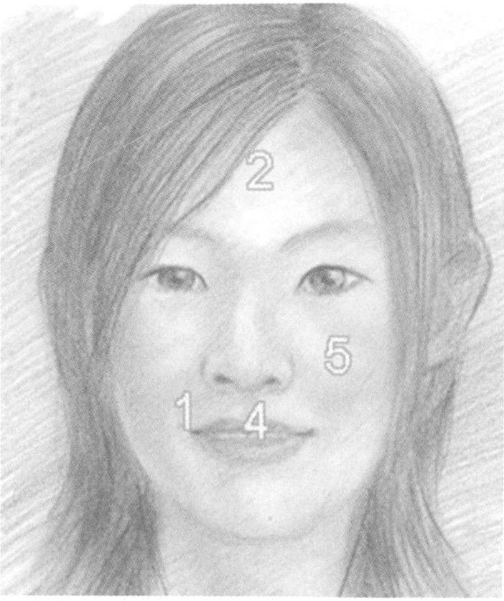

(一)法令紋如鐘型、善於統御領導

法令紋明顯清晰，形狀如「鐘」型，往往是能善於統御領導的強人，處理事情合乎理性，性格穩重老練。法令紋的痕溝過深，多半是工作狂，做事勇於承擔負責，行事流於獨斷獨行，看待事情重視理不重視情。

(二)女人額頭寬又高、野心勃勃

額頭寬又高（超過手指的三指）的人，本身心胸寬闊，處世格局大，不會甘於相夫教子的角色。寬高且光澤明朗的額頭，古時候叫做「照夫鏡」，是說這樣的女性，雖然事業有成，但不利婚姻生活。

(三)方臉的女性、吃軟不吃硬

髮際呈ㄇ型的方額，下巴成方型的方頤，兼有濃眉大眼的女性，爲人具有男子氣概，行事作風都很阿莎力。方額的人實際能幹，方頤的特質，又特別的擇善固執，果決明快。方臉的人有種天生的威儀，能成爲領導人，又很能服衆。缺點是太過固執不懂變通。

(四)上嘴唇厚過下嘴唇、明日未來好璀燦

上嘴唇比下嘴唇厚的人，有很強的辦事能力，可以吃苦耐勞，把別人的事當自己的事來奔走，是個熱心服務的人。但缺點是非常主觀，不太能聽人建言，做事衝動、熱情且盲目。

(五)顴骨發達、事業心強

顴骨比較高的人，比較有企圖心，不能過隱忍在角落的生活。顴骨達到鼻頭的位置之女性，有權有勢，有擔當，自我挑戰性強，做事不讓鬚眉。

一、招蜂引蝶也是一種罪過嗎的面相

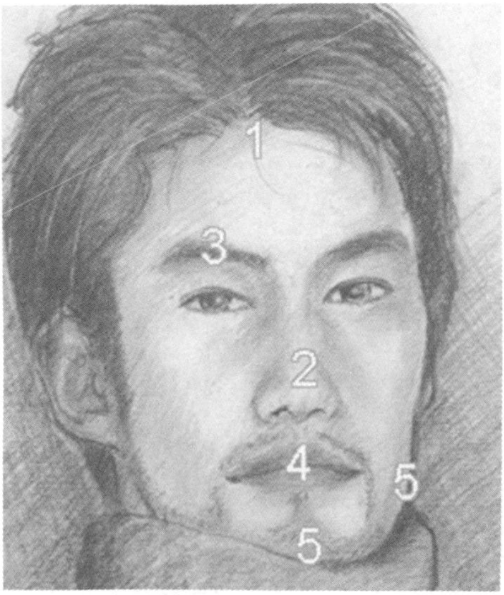

(一)髮際凹陷、善解人意

額頭中髮際內凹的男性，性格相當溫文有禮，心性十分柔順，很能善體人意、極富愛心。是內向、溫和的新好男人類型。

(二)鼻高勢強、冷酷迷人

鼻子高隆強勢，山根也高，鼻子在臉上的比例稍稍偏大，準頭豐圓，蘭台、廷尉分明，而且完全不露孔。具有此鼻相的人，個性傾向樸實、實事求是、意志力、決斷力都很強，勇於對抗，具有以一擋百的魄力，處事公正，內心善良。

㈢天生乀字眉、創造力無限

有乀字眉的人最具創造力，深具藝術氣息，從事藝術工作者居多。濃眉乀字眉的人，都很愛表現自己，眼界很高，言談間較顯刻薄。淡眉型的人少了一股傲氣，但仍保有創新能力與高眼界的特質。

㈣嘴唇肉飽滿、成雄辯高手

雄辯高手的特點是上嘴唇飽滿且負彈性，感覺上綳的嘴型格外清晰，嘴角延伸相當長。其人喜歡說道理般的表達，臉上表情與肢體動作顯示充滿理想的智慧。

㈤肌骨混合型、天生幽默感

肌骨混合型的面相爲天庭飽滿，突出的腮骨，明顯而略尖的下巴，臉上的肉不是很豐腴，但很結實，且不露骨。此種人精力旺盛，活動力強，掌握重點的能力特別好，性格偏向快速有效率，具有值得信賴的特質，責任心重。另一大特質是：心腸軟、富同情心，還有點、幽默。

、只是愛搞怪、不要說我壞的面相

(一)輪飛廓反、個性凶悍

輪飛廓反爲耳朵偏硬，且耳朵的內輪突出於外廓之外。在家中的表達方式很直截了當，其外表酷勁。在外活潑、好動、有擔當的性情，反成團體中的意見領袖，人際關係極佳。

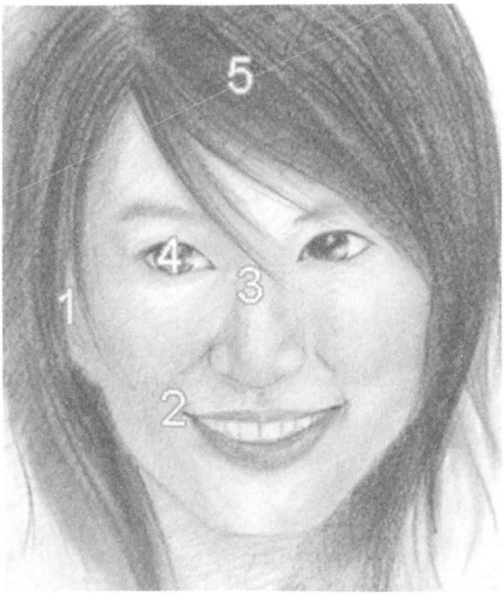

(二)菱角口、愛唱反調

菱角口的人愛爭強好勝，是俗稱的「死鴨子嘴硬」。其口型上下嘴唇豐滿，嘴角收得尖不下垂，唇廓線條明朗，心性樂觀。只要能自我察覺、收斂，是可以成爲一流的公關人才。另一方面面頰向上提，使得口閉起來時，嘴角有明顯的縫隙的嘴型，顯示瞧不起別人的意思，其表現出的自大，是由於自卑的情結，以喜歡幻

想情節來自我滿足，甚至睥睨他人，顯得叛逆難馴。

(三)綿羊鼻、考驗你的駕馭力

綿羊鼻的特點是：鼻自兩眼間的山根處往下，約在架眼鏡處的鼻骨，凸起並順勢向下（非僅凸一骨節），鼻子相當挺拔。此類人充滿開創性，屬於不屈不僥的硬漢，難以駕馭，也有喜歡與人抬槓的性格。

(四)眼光常向上、難以屈就人

凡是眼光喜愛向上仰視的人，多半有心高氣傲的個性，不太能屈居人下。眼尾的魚尾紋剛好上下各一條，更容易有憤世嫉俗的傾向。若眼珠凸出或眼光外露，另具有衝動傾向。

(五)M型美額、敏感過度

額頭飽滿，額角寬圓，髮際呈M型者，都具有藝術細胞，心思較為細膩，但常會有庸人自擾的憂鬱傾向，如加上濃眉，且常皺眉或眉骨明顯較凸，會因為感情過於豐富而過分敏銳，稍微被人批評，心裡便會難以承受。

得罪我、任憑天涯海角你也跑不了的面相

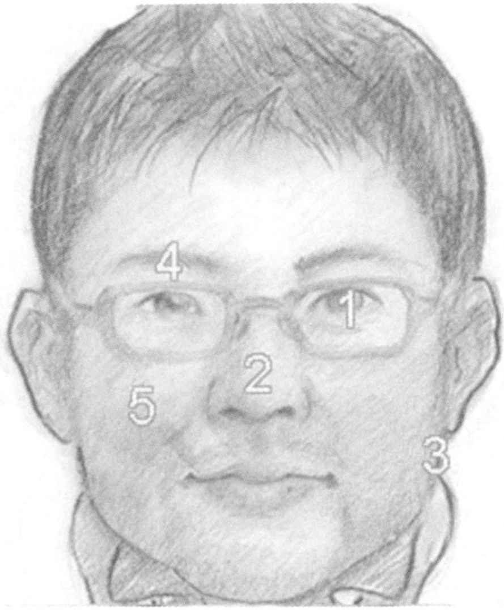

(一)眼白太藍、毀滅一族

眼白過藍或眼中帶迷濛霧氣者，都是屬於有歇斯底里的人，一碰到挫折或不如意的事，就會成爲衆人眼中的不定時炸彈。還有車輪眼、火輪眼的人，更是需要小心，這類人通常缺乏理智，行事衝動，個性走極端，常自毀毀人。

(二)鼻樑露骨且少肉、個性急躁難包容

鼻型過尖的人，本身愛好面子、喜虛榮，表面上達觀、冷靜、儀態迷人。其實是在掩飾內心神經過敏的性格。鼻樑上有一處突起外，要露骨少肉才算，這類人個性急躁，難包容他人，帶有強烈的報復行動。

(三)腦後見腮者、易恩將仇報

頤骨是看個人對自己主張的堅持程度。不太明顯的人，個性隨和甚至沒什麼意見。臉部方形的人，屬金形人，個性強硬、意志堅定，易與別人發生衝突，但還不算是壞人。從腦後勺看過去，見到頤骨，同時有外翻尖露之感覺，這種人往往有狡猾的本質，會記仇、伺機報復。

(四)眉毛稀疏、復仇天使

眉毛稀疏成一搓，個性剛烈又暴躁。眉稜骨突起者，有暴躁、好強的脾氣。兩眉過於靠近，表示氣量狹窄，眉毛稀疏若無，其人刻薄、寡情。尖刀眉（眉尾向上挑起，散亂不收）亦然。眉尾成旋螺狀，性格十分怪異，不能輕易得罪。

(五)兩顴尖又突、面惡心亦惡

兩顴尖又突為顴骨沒有飽滿的皮肉，尖銳露骨，此類人極度以自我為中心、權力慾望重，行為大膽囂張，是面惡心亦惡的類型。淚堂皮急，為眼袋的地方繃著，看似無肉的人，面惡心亦惡的類型。

八、不愛天長地久、只愛過河拆橋的面相

㈠唇薄不均勻、善變分子

上嘴唇薄、下嘴唇厚的男性，非常以自我爲中心，不會輕易像他人透露心中的想法，性格上重情慾和感官享樂，別人往往誤解他是熱情、主動的人。其實是朝三暮四、心猿意馬的愛情騙子。上下嘴唇不勻稱且單薄的人，也是善「變」的人。

(二)鷹勾鼻、易使壞

鼻頭如勾一般、鼻頭又顯尖銳，有此鼻型的人，凡事以自己利益優先，缺少情義。除了鷹勾鼻之外，鼻肉又薄的人，更是孤僻。

(三)狼行虎吻、城府深沉

狼行就是行走時回頭望的霎那，肩膀不動只有頭頸轉動。虎吻就是有事沒事就咬著牙，甚至清楚的露出兩排牙齒，乍看是笑容可掬、禮貌周到，仔細瞧，反而覺得有種似怒非怒的神氣。笑得很假，或是莫名的冷笑「狼行虎吻」的人，城府極深，個性凶狠，無情無義。

(四)招惹三白眼、活得不耐煩

三白眼的人，冷酷無情是一大特性，但其人也具有積極的特質。如強烈的征服動機，不屈不撓的意志，不達目的不罷休的念頭。其內在慾望比一般人旺盛太多，故易流於我行我素

舉止。

㈤眉毛散且亂、寡情兼自私

修養不錯，性情溫和的人，眉毛雖然淡，形狀卻很優美，只是與親人較疏遠。但眉毛稀疏，輪廓不清楚，顯得散亂的人，卻容易傾向寡情自私，把自我看得極重要，髮濃鬢多又疏眉的人更是如此。一道眉毛中間看似斷開兩、三處叫做「間歇眉」，其人性情狡猾，和朋友、兄弟間的感情不佳。眉頭窄、眉毛寬，加上粗硬的眉毛，眉形向後方延伸，爲斷心眉，其人缺乏人情味，易孤立、無助而少人緣。

九、生活該是一種品味、而不該是一種浪費的面相

㈠額頭寬闊、善於推理思考

額頭寬闊的人，思考、推理、數理方面的能力很高。凸額的人更具有上述高智慧的條件，心思細密，有條不紊，具有藝術方面的才能，但有別於一般純藝術，而是帶有知性色彩，如空間美學、建築、數學、物理等形而上學。缺點是此類人有種優柔寡斷得性格，凡事考慮的太多，故決斷力比較差。

㈡藝術下巴、浪漫主義

藝術家的下巴，是下巴的中央有凹進去一道線。這種人具有高超的藝術能力、創造力，

對穿著、美食、異性都有特殊的品味，適合從事具有審美能力的工作，如美髮師、建築師、畫家、文學家、演藝工作者等，但最令人詬病的性格是「好猜疑」的毛病。

(三)有雌雄眼、才華出眾

左右眼睛大小不一的人，個性反反覆覆、舉棋不定。家裡父母不和諧的比例偏高，其性格上有消極、灰色的一面，因此養成過人的觀察與感受能力，具有相當靈敏的直覺，藝術天分很高，對事務見解往往能別出心裁。

(四)耳呈倒三角形、志氣比天高

耳呈倒三角形，臉形也往往成長形或倒三角形的人，具有品味脫俗、宅心仁厚、溫柔體貼的性情。志氣特別高，追求精神生活勝於物質生活，帶有濃厚的理想主義色彩。

(五)創意鼻、天生巧思

在鼻子中閣的最前端，也就是鼻頭的正下方，多出一塊肉，是一個很有創意的人。特別具有巧思，能化腐朽為神奇。是個十足生活的美學家。

十、如果時間能停止那該有多好的面相

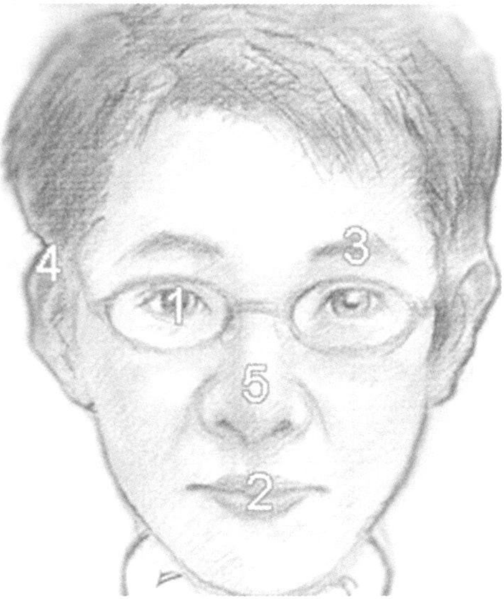

㈠眼神渙散、缺少勇氣

目小神縮、眼神渙散、目赤睛黃、眼球黑白不分明的人，大部分都是腦筋不清楚，遇到事情容易猶豫、寡斷的人，自己沒主見，易被人家指使，習慣聽從別人的意見行事。

㈡嘴巴偏小且不合、生性膽小又怕事

嘴巴的大與小，基本上以鼻翼兩邊爲依據。嘴巴小的人，口角沒有往外延伸的口角線，口

角很短者，生性膽小又怕事、依賴心很重。往好處想，爲處事比較小心翼翼，適合細心審查的會計、校對工作。口合不攏者，有漏財的傾向，容易尋短。如能常保微笑，口自然會合攏，且會有長長的嘴角揚起。

㈢眉毛長過眼、婆婆媽媽

眉毛長過眼睛，表示太重感情，且會有些婆婆媽媽，過於粘膩，動作慢、拖拖拉拉。若是八字眉的話，則是另一型，天性缺乏主見，喜歡討好、巴結別人。

㈣耳朵低歪斜、跟著別人走

耳的上緣低於眼角的人，比較不喜歡讀書，因此智慧不高，本身又怕事，難以成才。如果耳雖低卻輪廓明顯、偏厚，還能有一技之長，若輪廓不明，內廓模糊或者尖薄歪斜，就易被人牽著鼻子走。

㈤鼻子太過長、流於憂柔寡斷

鼻子的長度小於三停的平均長度算短，長於三停的平均長度算長。鼻子較短的人，決定事情往往是衝動的，從好處說是直覺強、行事效率好，但性格比較草率，容易判斷錯誤。鼻子較長的人，心思較細密，有點慢郎中，但做出的決策相當優秀。鼻子太過長的人，會鑽牛角尖，想得太多反而優柔寡斷。敏感到缺少安全感，常爲自己的思慮而痛苦，尤其在感情方面更是如此。

十一、我不花心、只是將幸福分給每個人的面相

(一)眼睛常放電、腳踏數條船

一雙水汪汪的眼睛，咖啡色的眼珠，加上臥蠶飽滿、眼尾下垂、奸門有痣或有直立紋者，這些都是桃花成性的重要特徵。魚尾紋的地方長痣，表示桃花緣很多，痣長在右邊，表示風流成性，痣長在左邊，表示夫妻感情不睦，很容易離婚。而有直立紋的人，表示感情不專一，喜歡討小老婆。眼睛四周有薄薄一層黑氣（非黑眼圈），表示縱慾過度。

(二)眉尾會跳舞、最疼是外婆

眉毛長得不整齊，像是在跳舞一樣，這也是桃花之相。眉毛長到一半然後一根一根向下

垂著長，爲花花公子型的特徵。這種細眉又叫「春心眉」，準能教女人爲之春心蕩漾，焉有不花之理。眉毛顏色黃黃的，也是好色之徒。

㈢鼻頭上有痣、女禍惹上身

鼻子的準頭若特別肥大有肉，表示這人性慾很強，喜歡風流。鼻翼、鼻樑、準頭上有痣的男人出外容易惹上桃花劫。

㈣天生捲髮、喜好打獵

天生捲髮的人，有性慾旺盛的傾向。其原因是性慾強，驅動男性獵取異性，雄性動物表露一夫多妻的本質，形成花心的說法。

㈤嘴唇厚又長痣、花樣百出

嘴巴大嘴唇厚者，表示性慾很強，厚厚的嘴唇長了痣，就有桃花相的象徵。鼻子下方，嘴唇上方長痣的人，也是同一個道理。

十二、奢侈浪費只是交朋友的手段的面相

(一)嘴大能容拳、易我行我素

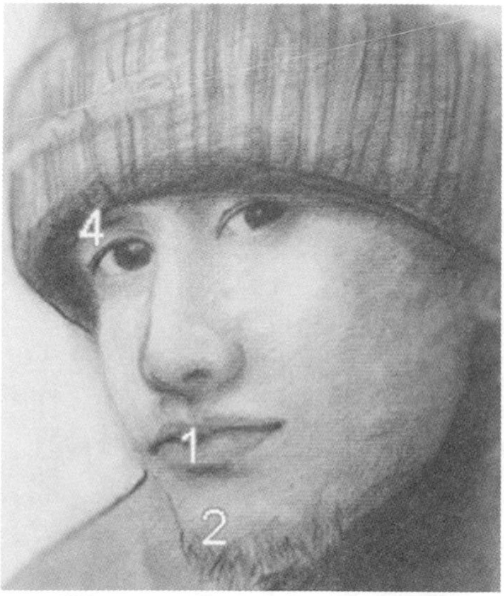

牛口乃指嘴大容拳者，有過人的強健體魄，活潑好動的性格。給人印象是作風海派、戰鬥力十足，也帶有貪婪，好大喜功的惡評。在商場上攻城掠地不擇手段，給人獨斷的財閥形象。牛口需要清晰的唇廓，否則大起大落、成敗不定。若口大，五官相對過小，使身體機能不平衡。

(二)毛孔粗大、海派好客

面皮上有很多小疵疣，分佈在額頭上，五官的第一印象粗大，膚質不會太偏硬，皮膚的毛孔偏粗

的人，思慮周延、精打細算，對自己的財富很會盤算，說話幽默風趣，有時話中帶諷刺，政治嗅覺靈敏，送往迎來，結交利己夥伴，門下食客亦多。

(三)地閣飽滿結實、工作狂熱分子

飽滿結實的地閣：面有重頤（雙臉頰）、雙下巴，腮骨處鼓鼓的，好像嘴中塞了兩顆糖在臼齒的外側。此類人都是擴大事業版圖的工作狂熱分子。嘴巴左右方代表僕役宮，即是朋友宮或部屬宮，這些宮位若發達，也就是統御管理的能力高人一等，善於用人共同作戰。

(四)獅子眉、我說了算

眉毛寬濃而長，眉中有數根眉毛豎生翹出，眉身略往上提，眉形帶有弧度，看起來具威儀，這就是獅子眉。其人性格豪爽不拘，企圖心很強，凡事愛大不喜小，小生意不想做，廉價品不會買，不漂亮女人不肯要。就算本身財務吃緊也要吃好的用好的。氣度寬宏大量能原諒員工犯錯，包容資質較差的員工，比較不喜歡說謊、耍小手段的人。爲人斯文有禮、不愛人家頂撞他。

(五)王子臉、死不服輸

王子臉的特徵是臉形略偏長，顴骨到下巴，就如同倒過來的等邊梯形，屬肌骨混合型。此種人，精力充沛、行動力強，什麼事都肯做。其人話很多，意見很也多，死都不肯服輸，會死辯到底。缺點爲自覺表現不錯，會很有野心要求加薪，慾望很大，不太容易滿足現況。

命好搭配好面相，事半功倍世人羡(三)

一、空襲警報、每天都是諾曼地大登陸的面相

㈠天生M字型額頭、經得起勞累磨練

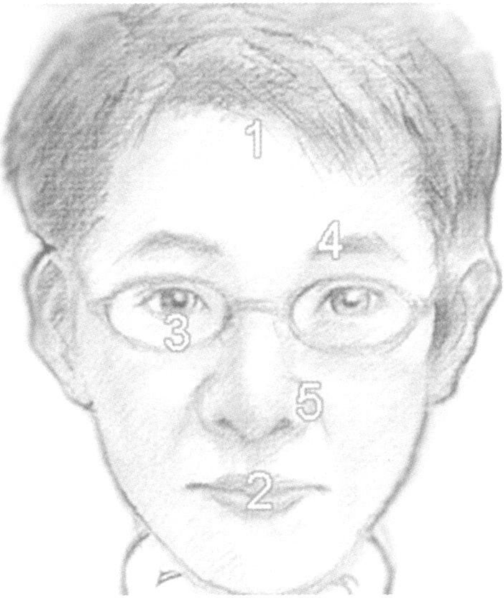

在印堂左右有兩塊凸骨，凸起明顯的人，在早年的時候生活困苦，不然就是曾經離家出走過，沒有受過父母親較多的照顧。這種人的特質是勤學上進，自己賺錢養活自己，屬於腳踏實地努力的性格，另一種是額頭長得不夠寬闊，因爲不夠寬闊的緣故，也表示本身韌性夠，經得起磨練，要是在後腦的地方有豐隆的骨相，更表示其人具豪邁氣魄，就像喬峰一樣男子漢的人物。

(二)嘴唇輪廓清晰分明、顯示旺盛企圖心

下巴豐圓有肉、人中深長明顯、嘴唇輪廓清晰的人，具有強烈的企圖心，很會用心經營自己在外的形象，且顯得很有威嚴氣勢，嘴角稍長的人更是如此。

(三)眼睛下白部位多的人、不肯輕易罷休

眼睛下白稍微多，或下三白眼的人，象徵努力積極、不懈怠的人格特質，一旦有目標出現，就會立即行動，拚命去完成。眼尾多條魚尾紋的人，也是屬於勤奮多勞的人。但是紋如果多是往下垂的人，表示辛勞但沒有收穫。反之，若是往上揚數條則表示「力爭上游」，能有所成就的魚尾紋。

(四)生來一字眉、個性嫉惡如仇

一字眉的人都有嫉惡如仇的個性。有劍眉的人，如眉毛濃密，性格上更是剛硬強勢，遇到外來的壓力，內心感受的反作力更強烈，不會輕易妥協，會積極奮戰到底，直到勝利為

止。這兩種眉毛的共同缺點是「太過剛強而不懂柔和」。

(五)鼻子兩翼怒張、敢勇於面對挫折挑戰

鼻管長得豐隆、有勢的人，兩個鼻翼又怒張像兩只渦輪引擎般的略提起，鼻頭有點向前衝的氣勢的人，個性上衝勁十足，處事方面很重視實際績效，態度上不喜歡做作，喜歡做大格局的事業，遇到挫折的話，特別有面對挫折的勇氣，能積極尋找反敗爲勝的方法。

出任世界慈善大使、非我莫屬的面相

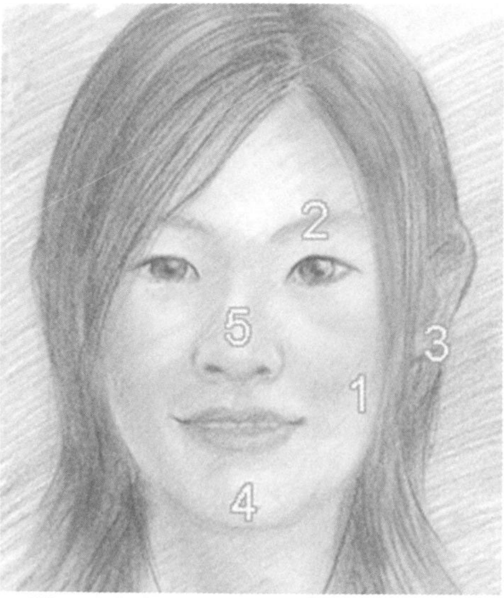

(一)皮膚白皙身體圓滾、做人處事不拘小節、天性隨和的人

皮膚白皙、臉圓、身體也圓，沒什麼肌肉骨感的男性，天生個性活潑、開朗，很容易親近人，對周遭人、事、物不太批評與挑剔，做人處事不拘小節，個性馬虎隨興。

(二)眉毛像新月、氣質又斯文

眉毛形狀長得像新月的月亮，或是像柳眉一樣（柳眉較新月眉寬濃些）的男性，通常很有氣質又斯文，本身有審美的鑑賞能力，爲人心地善良、重視感情。

(三)耳垂靠肩、心腸柔軟

耳朵耳垂部分若發達，占整個耳朵約三分之一以上比例，同時耳朵下半部超過嘴角就算「垂肩耳」。個性上是心腸柔軟、樂於助人、不念舊惡、只記得好的一面。而耳相傾向貼腦，個性沉靜保守，如外露，則較熱心公益。耳垂上有痣，多半是孝順長上、聰明伶俐、事業上大有成就的人。

(四)地閣生做飽滿、凡事以和爲貴

臉有圓形下顎者，對人很和氣，對晚輩、子女很照顧，性格很憨厚，重視感情，任何事情都以和爲貴。地閣若長得飽滿有肉、形狀優美者，晚年運勢非常好。

(五)有中段鼻、可以爲朋友插刀

鼻樑中段到鼻頭的區域，隆起有一段長度的現象。鼻子大多不豐腴也不會露骨，謂之中段鼻。這種人天生有特別熱心、誠懇的性情，待人和善親切，總是把朋友、家人擺在優先地爲朋友兩肋插刀在所不惜，對物質金錢方面看得不那麼重要。

三、你是任人宰割的善良天使嗎的面相

㈠兩眼無神、缺乏主見

「兩隻眼睛無神、眼光渙散外露」的人，不管本身五官長得再好、再優良，都是自身缺乏主見，而聽從他人意見的人。原因在於這種人的頭腦不靈活流暢，很多事情弄得很複雜，無法下判斷決定。

㈡八字眉、不會選擇交朋友

面相上有八字眉的人，表示心胸相當寬大爲懷，有熱心助人的特質。如果眉毛毛質呈現粗黑的人，通常愛幫人家出主意，算是朋友中的意見領袖。相反的，眉毛毛質柔軟的話，則代表自己隨波逐流、人云亦云。不管哪一種人，共同的問題是，都不知道如何選擇朋友，永遠有拒絕不完的約會。財務情況不佳，管理上缺

乏危機意識。

㈢下巴尖又小、缺乏意志力

一個人下巴尖又小，表示本身沒有自信，很敏感，所以帶有神經質的情況。下巴尖小而且削短後收，從側面看好似沒有下巴的人，比較沒有意志力、活動力，性格上還有容易衝動的缺點。這種面相的人，遇到事情的時候，就匆忙下決定，一點也不經過思考，缺乏周延的思慮。但另一方面，則表示其人適合從事有關推理、研發、藝術創作的行業。

㈣下嘴唇太厚、他人勸告聽不進

上嘴唇比下嘴唇厚的人、表示本身喜歡付出，喜歡追求愛人的滋味。下嘴唇比上嘴唇厚的人，表示本身會沉溺在被愛的情趣中，這樣一來容易受到外來誘惑，對於別人主動獻殷勤表示好感，會不能自制的照單全收。不能判斷對象的品格素質與能否相處得來。這種人也算以自我爲中心的頑固者，什麼事都只要接受不愛付出，他人的勸告聽不進去，易流於一意孤行。下嘴唇非常厚的人，嘴唇形狀顯示鬆弛者，理智上更加愚昧，感情、事業、人際關係上各方面都容易受騙上當。

四、你的舌頭有比我還長嗎的面相

㈠牙齒突暴、愛玩弄口舌是非

話還沒說出口，就先看見舌頭，牙齒明顯突暴的人，會喜歡玩弄口舌是非，屬誇大不實的人。

㈡男性聲音像女聲、個性怪裡怪氣

男性有女性陰柔的聲音，或女性有男性粗魯的聲音，或體格雄偉的男性，同時有尖細帶點沙啞的聲音。這些人的個性上有反覆無常、好使計謀、排除異己、寡廉鮮恥、言語苛薄的不良習性。聲音與面形不合也是一大問題，比如臉形豐滿的水型人，卻有焦躁、混濁之聲，厚重的土型人，卻細聲細氣，表示其人具有自相矛盾的個性，給人的感覺充滿了怪裡怪氣。

㈢眼球凸出、喜歡多話

眼球凸出的人，是有話直說的大嘴巴，另一方面來說，這種人的反應很快，一下子就做出判斷而行動，做事缺乏整體規畫，常判斷錯誤。另外如果有眼神飄忽不定、擠眉弄眼、眼睛轉個不停、東張西望等毛病，都是等待時機、趁機做怪的傢伙。

㈣耳垂尖小、守不住秘密

耳朵比例小（比眉與鼻準之間的長度小者）或者耳垂尖小的人，通常不太能守住秘密。有招風耳的人，對任何事都有很強的好奇心，凡事總要打破沙鍋問到底。

五、誰叫我天生缺乏了點安全感的面相

(一)鼻頭部分下垂有肉、好玩好色通通來

男性帶有女性的相貌，就是男性有女性的秀氣美貌，表示很有異性緣。鼻頭下垂有肉，生性喜歡美色，如柯林頓總統。山根部分無肉的人，做任何事情時耐力及毅力明顯不足，又潛藏好吃、貪玩的性格。

(二)人中厚又廣、悶騷又被動

男性帶點粗獷氣質，有個性的臉，像壞胚子一樣的類型，為「面皮橫粗」的慵懶格。而

人中厚又廣的人，容易縱情聲色。兩項特質加在一起，是陷在情慾中不能自拔、好色的人。另一種唇上鬍鬚濃密的男子，內心較爲悶騷又被動，要與不要好像都是女性自找的，像夢幻一般，教人分不清眞假。

㈢眉毛雜亂、感情易出軌

眉毛整體雜亂，顯示個性放蕩不拘，對放蕩、玩樂的事特別喜好。粗濃的眉與眼睛距離太近，表示慵懶無能，凡事有無所謂的心態，沒有出人頭地的價值觀。如果配上朝天鼻，在金錢方面上更是揮霍無度。再加上天生捲髮、桃花眼等好色特徵，就很容易下海作舞男。

㈣眼睛魚尾紋交錯、異性通通都愛

「言語多泛」就是說些好聽入耳，不三不四的話，見到女性叫心肝寶貝的那種，這種人都是淺薄、愛玩的類型。若是眼睛魚尾紋交錯或奸門部分有亂紋，再加上本身個性得人緣、長得又帥的話，往往是「照單全收」、「來者不拒」的大情聖。

六、腳踏兩條船、安穩不用煩的面相

(一)有M型額頭、愛好投機

眉稜骨高的人，有很準確、靈敏的第六感，如果配上M型額頭，左右日、月角特別明亮，這種人很喜歡投機，也有投機的天分，偏財運不錯。

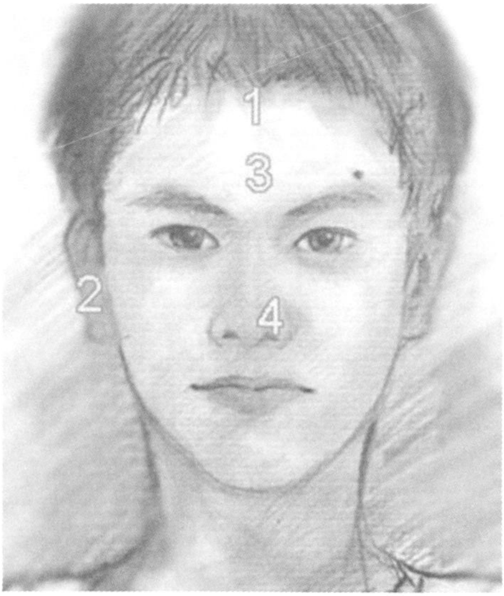

(二)耳朵小形狀差、天生宿命觀

耳朵小的人，先天健康方面比較差，年幼時父母照顧較不足，造成日後退縮不前的性格，加上耳朵輪廓形狀差，更對自己沒有信心，思慮推理不清晰。

(三)前額厚枕骨寬闊豐圓、專門愛取巧

前額、厚枕骨寬闊豐圓，質硬的優良遺傳者，相當聰穎。當二顆白色門齒長又大，也表示是個智慧高的人，能讀書又充滿巧思，有上述特徵的人，往學術方面發展，做不成大學者，也是個大文豪。

(四)鼻子兩翼一大一小、天生愛好賭

鼻子兩翼左右一大一小，就是好賭的特徵，要是還有鼻子露孔、露鼻毛的現象，肯定會大大的漏財。

七、只是不甘寂寞的貓的面相

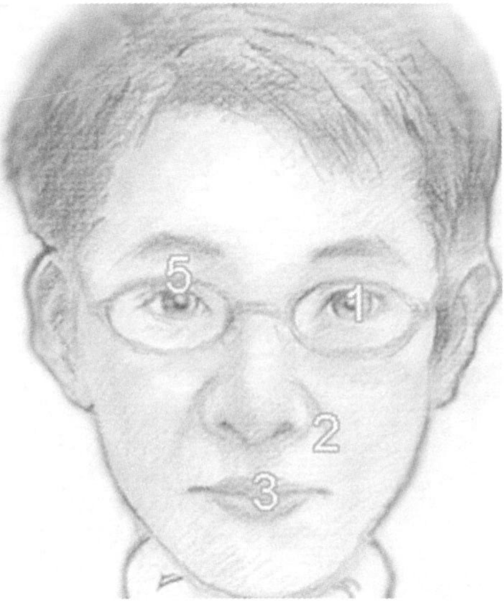

(一)眼睛大又無神、容易寂寞

眼睛很大的人，個性傾向活潑、外向，愛搞人際關係，充滿熱情。但雙眼大又無神的人，思慮不清楚、自信心不足，內心世界常有不安全感，但心中又似乎有無限的情意，擔心別人對自己不滿意，常處於寂寞、空虛的狀態。

(二)法令紋深長、作風強勢

女性法令紋過長又相當深的人，比較以自我爲中心而作風強勢，佔有慾很強，會讓男性怕怕，情路上走得比較辛苦，結婚後夫妻也會處於貌合神離的情況。法令紋上有痣，如顏色呈灰黑、淡褐，表示有不利本身婚姻？又容易犯小人的特徵，究其根本原因，是因爲這種人

有點不安分，應對進退不得體。

㈢嘴唇上有痣、愛好感官享樂

嘴唇上有痣的女性，感官方面特別發達，易陷於情慾的漩渦中。如果嘴唇輪廓清晰明顯，在感情上還不會太複雜，最多是獨自寂寞。而嘴唇輪廓不清，甚至顯得鬆弛，可能就是隨隨便便的香爐人物。

㈣臉龐瘦又小、交際圈也小

臉龐瘦小的人，不太喜歡交朋友，交際圈子很小，易鑽牛角尖，一點點不如意，就覺得自己是悲劇中的主角，一味沉溺在夢幻的白日夢裡，不但脫離現實生活，醒來後更容易感到寂寞。

㈤田宅宮位凹陷、心事無人能聽

田宅宮肉薄且凹陷的人，是沉靜、少慾的人，習慣把心事藏在心中，不會與人分享、溝通，和朋友間的關係不親密，有胡思亂想的傾向，如果是女性，那就更龜毛了。

八、無法擺脫的孤單宿命的面相

(一)人中有橫紋、不會想結婚與情寡緣的人

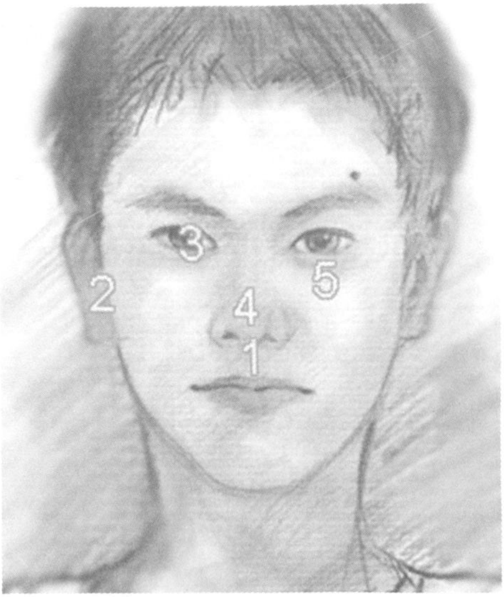

人中部位不夠清晰，女性在婦科方面的生理機能就顯得比較弱。處事也不夠果決和堅持，脾氣較急躁，講話方面不夠理性，和丈夫、男朋友難免起衝突。尤其說話或笑的時候，人中上有橫紋出現，表示生兒育女的機會降低，有懷孕的障礙，即使懷孕，也有難產的可能。也表示異性緣較薄，丈夫多半不負責任，常有被冷落深閨的惆悵，也有對婚姻抱持絕望的傾向，而走上不婚的獨身主義。

㈡耳朵輪廓反、喜歡唱反調與情寡緣的人

耳朵輪廓反的人，性格相當叛逆，有自己獨特的見解，喜歡辯輸贏，在外表現相當活潑勇於表現。女性有這種相貌的話，感情路通常不太順暢。一者男人多半不喜歡意見太多的女性，二者這種女性脾氣很大不好惹，三者好惡過於主觀，缺乏包容他人的彈性。

㈢眼球凸出、粗心大意與情寡緣的人

眼球凸出的人比較神經質，喜歡東家長西家短，做事有頭無尾、忘東忘西，心思無法安定，給人反反覆覆，囉哩囉唆的感覺。

㈣希臘鼻、感情不隨便與情寡緣的人

伏犀鼻就是希臘鼻（從額頭到鼻連接處的山根部位，高聳直下），整個鼻又挺又美。此類人通常屬於完美主義者，有好強、好勝的性格，不能容許自己的男人不夠頂尖、不夠羅曼蒂克、不夠優雅，感情上不會隨便找一個。

(五)淚堂部分枯陷、慾望缺缺與情寡緣的人

淚堂部分不豐厚，反而有些枯陷的現象，表示慾望缺缺，不喜歡風花雪月。與丈夫之間相處不悅，長期被冷落，鬱鬱寡歡的人，也會出現這種相貌。

九、花開花落、第二春讓我好興奮的面相

(一)女性有男聲、剛強獨斷

俗話說「女帶男聲，剛強在嫁」。個性上倔強、好勝，不妥協、讓步，不只在言語上不服輸，日常生活上也較執拗。沒有被說服，就絕不妥協，故婚姻難以維繫。另一特徵爲有大丈夫氣息，熱情大方，爽快開朗，作風傾向大膽。

(二)鼻子上有節、情緒化反應

鼻樑上有一塊如竹節般凸起的部位，從側面看有一凸點。正面看，有一小節左右外凸，謂鼻上有節。這類人生性古怪，以自我爲中心，屬獨自奮鬥

上進取者。性格上有著倔強的牛脾氣，喜怒之間有些反覆無常彆扭。鼻樑與肝膽相連，有節就是肝膽有疾，故而影響情緒的穩定度。如是女性天生就感性無比，加上鼻節問題，遇到問題就會有情緒化反應。

(三)顴骨發達、會想御夫

臉上顴骨高橫的人，不論男女，都相當奮發向上，具有強烈的企圖心和權力慾，喜歡發號施令，不喜歡屈居人下，精力充沛。女性生有此相，在家要作女霸主，出外作女強人，愛管東管西，會想駕馭丈夫，最後多半以離婚收場。

(四)眼睛大又露神、性格衝動無節制

眼睛大又露神的缺點，是性格衝動、無所節制，因一時熱戀就閃電結婚，因一時的氣憤難平，說離婚就離婚。但又在缺乏理智的感情狀況下，另一段感情又萌生，糊裡糊塗又走進婚姻的圍城中。

㈤奸門有缺陷、情路上曲折

女性奸門部位有痣的話，很容易被老公冷落，老公會另結新歡。左邊奸門有痣，表示此一女性慾念重，不太能安分，老公免不了要帶綠帽。奸門有痣而且是黑色有亮澤，就不一定表示離婚再嫁。凡奸門部位有傷疤、灰黑的痣，在婚姻裡多有外遇的問題，很難平順的從一而終。

十、愛上青蛙王子的公主的面相

(一)講話先快而後無聲、可信度不足

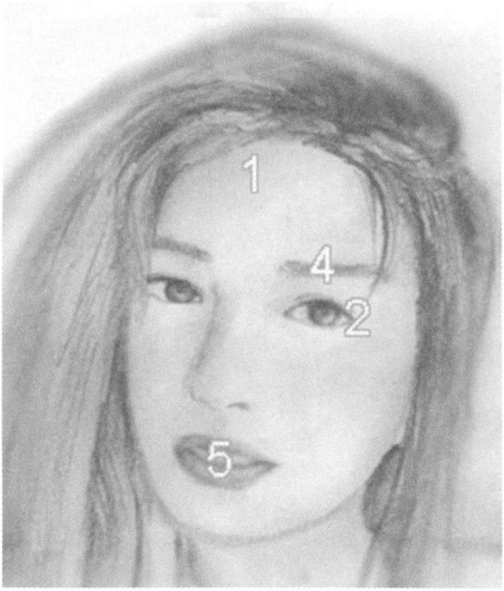

「講話先快而後無聲」，與人理論時一開始說得又急又快，好像充滿自信，成竹在胸似的，可是到後面越說越小聲，讓人越來越聽不清楚，最後索性說不下去。從這點來看，多屬四肢不愛的懶惰女性，下場多爲窮困潦倒，且有牢獄之災的可能。

(二)眼睛尾部垂下、擅於掩飾僞裝

眼尾好像被地心引力往下拉，以致於向兩側下垂成「八字」的眼相，是一種「不老實」的壞面相。有這種相的女性，天生有掩飾、僞裝的本事，

比方假冒自己是上流貴族、大企業家的女兒，或某財團的代言人等，華麗的包裝，膨風的能耐，是郎中的等級。

(三)五官部分沒有肉、EQ多半有問題

肢體動作特別多，臉部輪廓分明，同時五官偏尖少肉的女性，情感上不是很理性，物質上會用強勢作風、情緒化的言詞來掠取想要得到的東西。

(四)眉毛尾部稀疏、做事半途而廢

眉毛濃的人，多半屬感情深厚、志氣大的豪爽分子，作風開明，有拚到底的衝勁，但特別怕眉尾部分稀疏無力，徒有爆發力卻無貫徹力。女性有此眉相的人，有寡情傾向，感情上起伏不定，且身體的氣血不調，若眉色又枯黃，表示近來的運勢很差，無論是感情上、經濟上，各方面都有困難。

㈤嘴大合不攏、標準吹牛大王

講話或吃東西時，牙齒外露，口水到處亂噴，上下嘴唇扭曲亂動，都是喜歡搶鋒頭的人。越是公共場合，他的行爲舉止越誇張，是標準的吹牛大王。這種女性，平時會欺負比她弱小的人，若是碰到大場面、大人物，立刻成了縮頭烏龜，完全像換個人似，不敢恣意而爲。

十一、不想理睬我、就搞怪給你看的面相

(一)三曲鼻、喜怒無常

三曲鼻爲鼻樑左右各彎一下，形成三曲的樣子。有此相的女性，個性上也是反反覆覆，很不好溝通。喜怒無常，對事情的看法，有猶豫不決又拖延的傾向。最大的致命傷是不會自我反省，有問題發生的話，很執拗，甚至懷疑是否被別人陷害。

(二)奸門有痣、情愛雜亂

就女性來說，特別是「右邊」奸門有痣，有第三者及外遇的可能性很大，而且是主動獻身的紅杏出牆，這種女性情慾深重，不太能自我節制。

(三)短舌女人、喜歡小題大作

短舌的女人，有嚴重的自卑感，天生平庸，肚量奇小，見識不足，智慧不開。不會有自知之明，會用虛張聲勢來掩蓋自己的心虛，凡事喜歡小題大作。應了相書上的一句話，「貧賤不離唇舌上、一生奔走不堪言」。

(四)後腦削薄、缺乏腦袋

後腦削平若懸崖者，一般來說智商不發達，先天的發育較差，平常也沒有動腦筋思考的習慣，如兼有額頭低窄的特徵，更顯得見識上愚昧無知、寡情寡義。有此相的女性，有很多愚昧的行爲，喜歡聽讒言，容易被挑撥。如能給她一份工作，讓她專心一意完成它，轉移分散力，或可改善。

(五)左右嘴唇不平均、禍從口出

女性左右唇不平均，屬於說話時會出錯的類型。通常講話都很快，意見很多、反應快，玩笑話、諷刺語都說得很溜，但不是眞正的能言善道，且多不經過思考脫口而出。

十二、別管我！就是不愛走回頭路的面相

(一)招風耳、喜歡八卦消息

招風耳從正面看，可清楚看到耳朵，且耳型向前向外，遠離腦後。女性生有如此的耳朵，可視爲喜歡八卦的人物，熱愛挖掘他人隱私。如同時耳朵的輪廓不顯者，會有耳根軟、容易被人蠱惑的傾向。

(二)眉壓眼、有虐待傾向

眉壓眼有兩相特徵，第一：眉毛跟眼睛的距離很近。第二：眉毛部位濃密，看起來像壓迫眼睛。有此相的女性，表面作風有些霸道，內心卻無主

見，十分脆弱，不能接受挫折與失敗，具有惡劣的脾氣，加上個人能力平庸，憎恨、報復心強，很容易想不開，而做出虐待自己的行為，或以暴力語氣、動作侵害他人。

(三)臉部顴骨高尖、屬於強硬派

從臉的正面看，顴骨向臉的左右兩側凸出，同時高聳但卻像是有骨無肉，臉皮有點緊繃的感覺。這類的女性，老是把事情發展往壞處想，喜歡推卸，責任與人劃清關係，凡事賭贏不賭輸，粗魯的態度，固執又強硬的作風，眞教人不敢苟同。

(四)聲音尖酸又刻薄、觀念執著肚量偏狹

「尖巧者有音無聲」，表示說起話來字與字之間顯得非常促短，沒有餘韻，好像鳥叫一般。有這種說話聲音、語言表達的女性，其內心和語言一樣，個性執著而肚量偏狹。性格雖執著，但做人處事卻愚昧無知，是虛張聲勢的人。遇到不順遂的事，會想不開、大哭大鬧，做出一些潑婦罵街的舉動。

(五)眼睛呈三角、逞強不服輸

眼睛是三角眼的女性，基本上逞強、鬥狠、不服輸，非常喜歡鑽牛角尖，很容易走極端，有「大不了玉石俱焚」的想法。但如果是長期被虐待，一直處於弱勢地位，很可能被迫走上殺人之路，就不是三角眼的女性的特性，理論上只能說屬於三角眼或眼球紅絲密佈的眼相才有可能。

十三、神啊！快來幫幫我、趕走我的憂鬱症的面相

(一)嘴角生細紋、苦悶在心中操勞憂煩的女人

嘴角兩側生有細紋的女性，在面對困境的時候，基於好面子、鐵齒的性格，爲了表達不甘示弱，始終保持一副強者氣勢。決心用堅定的意志來對抗周遭看笑話的無奈，這種不能公然釋放的情緒，一直苦悶在心中，悲傷的眼淚，通常不爲人知。

(二)皺眉肌太過發達、不懂得養生之道操勞憂煩的女人

工作過度疲勞、動腦過度的人，眉頭上方都會有明顯隆起的兩塊眉肌。這表示頸肩部位有長期的酸痛、僵硬的問題。

(三)額頭髮際弧度參差、思緒煩雜且亂操勞憂煩的女人

兩側的髮際特別低，太陽穴包藏在頭髮下，同時額際的弧度也參差不齊，多半思緒煩雜且亂。髮際不整齊又密覆的額相，表示其人家庭氣氛不安寧，沒有好的祖德庇祐，被家中的包袱所牽絆，如父母有不良嗜好，或生長在苦力的下階層環境，家人言談舉止粗野，甚至家中長期有暴力陰影存在。

(四)橫紋爬上眼尾、運勢低潮不開操勞憂煩的女人

生活過於操勞的人，又常存有感慨自己命蹇的人，多半在眉眼的區域，特別是眼睛與鼻子間或眼尾的部位，常會出現許多橫紋，想必不夠開朗，運勢低潮不開。

㈤鼻樑有細紋、愁思在心底操勞憂煩的女人

笑起來鼻樑上即出現V字型或直條的小細紋，這種紋有一個浪漫、悲情的名稱，叫「肝腸寸斷紋」。如果此紋深刻明顯，表示此女性精明能幹，行動力強，工作表現傑出，爲女強人型的類型。如果只是淡淡的存在，不是很明顯，則是另一類柔情似水的女性，善於博得男性的寵愛，有時過於浪漫且愛得盲目，易生三角戀、四角戀的關係。所以這種女性，表面上很開朗，但卻有寂寞幽怨的愁思藏在心底。

十四、別想參加我的愛情遊戲的面相

(一)額頭狹窄髮際低、喜歡與人分清界線

額頭狹窄的女性，皆傾向於思考不足、理智較低，判斷力粗糙。表現在個性上，屬於不開朗很斤斤心計較的類型。平常喜歡與人劃清界線，如我的朋友不可以喜歡我討厭的人，或和我的主管意見相歧的部門，就是我的敵人。凡事都採取二分法。

㈡眉遮印堂、包容力差

印堂過窄，低於一指的寬度。此相貌的女性，相當的小氣，放不開，有鑽牛角尖的傾向，包容力也弱，佔有慾強。而眉遮印堂的人，其眉多數很濃密，濃眉又兼具感情豐富的特性，故有鬧情緒的毛病，脾氣也很大。

㈢櫻桃小嘴、氣度小

嘴小的女性，性格上多小家子氣，不善社交，喜歡過單純、簡單的生活。從好的一面說，安分、謹慎，爲「家有嬌妻」的類型。從另一方面來說，性格上氣度小，對丈夫的事業幫助不大，也因疑神疑鬼而容不下別人。

㈣狐眼、愛情重於一切

狐眼就是眼頭較低且帶點鉤圓，眼尾向上翹起來的眼相。此貌相的女性，從青春期開始，生活的重心就在談情說愛上面。除了戀愛，其他事都做不好，挫折感重，久而久之，戀

愛更成避風港，故本身顯得善嫉又多疑，佔有慾強。

㈤鼻孔小、守財奴

鼻孔小，小氣鬼的典型。此相的女性，捨不得用錢，對豐富生活的活動沒興趣，是一種習慣領域固定的人，傾向墨守成規，個性相當保守。

面相部位流年運勢圖及白話解說

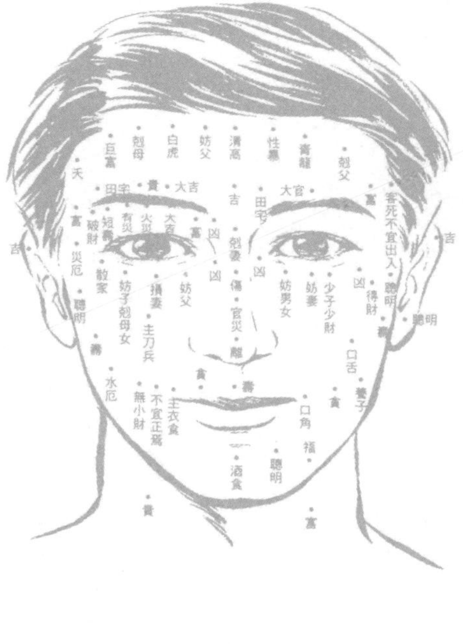

面相部位流年運勢圖及白話解說

一、三停部位流年面相運勢圖及白話解說

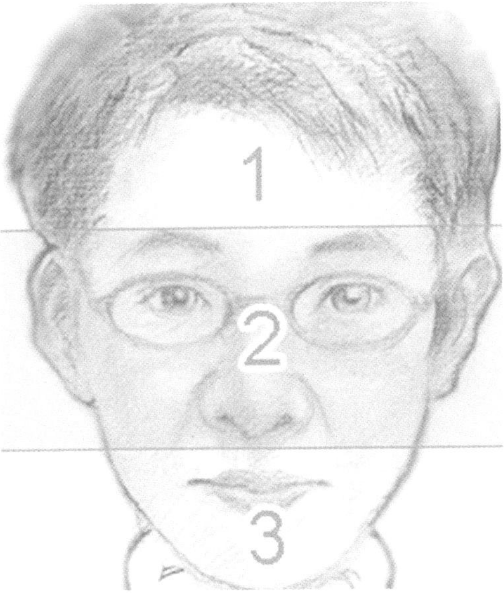

1.**上停：**上停的位置是由髮際到印堂，表示個人的少年運（一歲至二十五歲）。

若額頭寬廣高闊，又沒有任何疤痕或惡痣的話，表示家庭背景良好，祖上有遺留產業財富，能受到良好的栽培教育，身邊又多貴人相助提拔，出外能結交良好朋友，所以能奠定事業基礎，很快就能夠出人頭地、聲名遠播。

反之，若額頭低窄缺陷，又出現疤痕或惡痣的話，表示家庭環境普通，祖上沒有遺留什

麼產業財富，凡事需要靠自己打拚，很早就被迫獨立生活，會到異鄉外地去發展，但過程會顯得奔波勞碌，容易有失意困頓的情況。

2.中停：中停的位置是由山根到準頭，表示個人的中年運（二十五歲至五十歲）。

若鼻子隆起、山根有力，顴骨豐滿有肉包覆，特別是眉神要清秀，則表示事業的基礎穩固，爲人意志力堅強，願意努力打拚，往往可以開創一番事業，又判斷力較佳，投資理財會很穩固，能夠妥善運用金錢，可以慢慢累積成果，享有優渥財富。

但若是山根凹陷、鼻樑塌陷，顴骨削尖無肉突出，又眼神混濁、眉毛粗短的話，就表示爲人忍耐力差，凡事容易半途而廢，喜歡爭奪他人利益，人際關係顯得緊張不和協，投資理財方面，易受到慫恿煽動，而顯得急躁衝動，會有不少的損失，沒辦法守住財富。

3.下停：下停的位置是由人中到地閣，表示個人的晚年運（五十歲至七十五歲）。

若是人中深長、輪廓明顯，嘴巴端正緊閉，法令紋分明，地閣寬闊、飽滿有肉的話，表示事業有成、擁有財富，人際關係佳，膝下的子女賢能孝順，晚年生活無憂無慮，身體情況良好，能夠長年安居故鄉。

不過若人中短淺、歪斜有痣，嘴巴無法合攏，法令紋入口，地閣削尖、凹陷無肉的話，表示事業會遭受失敗，往往導致破產負債，人際關係出現問題，糾紛不斷，子女的作爲將會牽連拖累自己，經濟生活頓時陷入困境，身體情況不佳，有顛沛流離的可能。

二、十三部位流年面相運勢圖及白話解說

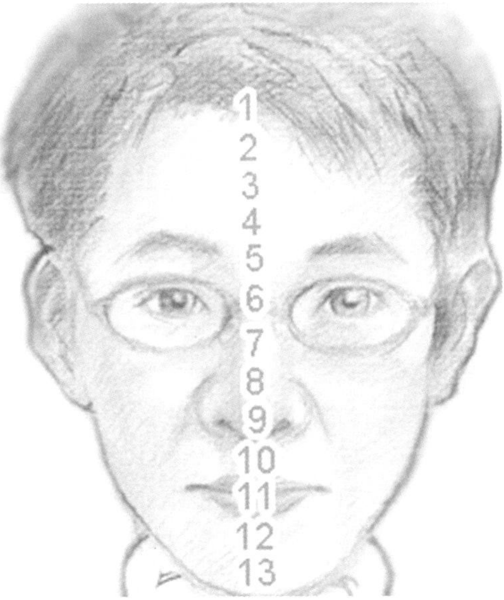

十三部位是由髮際的「天中」，向下一直線到「地閣」，共分十三個人生的重要關卡，關係到個人的運勢起伏、感情婚姻、事業成敗、財富多寡等等，所以說必須詳加注意，方能趨吉避凶。

1. 天中（十六歲）

「天中」位於髮際的正中處，表示六親緣分、功名富貴的地方，若隆起無缺損，額頭又寬廣開聳的話，那麼跟長輩的緣分深，能獲得幫忙資助，求學過程順暢無礙，將來事業容易成功，能夠累積財富。

反之，此部位凹陷有疤痕或惡痣，又額頭低窄削尖的話，表示早年奔波辛勞，凡事較無依靠幫助，跟長輩的緣分淺，獲得的栽培有限，事業容易遭人陷害，而有官司訴訟的可能，

出外要避免意外橫禍的發生。

2.天庭（十九歲）

「天庭」位於天中下方，表示少年運勢、福德庇祐的地方，若隆起無缺陷，表示家境安康穩定，求學過程順利，沒有什麼特別的煩惱阻礙，能夠獲得長輩或貴人的提拔，而有功成名就的可能。

若凹陷無力，出現疤痕或惡痣，表示幼年多災多難，有疾病或意外發生，缺少家庭的照顧溫暖，凡事需要自立自強，過程顯得辛苦勞累，較晚發達成功。

3.司空（二十二歲）

「司空」位於天庭下方，表示自我主宰、事業人際的地方，若隆起無缺陷，色澤鮮明黃潤，表示人際關係佳，能獲得主管肯定欣賞，工作順利無阻礙，能夠迅速升遷，以及累積財富。

若凹陷或有疤痕、惡痣的話，表示運勢欠佳，容易遇到阻礙，會有小人在背後陷害，有官司訴訟的可能，人際關係上，要注意金錢往來，以免被牽連拖累。

4.中正（二十五歲）

「中正」位於司空下方，表示聰明才智、名聲事業的地方，若隆起無缺陷，色澤明亮黃潤，表示爲人智商頗高，反應靈敏，學習能力佳，能研究創造，人際關係良好，事業上會有一番成就。

若凹陷或有疤痕、惡痣的話，表示資質駑鈍、反應遲緩，心浮氣躁，容易跟人起衝突口角，得不到任何幫助，事業上奔波辛勞，收穫卻不成正比，要預防官司或疾病的發生。

5.印堂（二十八歲）

「印堂」位於中正的下方，眉毛的中間，表示個人運勢、健康情況、事業人際的地方，若方正隆起、色澤明潤的話，表示爲人心胸開闊、凡事不拘小節，善於跟人交際應酬，正確的判斷情勢，因此事業的發展迅速，個人的身體也十分健康，很少有疾病產生。

反之，凹陷或不方正、色澤黯淡、有疤痕或惡痣的話，表示爲人心胸狹隘，見不得別人好，人際關係時常有衝突摩擦，事業上容易有糾紛，或者遭人破壞，而造成嚴重損失，健康上要預防疾病侵襲，出外要注意交通安全。

6.山根（四十一歲）

「山根」位於印堂的下方，眼睛的中間，表示事業基礎、婚姻家庭、健康情況的地方，

若山根隆起寬廣，色澤明亮黃潤，表示事業的基礎穩固，有貴人從旁幫忙協助，業績能夠蒸蒸日上，婚姻上，所選擇的配偶精明能幹，可以成爲不錯的左右手，身體情況也十分良好，很少碰到意外災害的發生。

若凹陷無力，或氣色不佳、青筋浮現，不然就是有疤痕、惡痣的話，表示事業的基礎不穩固，缺乏許多成功要素，會打拚得很辛苦勞累，卻沒什麼實質收穫，婚姻上，配偶容易拖累自己，成爲沉重的負擔或絆腳石，身體上，容易積勞成疾，或是外出遭遇意外橫禍的發生，要特別小心注意。

7.年上（四十四歲）

「年上」位於山根的下方，在鼻樑的上方，表示人際關係、財運多寡、健康情況，跟「壽上」合稱年壽。若豐隆有肉、氣色明亮黃潤，表示人際關係佳，善於溝通協調，願意大方分享，跟朋友有通財之義，理財投資的觀念很正確，能夠慢慢累積財富，身體情況良好，個性樂觀積極，較少煩惱憂慮。

反之，凹陷歪斜、有雜亂紋路、氣色黯淡灰黑，或有疤痕、惡痣的話，表示人際關係有問題，跟親戚朋友的緣分較薄，彼此不常往來溝通，投資理財方面，容易被他人欺騙而上

當，導致錢財損失慘重，借貸要特別注意，出外要注意交通安全，以防血光之災發生。

8. 壽上（四十五歲）

「壽上」位於年上的下方，在鼻樑的上方，表示人際關係、財運多寡、健康情況，跟「年上」合稱年壽。若豐隆有肉、氣色明亮黃潤，表示人際關係佳，善於溝通協調，願意大方分享，跟朋友有通財之義，理財投資的觀念很正確，能夠慢慢累積財富，身體情況良好，個性樂觀積極，較少煩惱憂慮。

反之，凹陷歪斜、有雜亂紋路、氣色黯淡灰黑，或有疤痕、惡痣的話，表示個性孤僻，人際關係有問題，跟異性往來要注意，以免遭到仙人跳，而惹上桃花劫，婚姻上，配偶體弱多病、多災多難，恐怕會有牽連拖累的現象，錢財方面，借貸要特別注意，要保持身體健康，不要過度的勞累。

9. 準頭（四十八歲）

「準頭」位於壽上的下方，鼻翼的中間，表示人際關係、財富運勢、健康情況的地方，若豐隆挺立、渾圓有肉、氣色黃潤的話，表示有主見、懂得應對進退，人際關係的手腕不錯，財運方面，由於人際擴展的緣故，會有更多致富機會，能夠迅速累積財富，也能夠存守

得住，身體的情況良好、少災少病。

反之，若凹陷歪斜、削尖如刀、氣色昏黯、有疤痕或惡痣的話，表示心思不正、巧取豪奪，人際關係惡劣，常常得罪他人，財運方面，喜歡冒險投機，而導致血本無歸，很容易被慫恿煽動、衝動行事，最後惹禍上身，健康方面，消化系統要注意，腸胃容易病變，出外要注意交通安全，以防不測禍端。

10.人中（五十一歲）

「人中」位於準頭下方，鼻子跟嘴巴之間，表示個性人際、子女關係、健康情況的地方，若深長端正、輪廓清晰、沒有疤痕或惡痣的話，表示爲人樂善好施、熱心公益，可以結交許多朋友，而獲得衆人的幫助，跟子女的互動良好，管教方面不用費心，子女多半有出息，身體情況良好、食慾正常，只要配合適當的運動，就能夠長壽。

反之，若歪斜不正、輪廓不明、紋路雜亂、有疤痕或惡痣的話，表示心術不正、喜佔別人便宜，常設計陷害他人，出外會與人結怨，導致貴人少而小人多，影響到事業的開展，跟子女的相處上，會有代溝隔閡，子女多半叛逆難以管教，很容易惹事生非、讓家人操煩擔心，健康情況，出遊要注意安全，特別是戲水方面，婦女要注意難產或不孕。

11. 水星（六十歲）

「水星」位於人中的下方，也就是嘴巴的部分，表示個性心思、人際關係、健康情況、晚年運勢的地方，若端正有形、嘴唇緊閉、色澤紅潤、紋路分明的話，表示個性聰穎、心思單純，不貪圖榮華富貴，不設計陷害他人，跟子女關係親密，子女會賢孝順從，晚年經濟優渥、可以安享天年。

反之，若歪斜不正、嘴唇露齒、色澤黯淡、有疤痕或惡痣的話，表示個性浮躁、容易焦慮，有情緒化的反應，跟人易起口角衝突，影響本身的信用名譽，子女方面，子女會拖累自己，必須付出大筆金錢，恐怕會因此負債破產，晚年生活不如意，有顛沛流離的可能。

12. 承漿（六十一歲）

「承漿」位於水星的下方，嘴唇下的凹處，表示財運福祿、晚年運勢的地方，若豐隆有肉、輪廓明顯、色澤明潤的話，表示爲人很有食祿，到哪兒都有人請客，擁有廣闊的人脈，相對的，周遭資源豐富的關係，財富也能累積很多，晚年運勢平順，沒有什麼煩惱。

若過度凹陷、色澤昏暗、有疤痕或惡痣的話，表示人際關係不佳，容易遭受他人拒絕，的現象，晚年顯得勞碌、經濟生活拮据，要提前規劃才好。

三、五官部位流年面相運勢圖及白話解說

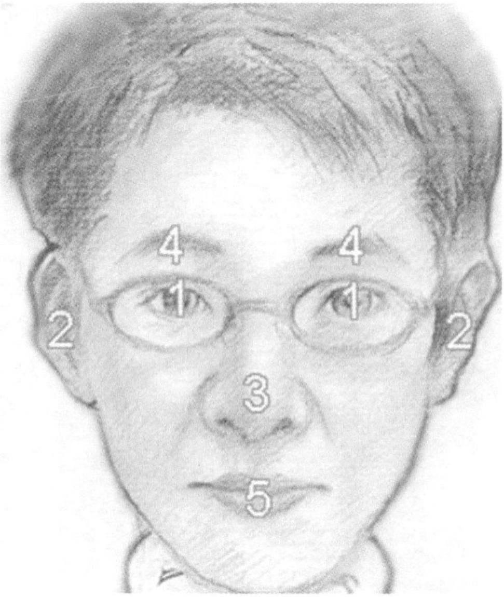

1.眼睛：眼睛的流年，掌管品行人際與地位貴賤（三十五歲至四十歲）。

眼睛若完整無缺損，不凹陷或突出，眼球黑白分明、眼神端正直視、眼睛細而長，眼角微微上揚、眼睛有光澤出現，久視而不覺勞累，表示富有聰明機智，善於謀略及策畫，又懂交際手腕，很會做公關，適合擔任主管，能獲得大家的贊同，事業上多半能夠創業，努力奮鬥而成一片天地，財運上，能夠妥善運用金錢，做正確的投資規畫，不會貪圖快速發達，會採取穩健的腳步，而享受甜美的果實，通常具有很高的社會地位，而有一定的影響能力。

眼睛若有缺失損傷，有凹陷或突出，眼球黑白混濁、眼神斜視不正、眼睛大而圓，眼角

地方下垂、眼神外露失神，不堪久視而眼淚直流，表示心術不正、存心不良，喜歡偷雞摸狗、專走旁門左道，人際關係十分惡劣，得不到眾人的幫助，事業的進展無望，還常有阻礙發生，不然就是官司訴訟，有牢獄之災的可能，財運方面，由於缺乏主見、判斷錯誤，易被他人慫恿欺騙，導致錢財血本無歸，投資理財常常徒勞無功，社會地位通常不高，從事較粗重或低下的職業。

2. **耳朵：**耳朵的流年，掌管家境背景與個性健康（一歲至十五歲）。

耳朵若形狀端正，沒有任何損傷，輪廓清晰分明、垂珠明顯，色澤明亮黃潤的話，表示家庭背景不錯，從小能獲得栽培，聰明且反應靈敏，能學習多樣才藝，各方面顯得優秀，又有貴人相助，有少年得志的情況，可以靠人際關係來擴展事業，靠知名度漸漸累積財富。

耳朵的形狀彎曲怪異，又有損傷的話，輪廓不分明，又沒有垂珠，色澤黯淡無光、呈現灰黑，或是有疤痕或惡痣的話，表示家境貧寒不理想，需要負擔家計生活，早年離鄉背井，外地生活打拚，心態比較偏激，容易自負驕傲，事業需要靠白手起家，但錢財往來要注意，以免遭受牽連拖累，身體也容易出問題，會產生慢性的疾病。

3. **鼻子：**鼻子的流年，掌管婚姻人際與事業財富（四十一歲至五十歲）。

鼻子若山根隆起、鼻樑挺直中正、豐隆有肉、色澤明潤、準頭渾圓沒有損傷、鼻翼有形朝拱，鼻孔不外露，表示人際關係和協，能夠得到幫助，對於配偶的選擇嚴謹，條件通常不錯，有助於本身事業的開展，家庭婚姻多半幸福美滿，投資理財方面，能夠掌握時機、順應環境趨勢，而有不錯的成果，身體多半強健、食慾不錯，配合運動的話，是能夠長壽的象徵。

鼻子若山根凹陷低下、鼻樑歪斜、削尖無肉、色澤黯淡無光、準頭塌陷有損傷、鼻翼不明顯，鼻孔外露，鼻子有疤痕或惡痣，表示人際關係欠佳，經常跟人家起衝突口角，想占人家的便宜，不然就是爲了私慾，使用不正當的手段，會惹來煩麻糾紛，讓名聲信譽受損，婚姻上，彼此個性不合，經常爭執吵鬧，配偶體弱多病、行事急躁，恐有拖累的可能，投資理財方面，會想要速成速發，有投機賭博的心態，常常遭遇挫折失敗，有負債破產的可能，情況不太理想，特別是消化系統方面，也要注意慢性的疾病。

4. **眉毛：**眉毛的流年，掌管聰明才智與地位高低（三十一歲至三十四歲）。

眉毛若色澤黑潤、形狀完整，兩眉距離適中、長度比眼睛長、眉毛順長不逆長、帶有適度彎曲，沒有眉壓眼的情況，表示心胸很開闊、有理想抱負，喜歡吸收新知，學習各種才

藝，求學過程順利，成績名列前茅，善於人際關係的交往，能夠獲得大家的認同，對事業發展很有幫助，加上思慮周全、判斷正確，凡事都能夠當機立斷，而有事半功倍的效果，出外能受人尊重敬愛，能享有一定的社會地位。

眉毛若粗細雜亂、長度過短，距離太近而鎖眉，或距離太過開闊，有漩渦狀出現，色澤枯黃，眉尾不聚，有眉壓眼的情況，表示心胸氣度狹隘、心思起伏不定，做事有頭無尾、容易半途而廢，求學的過程辛苦，不太喜歡唸書上進，常讓家人擔心煩惱，人際關係上，太過於情緒化，直來直往的言語，容易出口傷人而得罪人，造成自己的阻礙，事業不容易開展，往往衝動行事，而忽略風險的存在，造成不小的損失。

5.嘴巴：嘴巴的流年，掌管情慾子女與是非禍福（五十一歲至六十七歲）。

嘴巴若形狀端正、稜角分明、飽滿厚實、能開大閉小、色澤紅潤明亮、嘴角微微上揚，紋路清晰不雜亂，表示感情方面，追求交往過程順利，能找到適當的伴侶，共組幸福美滿的家庭，跟子女的緣分深厚，彼此能夠溝通協調，將來子女懂得回饋感恩，晚年可以享天倫之樂，出外方面，能廣結善緣，獲得他人賞識，經常有食祿的機會，財運方面，若能妥善運用，不至於會匱乏。

嘴巴若形狀歪斜、沒有稜角、削薄無肉、無法閉合、色澤黯淡、嘴角下垂，嘴唇紋路雜亂，表示感情交往複雜、男女關係混亂，會有許多糾紛產生，容易有桃花劫或仙人跳，而損失名譽跟錢財，跟子女的相處方面，會有代溝隔閡，子女經常惹事生非，叛逆而難管教，讓家人操心擔憂，晚年以後，關係恐怕會疏遠，不然就是不賢孝，出外方面，沒有什麼好機緣，凡事需要靠自己，錢財要懂得節制，否則將無法存守得住。

四、從面相觀看疾病的徵兆

1. 肝臟疾病面相徵兆

肝臟跟膽是互相影響的，兩者有一定的關聯。

徵兆一

若最近的脾氣很暴躁，對周遭的事情很沒有耐性，動不動就爲小事而生氣的話，表示肝臟功能不佳。

徵兆二

雙眼黑白不分明，而且呈現黃濁的情況，又臉色也是枯黃灰黑的話，頸部位置的筋有粗大的情況，肝臟功能多半出現毛病。

徵兆三

覺得頭暈目眩，四肢無力，做事情沒精神，懶得運動的話，又臉部奸門的氣色暗黯，顴骨出現黑斑的話，表示肝臟功能受到損傷。

心臟疾病面相徵兆

心臟跟小腸是互相影響的，兩者有一定的關聯。

徵兆一

心情容易起伏不定，一下子顯得非常高興，一下子卻又非常憂心，整個人覺得煩悶躁熱的話，心臟功能需要注意。

徵兆二

經常覺得口乾舌躁，舌頭氣色顯得赤紅的話，又顴骨出現皺紋下垂的情況，表示心臟功能不是很理想。

徵兆三

臉上山根的位置呈現灰黯氣色，凡事覺得心有餘而力不足，三分鐘熱度的話，又有心神不寧的情況，表示心臟功能出現毛病。

3. 脾臟疾病面相徵兆

脾臟跟腸胃是互相影響的，兩者有一定的關聯。

徵兆一

經常感到疲倦勞累，表情又時常擔心害怕，一副讓人覺得好像有困難發生的樣子，加上食慾不振的情況，脾臟功能大多不好。

徵兆二

臉色時常慘白，像是面無血色一樣，多半有腸胃方面的疾病，整個人又面黃飢瘦、骨瘦如材的話，可以知道脾臟功能出現問題。

徵兆三

整天提不起精神，神情哀傷的樣子，什麼東西也吃不下飯，又有腹脹便秘的跡象，表示脾臟功能不是很正常。

4. 肺臟疾病面相徵兆

肺臟跟大腸是互相影響的，兩者有一定的關聯。

徵兆一

身體經常會冒汗或出冷汗，態度變得很消息悲觀，整個人有氣無力的話，表示肺臟功能需要注意。

徵兆二

呼吸方面特別急促，鼻子又常常流鼻涕，臉上印堂的部分呈現赤紅色，又有脫皮掉屑的情況，表示肺臟功能出現問題。

徵兆三

顴骨的位置呈現赤紅色或者是灰黑色，而且又不停咳嗽，但不一定有痰，像是喘不過氣來一樣，表示肺臟功能亮起紅燈。

5.腎臟疾病面相徵兆

腎臟跟膀胱是互相影響的，兩者有一定的關聯。

徵兆一

身體或手腳常覺得冰冷，精神狀態不太好的話，會莫名其妙的恐懼，沒辦法專注下來的話，表示腎臟功能不佳。

徵兆二

身體有水腫的現象，特別是腹部的地方，又關節經常酸痛的話，表示腎臟功能需要注意。

徵兆三

耳朵的位置若呈現灰黑氣色，又面色烏青灰黑，臉上淚堂的部分又浮腫的話，表示腎臟功能出現問題。

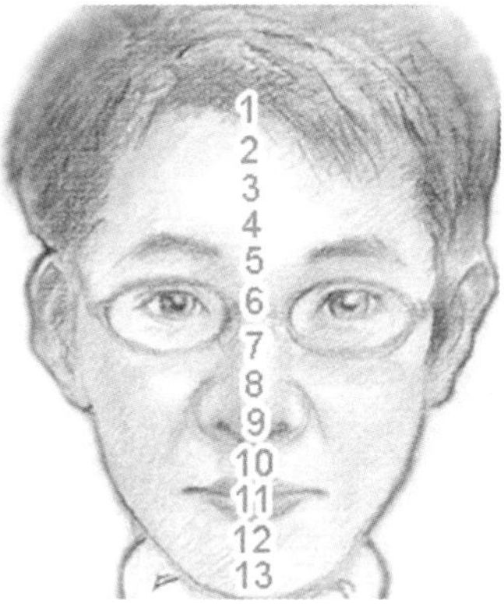
1
2
3
4
5
6
7
8
9
10
11
12
13

眾生相自有貴賤，識相看能辨好壞

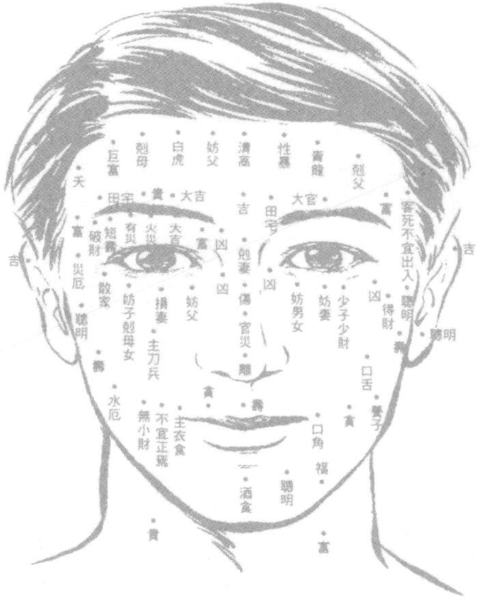

衆生相自有貴賤，識相者能辨好壞

一、用情投入、一廂情願的面相

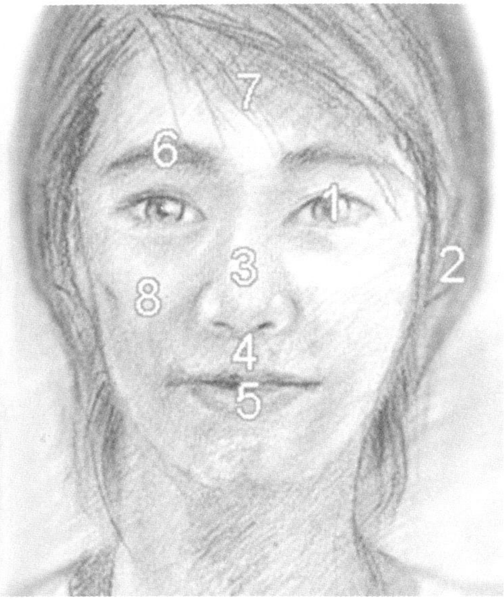

感情交往最害怕碰到對方負心，也就是剛開始認識的時候，彼此還能夠有說有笑，約會時候甜甜蜜蜜，但經過一段時間後，對方的態度卻慢慢變得冷淡，有了一百八十度的轉變，如果你夠仔細敏銳的話，也許就會知道對方出了問題，否則一直到最後你都可能被蒙在鼓裡，等到對方不再跟你聯絡，或說出分手的話，自己才猛然驚醒發覺，一切已經來不及了，只剩下痛苦的感情回憶而已。所以要如何知道對方會不會變心，面相

上可以看出端倪，這是戀人不可不知道的學問，才不會讓寶貴的心意被蹧蹋，無謂的浪費青春歲月。

面相特徵

1. 眼睛的大小

首先眼睛的部分大小要一致，不能有大小眼的情況，否則在感情上會起伏不定，眼睛的位置，也不可以有高低落差，這樣心態才不會浮動，而遭到誘惑。

2. 耳朵的位置

耳朵的部分，大小要適中，位置也要正常，太高或太低的話，感情都不是很穩定，很容易發生變化。

3. 鼻子要挺立

鼻子要挺立，不能歪斜，才不會欺騙感情，鼻翼要明顯，大小也要均等，選擇對象時會比較謹慎。

4. 人中要深長

人中要深且長、要端正，或者上窄下寬，心胸會比較開放，對感情比較重視，情慾方面的嗜好會比較正常，不會變態而下流。

5. 嘴巴端正

嘴巴要端正，不能歪斜，講話會比較實在，對感情比較認眞。

6. 眉毛勻稱

眉毛要勻稱、色澤要潤，不要太粗或過細，長度也要稍微比眼睛長，這樣個性會比較溫和，不會那麼暴躁，能夠理性看待感情的事。

7. 額頭飽滿、下巴寬長

額頭跟下巴要飽滿寬長，不能夠太狹窄，判斷力會較佳，做人處世會比較寬容，對感情問題好溝通商量。

8. 顴骨有肉

兩頰要有顴骨，但不宜過度突出，或是見骨而無肉包覆，這樣會容易走極端，對感情交往不是很有利。

二、謙虛保守、羨慕他人的面相

人跟人之間的相處，總是希望被人欣賞、被人肯定，而由心中產生團體的認同感，因此如果有人行事太過囂張，態度傲慢自大，肯定會遭受到排擠，而且沒有人會喜歡。反之，若懂得欣賞他人的優點，並且善於鼓勵他人的話，將會受到大家的愛戴，人際關係一定變得十分良好，對自己會有正面的幫助，將來無論遇到什麼困難，就不怕沒有人伸出援手。

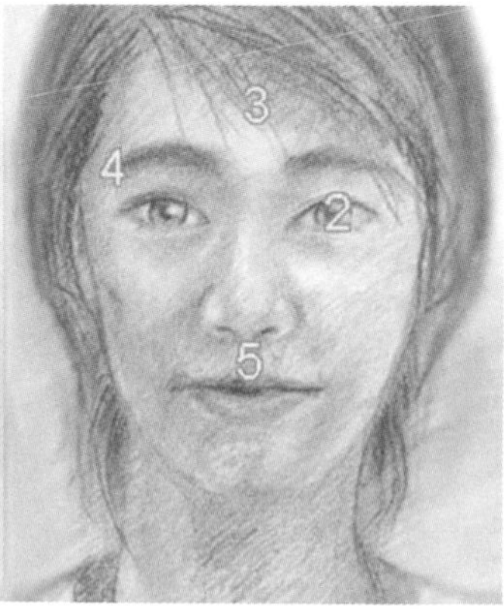

壞的組合：容易傲慢自大、不懂得欣賞他人

1. 臉部看起來很大，但實際上五官卻很小，或是有擠在一起的感覺。

2. 臉部顯得削瘦，但五官比例卻十分突出，眉毛又特別粗大濃密。

3. 臉形過於方正、有稜有角的情況，或是臉部呈現圓形，沒有明顯的線條。

4. 下巴的部分太短，耳朵的位置過低，容易固執己見，不容易溝通協調。

5. 眼睛比例太小，不容易被說服，比較小心眼，嘴巴比例小又薄唇，講話很犀利，個性不服輸。

好的組合：懂得要謙虛，不會諷刺他人

1. 五官端正、比例均勻，讓人沒有不舒服的感覺。

2. 眼神明亮有神、沒有閃爍的情況，不能夠突出或凹陷，嘴巴能夠緊閉，不能顯得鬆弛張開。

3. 額頭要飽滿寬廣，鼻子要挺拔、中直不能歪斜。

4. 眉毛要超過眼睛的長度，不能夠太短或者不夠清晰，眉毛跟眼睛之間的距離適中。

5. 人中要深長，看不見雜紋，鼻翼豐滿有肉，看不見鼻孔。

三、充滿自信、謙虛有禮的面相

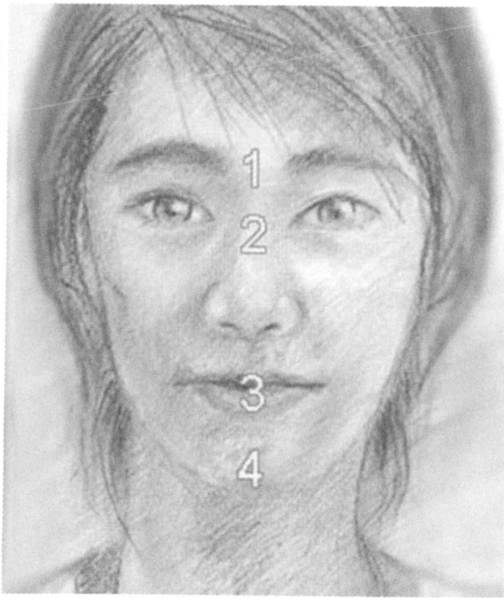

遇到挫折失敗時，通常也是大家最灰心喪志的時候，有些人能夠從中學習經驗教訓，很快的東山再起，創造一番事業成就，相對的，有些人可能選擇逃避現實，而不願意面對問題，活在人生的陰影當中。在面相上來說，懂得樂觀進取的人，往往是充滿自信心的，而且懂得謙虛爲懷，而悲觀消極的人，則會比較自卑，而缺乏承擔責任的勇氣。

1.印堂間的距離適中，大約一指半的寬度（依臉形比例）

印堂太過狹隘，心胸就比較狹窄，凡事較悲觀，而且判斷偏差、見識不足，容易受到他人的慫恿，衝動行事；印堂太寬的話，缺乏自我主見、膽量不夠，常常人云亦云，容易受到

他人的影響。因此印堂距離太寬或太窄，都不是非常理想。

2. 鼻樑要挺直中正，佔臉部的一定比例，不可太少、太多

鼻子代表一個人的個性、主見，若能夠佔一定比例的話，就表示爲人樂觀積極，而且很有責任感，不怕挫折困難，會有堅持到底的決心。

3. 嘴巴要緊閉不能鬆弛，嘴角處要微微上揚，嘴唇的厚薄要適中

嘴巴比例適中的話，個性都比較開朗大方，對別人能夠包容看待，不會隨便批評別人的壞處，或者凡事斤斤計較，意志力很堅定，不會半途而廢，很有個人的原則。

4. 下巴要顯得有力，外觀稍微突出飽滿

下巴若過短的話，心態上容易患得患失，不會積極的行事，會有所保留，較欠缺安全感，情緒上不是很穩定，做事情會輕言放棄。若是下巴飽滿的人，很有活力與衝勁，通常說到做到，很重視給他人的承諾，做事情不怕辛苦困難，成功機會很大。

四、腳踏實地、不愛吹牛的面相

有些人說話口是心非，這種心機深沉的人，大家都會非常害怕，而不願意跟對方打交道，但由於對方能言善道，講話很喜歡吹噓，因此不知不覺中就會相信對方，最後遭受欺騙上當，而常常有被拖累的情況，要如何才能避免呢？無論是談戀愛、做事業、求財運，伴侶、夥伴都是很重要的，要非常慎重的選擇，若能從面相來判斷的話，將會比較快速知道，而且能夠事先預防。

面相特徵

1. 單眼皮的人

這種人比較不會包裝自己，到處去炫耀他人，爲人比較冷靜，行事風格保守，所以很適合做幕僚、內勤，或是繁瑣的工作，但卻不適合從事外交、公關，或是需要協調的工作。

2.鼻孔不外露

這種人做事情會有分寸，懂得適可而止，不會好大喜功，通常在財務的決策上，會顯得滿優秀的，錢會花在刀口上，跟人相處也會老老實實、謹慎小心，不會說出不該說的話。

3.雙耳要貼腦

這種人不愛求表現，比較安分行事，所以個性上顯得斯文有禮、傳統保守。但由於腦筋應變能力差，欠缺靈活的手腕，所以做事情比較死板，但是還滿忠誠可靠的。

五、守身自愛、拒絕誘惑的面相

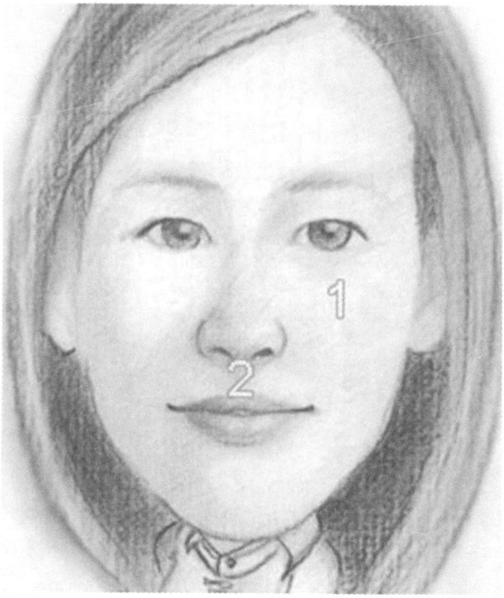

追求慾望是人的本性，但若是爲了貪圖利益，用不正當的手段，那麼就不是一件好事了。人還是需要基本的道德觀與責任感，這樣才有一定的目標與意義，只要適當追求享受，生活就能充滿情趣，而不必惹上麻煩。是否能克制慾望、拒絕誘惑，面相上也可以看出一二。

面相特徵

1. 兩頰飽滿

臉上兩頰也就是顴骨的位置，應該是要飽滿豐厚，有肉包覆著，而不能見骨，這樣的人個性會比較強勢，能夠有自己的判斷能力，來選擇周遭的事物。反之，兩頰消瘦，顴骨突顯見骨，表示爲人自私，做事情不牢靠，很容易見利忘義，出賣朋友。

2. 人中深長

人中深長的話，行事很有原則性，不受他人影響，對於利益不會汲汲營營，也不會有佔有的念頭，一切都會按部就班，不會投機取巧。反之，人中短淺的話，會有說謊欺騙，不擇手段的情況出現，更經不起物質的誘惑，會時時刻刻想偷雞摸狗。

六、態度大方、說話得體的面相

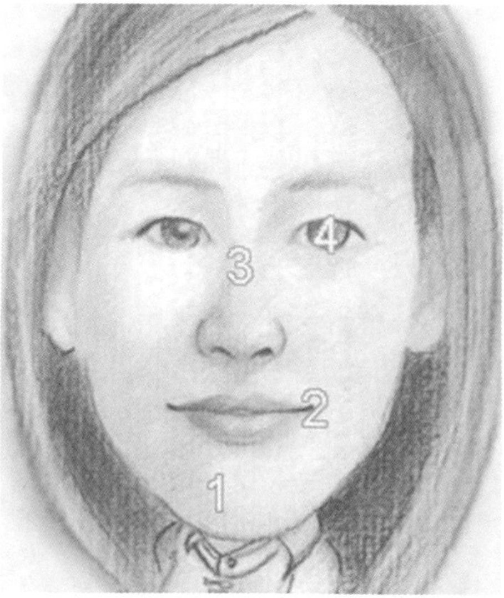

在社交場合中，態度大方、講話得體的人，常能夠給人良好的印象，爲自己的形象加分，因此若能訓練好口才，將會有很多機會表現，那麼一輩子就不愁吃穿。

在戀愛上，善於溝通協調問題，讓對方心悅誠服，感情自然長長久久，在事業上，隨和明理，說話幽默風趣，又分析得頭頭是道，生意成交的機會當然就提升。這些在面相上就可以輕易發現，也是可以用來挑選伴侶或朋友的方法，使自己不容易吃虧。

面相特徵

1. 下巴飽滿、明顯突出

下巴飽滿的人，會比較有自信心，對任何事情永遠保持樂觀，不容易自暴自棄，對朋友也非常客氣大方，人緣通常會不錯，能夠獲得支持。反之，下巴又尖又短，脾氣容易暴躁，顯得情緒化，凡事斤斤計較，不懂得自我檢討反省，很容易衝動得罪人。而下巴突出最好是圓形，不要有稜有角的感覺。

2. 嘴巴有型、嘴角微揚

嘴巴有型的話，就是嘴唇的輪廓很明顯，而不是呈現一直線的模樣。這樣的人，講話非常的動聽，說服力很強，大家會喜歡接近。嘴角微揚的話，個性比較活潑開朗，爲人光明磊落，不會小家子氣，這都是容易相處的人。反之，缺乏仔細的思考，講話直來直往，容易傷到人，而跟人家有結怨的情況。

3. 鼻樑挺直中正

鼻子代表自我，若挺直中正的話，表示爲人正直、說話算話，不會有顛三倒四的情況。

鼻子大，自我主張較強；鼻子小，自我主張較弱。若鼻子歪斜不正，或是鼻翼大小不均，就必須特別注意，做事情通常不按牌理出牌，自我約束力較差，說話都不當作一回事，對於朋友會有所隱瞞，而不夠開誠佈公。

4.眼睛細長且小

眼睛小的話，表示比較謹愼小心，膽量不是很大，加上細長的話，代表做事情很穩建，不會急躁衝動，對朋友也顯得口氣溫和，不會隨便發脾氣，對於周遭事物能夠先觀察，再做出最後的決定，很少會因爲失敗而有所損失。反之，眼睛大話就多，容易受別人影響，做事情比較主動，但欠缺考量規畫。

七、胸有主見、絕不盲從的面相

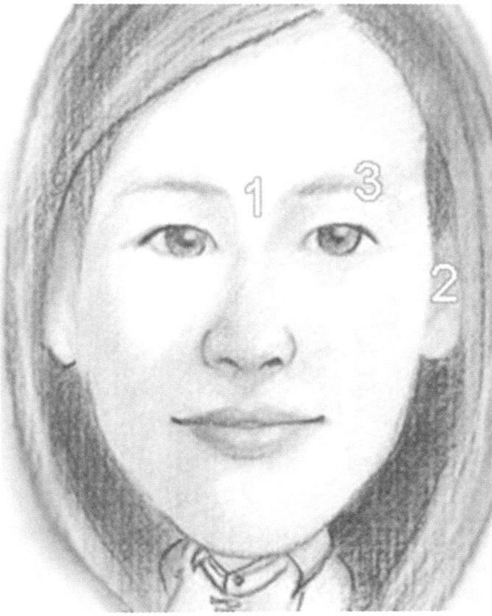

一般人多少都會帶有叛逆的性格，但凡事若能以團體爲重來考量，相信大家就能夠容忍尊重，態度稍微退讓一下，這表示有自知之明，不會當老鼠屎。反之，若像牆頭草的話，每次都隨人起舞，而沒有一點判斷能力，會非常的討人厭，尤其又愛搞鬼的話，那眞的是沒事找事做，整天只想出風頭，成爲衆所矚目的焦點，完全不識大體，造成團體成員之間的對立。這些從面相上都一覽無遺，特別是身爲主管決策者，更是應該要注意的。

面相特徵

1. 眉眼距離要寬闊

眉毛跟眼睛之間的地方，面相學上又稱作田宅宮，如果寬闊的話，表示爲人眼光遠大，很有理想抱負，行事一步一腳印，很能夠堅守原則，是團體中的安定分子。反之，眉毛過於緊貼眼睛的話，也就是俗稱的眉壓眼，表示爲人缺乏耐性，行事急躁衝動，很容易感情用事，而導致失敗的局面，是大家眼中的頭痛人物。

2. 耳朵貼腦、輪廓明顯

耳朵若是貼腦但不外翻的話，表示爲人服從性高，很重視團隊合作，不會擅自主張，會盡力做好分內的事，是個野心不大，不愛冒險的人。反之，外翻的耳朵，表示爲人聰明機智，個性外向活潑，往往比較叛逆，不愛傳統舊制，喜歡隨心所欲，會採取大膽行事的風格，來達成目的。

3. 眉毛勻稱

眉毛勻稱是說濃淡適中，而且長度比眼睛稍微長一些，表示這個人個性溫和，不會亂發脾氣，做事情有條有理，會考慮到他人的感受，爲團體來謀福利，說話能夠衡量現況，行事不容易誇張。反之，眉毛過淡、或過濃，表示性格不穩定，情緒起伏不定，讓人無法捉摸，不知道要如何相處。

八、自我反省、力求上進的面相

人人都想追求成功，而不願意失敗，但是天下哪有白吃的午餐，除了極少數的幸運兒之外，其他看得到的名人、企業家、政治領袖等等，幾乎都是經過一番苦難的磨練，在長時間的自我鞭策之下，才看得到今天的成就，而不是憑空得來的。因此成功人士確實有許多寶貴經驗，是很值得讓大家去學習的，除此之外，從面相上也可以看出徵兆，可以馬上知道這些成功人士的特質。

面相特徵

1. 眉稜骨突出

眉稜骨就是眉毛上方突出的地方，一般來說，眉稜骨代表一個人的精力充不充沛，有沒有膽識。若顯得很飽滿的話，就表示爲人積極奮發、企圖心很強烈，做事情很有幹勁，不怕任何的困難，願意去承擔責任。反之，眉稜骨不明顯，或是過於突出，前者表示沒有擔當，膽小怕事，後者則容易感情用事，而有越軌的行爲產生，都不是很理想的情況。

2. 額頭寬廣飽滿

除了眉稜骨之外，額頭飽滿也是一個重點，從額頭可以了解許多事情，像是一個人的聰明才智，或是脾氣個性等等，都可以從這個地方看出。額頭高聳的人，對於精神生活相當重視，善於跟人溝通協調，重視理性的相處，態度會比較開放。反之，額頭較低的人，重視生活物質，行動講求實際，不太能夠詳細思考，但是環境的適應力不錯。

3. 鼻樑要長

鼻子代表自我要求，也代表個性脾氣，若比例適中或稍微長一點的話，表示爲人很有主見，做事情能夠堅持，不怕受到別人的影響，會積極追求目標。但若是比例過於短的話，爲人恐怕耐性不足，做事情只有三分鐘熱度，而有半途而廢的現象，對於重大的決定，會缺乏主見，而有猶豫不決的情況，容易受他人的影響，不知道該如何是好。

4. 下巴要飽滿且長

下巴若比例夠長，而且形狀飽滿，表示做人處世非常厚道，能夠善待周遭的朋友，因此人緣相當不錯，可以得到幫助跟支持，而很少面臨失敗的局面，而且意志力很強，會默默的把事情給完成，而不會斤斤計較。

反之，若下巴比例太短的話，表示貴人運不旺，凡事需要靠自己努力，過程會比較辛苦一點，沒有什麼太大的作爲，要懂得結交朋友才好。

九、思想純正、家境安康的面相

家庭背景良好的人，其教育程度都會比較高，而且家中的生活富裕，或者有一定的水準，才能夠專心的發展事業。出了社會以後，外表會充滿自信，對事情領悟力高，處理人際關係也很有一套，是大家都喜歡接近的對象。因此身邊若有受到歡迎的人，或是想要交朋友的話，除了行爲舉止的表現外，在面相上一定也有相同特徵，是很值得參考的依據。

面相特徵

1. 良好的耳朵

耳朵在面相代表少年運，是可以看出個人幼年的生活，以及家庭對個人的照顧及影響，

因此是相當重要的部位。良好的耳朵，除了形狀輪廓之外，也就是外觀要明顯之外，耳朵的位置也必須考慮的，一般人耳朵的高度，都是跟眉毛等高，若高於眉毛的話，表示很早就能夠出名，家庭背景不錯，幼年就能夠受到栽培，個性能夠獨立早熟。反之，低於眉毛的話，表示幼年生活辛苦，家庭背景不好，缺乏良好的照顧，教育程度會較差。

2. 完美的日月角

一個人額頭寬廣飽滿，代表能受到長輩父母的提拔照顧，少年運也是十分的良好，不用擔心太多的生活問題。而其中，額頭兩旁上的日月角，兩點稍微突出的地方，代表個人的父母親，若明顯突出的話，加上飽滿的色澤，沒有任何疤痕或痣，表示父母身體健康良好，道德操守也不錯，很重視子女的教育問題，自己受到的鞭策會很多，較容易成才並出人頭地。反之，額頭日月角有疤痕或痣，表示家運不濟，父母健康不好，或是來自於單親家庭，幼年生活較不理想。

十、人緣良好、交友眾多的面相

人不可能離群索居，尤其在現代分工合作的社會裡面，資訊的傳遞雖然方便，但免不了要交際應酬，尤其是從事商業工作的人，更是需要跟廠商或客戶接觸。因此如何看待他人與結交朋友，自然就成了一門學問，是必須要學習且注意的。但講求快速效率的時代中，人跟人之間往往沒辦法花時間深入認識，因此要如何判斷對方是否值得交往，面相學這時就能提供不少有用資訊。

面相特徵

1. 鼻樑要中正

鼻樑可以看出個人的心思，鼻樑若長得端正，表示個性耿直，不會動歪腦筋，對朋友能

夠誠實、付出關懷與照顧。但若長得歪斜，表示充滿私心慾望，會有投機取巧的行爲，對朋友常常欺騙說謊，不適合跟人相處在一起，恐怕會拖累團體的生活。

2. 交友宮良好

交友宮位於眉毛上方，是專門看交友運勢的位置，若一個人交友宮長得不錯，沒有疤痕或痣，色澤又良好的話，表示爲人樂觀積極，很容易交到好朋友，出外會遇到貴人幫忙。反之，交友宮有問題的話，出現疤痕或痣，表示爲人悲觀消極，容易交到壞朋友，而有被拖累的情況，事業上沒辦法開展。

3. 眉毛均勻且秀氣

眉毛太過稀疏、太過濃密，或是眉頭濃但眉尾淡的人，在個性上都比較極端，不走中庸路線，因此比較不容易跟人相處，出外不容易得到幫助，身邊會缺乏貴人。但若眉毛整體均勻，且形狀不要太細或太粗的話，表示爲人信守承諾，脾氣比較溫和，出外很容易交到朋友，做事情也會有貴人幫忙。

十一、不會疑神疑鬼而有神經質的面相

一個人若整天疑神疑鬼的話，相信生活中會充滿著許多不便，大家都不敢跟他接近做朋友，在感情方面，會處處懷疑對方私下的舉動，跟對方經常有口角衝突發生，還會用各種理由來掩飾嫉妒，在事業方面，容易出爾反爾，讓人家摸不著頭緒，而影響到信譽，事業可能導致失敗。交友方面，會喜歡批評他人，讓周遭的人很不屑，很可能因此遭到排擠，甚至於有精神狀態的毛病，或是妄想症的產生。

面相特徵

1. 眉毛齊平、位置一致

眉毛若位置長得一樣高的話，表示心胸坦蕩、爲人開朗，不會斤斤計較，會有欣賞他人的風度，個性上容易跟人家接近。但若是長得一邊高、一邊低的話，表示心態不平衡，見到他人的優點，心裡都會產生嫉妒不滿，會批評他人，大家都不願意跟他做朋友，其實這種人，缺乏自信，自卑感重，而且容易被別人牽著鼻子走。

2.眼睛大小一致

眼睛代表五官中的重要地位，是具有非常大的影響力，若眼睛大小一致的話，表示個人言行舉止合一，做事不會反反覆覆，心態也容易取得平衡，不會有情緒化的現象。若是眼睛一大一小的話，對於異性的態度不佳，反應動作尤其明顯，不是暴力相向，就是不屑爲之，而且心思容易變遷，讓人無法捉摸，不太容易相處溝通。

3.眼睛或眉毛不宜有痣

眼睛附近有痣的話，表示運勢受到了阻礙，會比較奔波操勞，長期下來，會對周遭的人不信任，而有神經質的情況產生，在處理事情上過於極端，情緒不是很穩定，受到刺激的話，舉止很可能失控，若跟這種人交往的話，是需要特別小心注意的。

十二、懂得進退、不出風頭的面相

俗話說：「人怕出名、豬怕肥」，用來比喻知名度帶來的麻煩。若表揚的是好事情的話，哪倒也無所謂，至少能獲得人家的尊重，但若是愛出鋒頭炫耀的話，不但人家會覺得討厭，自己恐怕會惹禍上身。這樣的情況，不但反應在行爲舉止上，也是可以從面相上來得知，用來判斷對方的個性，因此若能夠掌握對方的心態，那麼在交友或用人上，就能夠事半功倍，達到知人善任的效果。

面相特徵

1. 耳珠明顯

耳珠就是耳垂的部分，通常有耳垂的人，會比較有福氣，原因是因爲待人和善、能夠聽進建言，不會斤斤計較，願意承擔問題，所以朋友會比較多。反之，則比較辛苦勞碌，對任何事情事必躬親，沒辦法相信別人，會比較堅持己見，所以出風頭的機會就多，招惹的麻煩也多。

2. 鼻頭渾圓

鼻頭是代表財富運用的地方，也能夠看出人際關係的對待，若渾圓的話，表示做事情很腳踏實地，不會馬馬虎虎，對理財也很有一套，人際關係上會願意分享好處，不會那麼自私自利，所以很受到他人的歡迎。但若鼻頭帶尖，或有傷疤、惡痣的話，則做人比較吝嗇，而且會想佔人家便宜。

3. 下巴圓厚

下巴渾圓的人，脾氣會比較敦厚，對人家也比較老實，不會耍心機，很少主動出鋒頭，因此值得朋友信賴。反之，或下巴是削尖的話，也就是沒有肉包覆，代表喜歡享受物質生[illegible]著想，會希望很快出名，有不擇手段的情況發生，人際關係的是非糾紛較

二、父母疼愛、長輩關愛的面相

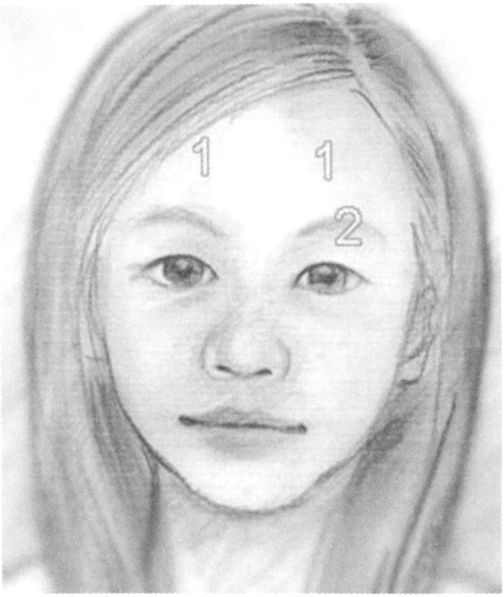

若從小有人緣的話，那一定很受到長輩父母的關愛，而且享有無微不至的照顧，就算出了麻煩，也會有貴人來相助，最後都能順利解決，是天生的幸運兒。

反之，若從小討人厭的話，那就無疑是缺乏貴人，遇到困難阻礙的話，都必須千辛萬苦、費盡心力才能解決，離成功之路非常遙遠。這在面相上都可以輕易看出，跟父母長輩的關係是否良好，彼此能不能溝通協調，就能知道對方的貴人運好不好。

1. 日月角飽滿

日月角代表一個人的父母，是觀看額頭的重點所在，除了表示個人的腦筋智力外，還代表少年運勢的發展。因此若日月角長得好，在年輕的時候就很會讀書，而且做事情有條有理，父母的教訓會聽進去，行爲不會過於極端，能夠建立正確的價值觀。反之，則年少時容易變壞，到處惹事生非，父母卻無法管教，加上判斷力較差，所以很容易誤入歧途。

2. 眉長過目、眉尾上揚

眉毛代表一個人的個性，也可以看出跟家人相處的關係，尤其是兄弟姊妹，眉毛若稍微比眼睛長的話，表示跟家人感情深厚，而且彼此相處愉快、溝通順暢，很容易受到長輩跟父母的疼愛，若上揚的話，表示運勢漸入佳境，能受到良好的栽培。但若眉毛過短的話，表示跟家人的緣分較薄，可能相處的時間較少，或彼此容易有代溝嫌隙，若眉尾又下垂的話，表示運勢逐漸走下坡，恐會受到家人的拖累，而生活顯得非常艱苦。

十四、耐性十分、毅力十足的面相

開創事業最需要精神，尤其是耐性跟毅力，常常是成功的關鍵，在各方面努力上都是如此。感情交往上，能夠堅持到底，成爲競爭的贏家，而事業上，願意等待時機，並且做好萬全準備，而立於不敗之地。這樣的人，在面相上有一定的規則可循，只是一般人沒有注意到而已，若能夠好好利用面相學，那麼就知道自己跟他人的優缺點，並且能做到截長補短。

面相特徵

1. 鼻樑要長且有力

鼻樑若有一定比例的長度，代表爲人保守穩重，做事情會很專注投入，而且刻苦耐勞，

不會朝三暮四、無理取鬧。再者不會輕易的更換工作或情人，反而會很重視交情，對周遭人很忠誠，是值得信賴的夥伴。反之，做事情往往三分鐘熱度，不思索計畫，有衝動行事的可能，事業跟感情容易起伏不定。

2.耳朵貼腦、輪廓明顯

這樣的耳相來說，由於貼腦表示爲人聰明，因此做事情能夠深謀遠慮，不會隨便馬虎，所以失敗的機會較少，個性也比較沉穩，願意等待機會的到來。反之，耳朵太小或耳朵外翻，則會缺乏安全感，想法會比較多變，而沒有辦法專注眼前的事物，所以會被認爲缺乏耐性，有半途而廢的可能，但比較能突破傳統，而開創出新的契機，算是各有利弊。

十五、感情、事業得以兼顧的面相

很多人都希望感情跟事業能夠兼顧，但卻往往心有餘而力不足，不但搞得自己精疲力盡，並且還讓身邊的人給誤解。不過有些人卻能輕鬆面對，不但事業上全力衝刺，感情方面也能夠照顧到，不讓身邊的人被冷落，總是一副春風得意的樣子，讓你百思不得其解呢？其實這些情況都可以由面相看得出來，而不用絞盡腦汁想，是不是神奇呢？

面相特徵

1. 單眼皮、小眼睛

單眼皮的人做事情能夠冷靜，通常會想個兩全其美的計策，然後才會採取行動，而眼睛小表示保守，而且眼光精準，會希望面面俱到，因此能夠兼顧感情跟事業，但是雙眼皮或眼睛大的人，通常就不會如此，會比較熱情大方，很容易感情用事，受到他人的影響，凡事先做了再說，而不考慮周詳，因此感情跟事業不太能兼顧，會有偏袒的現象發生。

2. 承漿凹陷

承漿的位置就在嘴唇的下方，有個稍微凹陷的地方。這個部位代表事業心很重，很會交際應酬，但也表示很重視生活情趣，會對另一半或家人獻殷勤，不會因爲投入工作當中，就忽略了家庭，是個感情跟事業兼顧的人。反之，承漿不明顯的人，這樣的特質就比較不明顯，跟人的互動較差，通常只能專注在一項目標上，而沒辦法兼顧兩者。

十六、信守承諾、勇於負責的面相

跟人往來的話，最怕對方不守信用，而自己有被拖累的情況發生，或是明明答應過的事情，臨時卻又變卦，完全不按照先前的協議，還死皮賴臉的辯解。這種一天到晚把「包在我身上」放在嘴邊的人，其實不一定可靠，眞正能夠承擔責任的人，他會先仔細評估，然後再量力而爲，不會隨隨便便就答應，而毀壞自己的信譽。而這些特質在面相上是可以發現的，還有一定的規則可循，大家不妨親自來體驗。

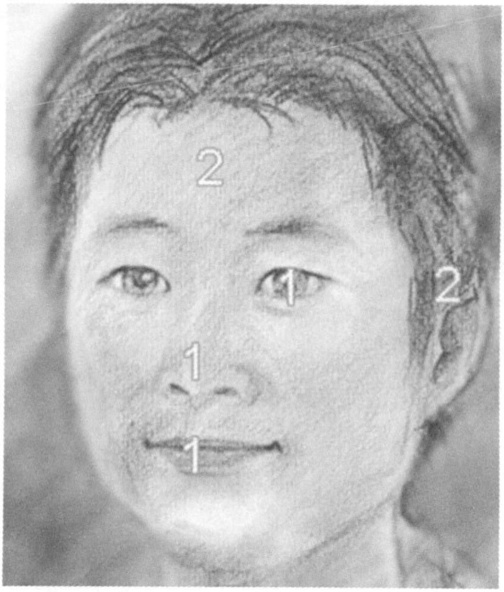

面相特徵

1.小眼睛、鼻子挺、嘴巴大的組合

小眼睛除了表示保守，也表示精明能幹的意思，看東西非常準確，不會隨便看走眼，因此答應完成的事情，通常是有十足把握的，而不是空口說白話。而鼻子代表自尊心，因此自尊心強的話，就會努力完成事情，不希望被人家瞧不起。至於嘴巴代表人際關係跟自信心，嘴巴越大的話，也越充滿自信，人緣會比較好，答應的事情也很少變卦，會說到做到。但若這些方面不理想的話，就不太能保證承諾，做事情容易敷衍了事。

2. 額頭寬廣、耳朵位置高

除了鼻子要挺外，額頭跟耳朵也是重點，額頭若寬廣又高的話，表示思考夠仔細，做事情按部就班，而且自尊心較強，會強迫自己完成事情，並且有完美主義的傾向，而耳朵表示能力，以及家庭的環境，耳朵位置若高，代表教育程度高，能力相當不錯，家裡能夠支持他，做任何事情都會全力以赴，因此承諾答應的事情，很少會在中途改變的。反之，額頭跟耳朵都不理想，表示智慧見識不足，爲人魯莽草率，答應的事情會反反覆覆，不太能夠貫徹執行。

七、勤奮工作、老老實實的面相

如果你是老闆，或是已經有伴侶的話，而身邊的夥伴居然是好吃懶做、遊手好閒的人，那可真是會把你給氣死。這種整天作白日夢，空有理想抱負，眼高手低的人，是沒有辦法成就偉大事業的，自己還可能被對方給拖累，一想到這裡就會令人心寒，所以最好能夠在用人或交往前，就把對方的底細給摸清楚，到時候才不會自找麻煩，抱怨聲連連。這時候就可以利用面相學來幫你嚴格把關，挑選到努力勤快、虛心學習的夥伴。

面相特徵

1. 耳朵、鼻樑、額頭長得較低

先前說過耳朵、鼻樑、額頭長得較低，不是說不理想嗎？怎麼這裡又說成勤奮工作呢？其實先前說的是自動自發，有自我的主見，三者的位置都非常理想，這裡的情況，則表示服從性高，容易讓人管理，不會自做主張，會安分的照規矩來行事，配合度相當的高。所以說一個是主動，一個是被動，並不是說耳朵、鼻樑、額頭長得較低，就不是好的相貌。

2.眉毛粗短

眉毛粗短的人，雖然做事情衝動，但答應的事情，就會去完成，不怕過程辛苦，給人一種草莽性格、直言率直的形象。城府不會深沉，也不懂得算計別人，還算老實誠懇的人。就以前來說，這種人通常是從事武將或是武市之類的職業，而較少從事文藝方面的工作。

十八、善於僞裝、掩藏事實的面相

從一個人的面相上，可以隱約看出對方的性格，是否有貪圖享受、愛賭逞強，或是好色投機的特質。但有這種面相的話，不一定代表對方就是這種人，只能說可能性比較高而已，所以有隱藏起來的味道。若能夠好好利用這方面，在交朋友方面，就比較能避免誤交損友，不至於遭受到連累。

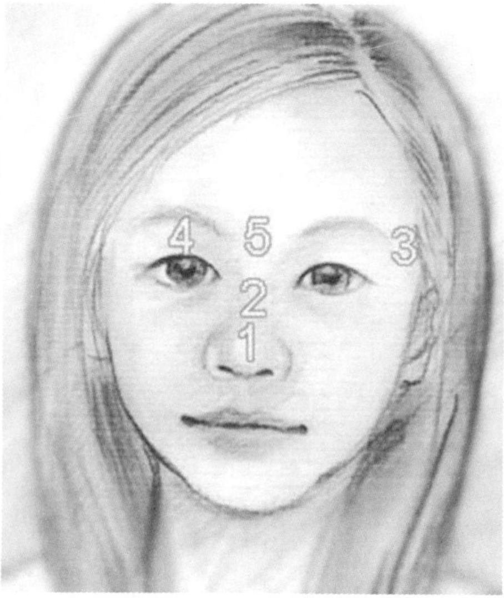

面相特徵

1. 鼻子有痣

鼻子絕不能有痣，包括鼻樑跟鼻翼，這表示對方的財運不佳，有可能投機的炒作買賣。再者，感情上容易遇到對方負心，或是有感情出軌的麻煩，婚姻通常都有第三者介入，或成爲他人第三者的可能。

2. 鼻樑歪斜

鼻樑若歪斜的話，表示爲人心術不正，喜歡算計他人，而且會貪圖利益，品德操守不是很好，對朋友容易說謊欺騙，造成他人的困擾麻煩，投機心態很強，有賭博的可能，最好不要接近爲妙。

3.眉尾有痣

眉尾就是俗稱的夫妻宮，這個地方有痣的話，表示婚前感情不穩定，容易更換對象，或者有腳踏兩條船的情況，對感情的態度不是忠誠，常抱玩玩而已的心態。婚後的話，表示夫妻不合，常常有吵架的情況，金錢方面容易出問題，不然就是跑去花天酒地。

4.田宅宮有痣

田宅宮位於眉毛跟眼睛之間，這個地方有痣的話，表示財富不容易守住，會有花費流失的可能，也表示個人經不起物質誘惑，恐怕會誤入歧途、鋌而走險，有賭博跟花天酒地的習慣。

5.命宮有痕紋

命宮就是眉毛的中間，這個地方有痕紋的話，又叫做懸針紋，像是一把劍插在那裡一樣，表示個人運勢不穩定，出外常常惹事生非，製造出不必要的糾紛，通常需要花錢消災，名聲跟信譽受到損害，但卻不以爲意，嚴重時恐怕傾家蕩產。

十九、常作批評、不願吃虧的面相

有些人很好相處在一起，自己願吃點虧，讓人家佔便宜，而且也不會計較，或埋怨在心裡面。但有些人就不同了，會很重視細節的部分，常常開口閉口都是批評，像是別人都對不起他似的，把所有的不滿都宣洩出來，到處搬弄是非，讓人聽了很反感。這種人在面相上就可以看得出來，人際關係通常會比較差。

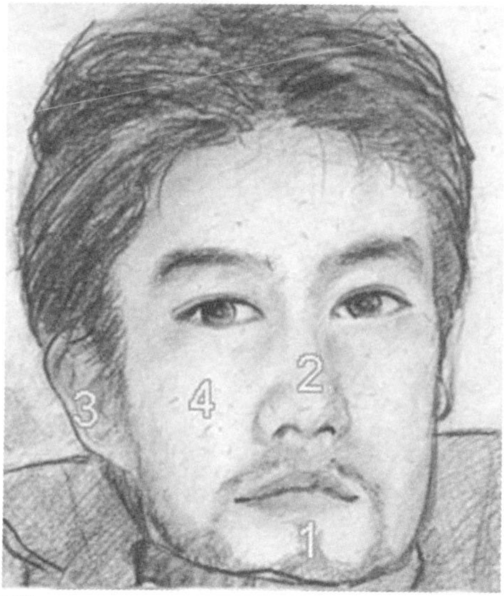

面相特徵

1. 下巴突出、削尖無肉

這種面相的人，行事比較自私自利，顧著自己享受而已，不太會理會他人的需要，因此人緣不是很理想，說話時又不懂得察言觀色，直言不諱很令人討厭，就算傷人也不會道歉，

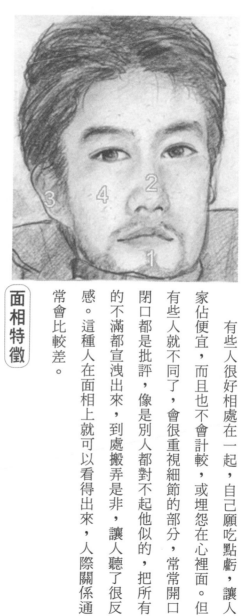

做人非常的刻薄。

2. 鼻子又尖又細

這種面相的人，做事情常挑三撿四，就是不願意放下身段，平常說的是一套，但執行起來就不是那麼一回事，有表裡不一的現象，對於身邊的人事物，會顯得很敏感、很神經質，常讓周遭的人避之唯恐不及。

3. 耳朵短小、形狀外翻

這種面相的人，很愛逞口舌之快，他人的建議跟解釋，完全不當作一回事，只知道爭取自己的權益，而且想法也比較負面，批評別人搶第一，但自我反省排最後，不顧慮到他人的感受，自以爲是。

4. 顴骨外張、臉頰無肉

顴骨外張的人，對於事情的處理比較霸道，有蠻橫不講道理的特質，心態也十分冷酷自私，若又沒有肉包覆，直接可以看到顴骨突出的話，那情況更是嚴重，會使出破壞的手段，來達到個人的目的。

二十、不圖享受、知足常樂的面相

人要懂得飲水思源、知足常樂，這樣會比較務實，而不會整天作白日夢。什麼是知足常樂呢？就是不會想要佔人家便宜，或是想不勞而獲，對物質享受看得淡薄，虛榮心不會太強，凡事能量力而爲，默默的耕耘，而最後達到成功的人。

面相特徵

1. 鼻樑稍低

鼻樑稍低的人，雖然比較沒有主見，而行動力較弱，但是卻比較務實，不會想要爭強鬥狠，跟人家搶第一。若鼻翼的部分也很飽滿明顯的話，表示投資理財手段很穩健，不會有好高騖遠的情況發生。

2. 額頭豐隆且圓

額頭豐隆且圓的人，表示做事情腳踏實地，也許額頭不是長得很高，見識會比較差一點，少年運會較辛苦，但還算是不錯的面相。不會想要投機致富，或者妄想不該得到的事物。

3.嘴巴要大、下巴渾厚

嘴巴大的人比較好客，所以不會斤斤計較，待人處世非常和善，是別人眼中的老實人，生活過得知足常樂。而下巴渾厚的話，朋友會結交很多，對人比較沒有心機，因此很少惹上是非糾紛。

4.耳朵位置適中

耳朵的位置若太高，表示爲人聰明機智，這樣的話，做事情雖然充滿自信，但是卻不會善罷甘休，所以有時候會爲了爭取權益，而有激烈的手段發生，比較不滿足於現況。反之，耳朵位置適中或者長得較低的話，雖然判斷能力可能較差，但生活的要求不高，會隨遇而安，不會想要去爭取什麼。

二十一、投資有成、生財有道的面相

投資理財人人愛，但是眞正懂得其中道理的人，卻只佔極少部分而已，大多數的人只能追逐金錢，整天汲汲營營，卻不一定能有收穫，反而越辛苦越沒錢，錢都沒有辦法守住，或是不曉得投資到哪裡去？其實面相上可以知道你投資理財的功力如何？讓你有心理準備。

面相特徵

1. 額頭高聳寬廣

這是觀相理財的第一步，額頭長得好，代表有一定的實力基礎，對於投資理財能有良好的見解，以及各種判斷情勢的能力，而且也表示貴人運佳，可以獲得他人的額外幫助，使自己度過經濟難關。

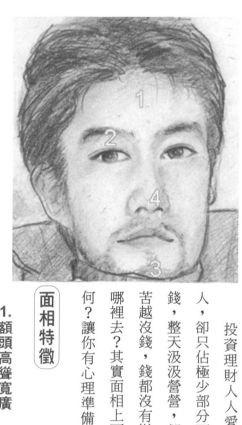

2. 田宅宮豐隆

田宅宮長得好，表示能夠累積財富，從事投資事業的話，將會有不錯的發展。就算不會大富大貴，這輩子也不容易缺錢用。但若田宅宮不佳，很容易被家人給拖累，投資上就不太理想，必須要減少支出。

3. 雙下巴

雙下巴通常代表財運良好，尤其是不動產或房地產之類的，有這種相的話，大多是後天形成的，表示個人有一定的修養，經濟收入能夠穩定，生活過得無憂無慮，可以順利的累積財富。

4. 鼻子挺直有肉

鼻子代表自我跟事業，也是看財庫的地方，從財庫的位置就知道一個人能有多少錢，若挺直有肉的話，通常財運亨通、不愁吃穿，而且還可能自行投資創業。反之，若鼻子長得不好，或有疤痕、惡痣的話，表示財運受損，事業上會有波折。

二十二、利慾薰心、心機濃厚的面相

要分辨對方是否值得信賴，就看對方重不重視感情，若重視的話，那麼對於朋友跟情人，就會願意付出眞心。反之，若是自私自利的人，就會利用各種手段，來欺騙別人，是重視現實利益的人。但是相好不代表就是好的，只是用來當做參考的依據，還是要透過平常的相處，來了解別人會比較好。

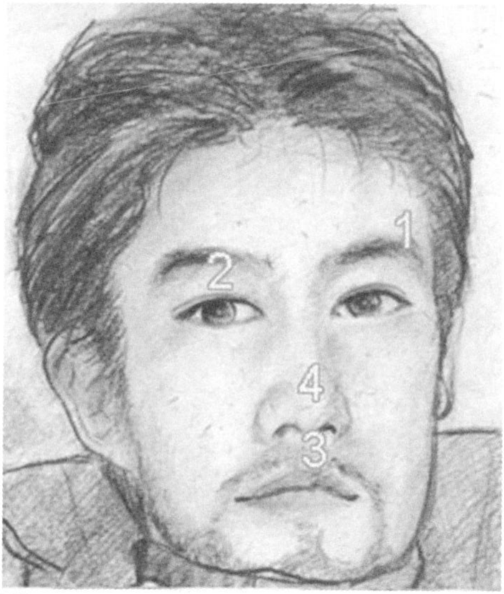

面相特徵

1. 眉毛上揚

這種人個性比較直爽，雖然講話稍微強硬，不太會委婉相勸，但說到做到，是言出必行的人，對於不正當的事情，會很有正義感，願意挺身而出，是很有責任感的人。

2. 嘴角上揚、嘴唇稍厚

這種面相的人，人緣會比較好，因此對朋友會很大方，而且會滿重視交情的，不會爲了自己的私慾，而犧牲了道德或理智，也是值得信任的夥伴。

3. 人中深長

人中深長的人，爲人熱心公益，很喜歡幫助人，若加上眼神明亮有神，代表行事光明磊落，說話誠懇有信用，是值得信賴交往的對象。

4. 鼻樑歪斜且有痣

鼻樑代表人的心思，鼻樑歪斜的話，表示爲人心思不正，行事不是很正派，會暗地裡算計別人，若有痣的話，還可能會負心，對感情不忠誠，而且有奢侈浪費的情況，投資理財不是很理想。

5. 臉形削尖短小

這種人的臉，類似獐頭鼠目的道理，爲人會很情緒化，做事反反覆覆，而且對於事物很快就會厭煩，有強烈喜新厭舊的特質。在感情方面，在熱戀的時候，什麼手段都使得出來，什麼噁心的話都敢講，不過一旦達到目的，把對方追到手以後，態度就會漸漸冷淡，而有另結新歡的情況，不是很靠得住的男人。

二十三、溫柔體貼、風度翩翩的面相

懂得溫柔體貼的人，總是很受到人家的歡迎，尤其男女之間談戀愛的話，擁有這種特質的異性，常常就是情場的常勝軍，很少有失敗的可能。再者，通常這種人也善於溝通協調，可以當作人際糾紛的緩衝，能獲得大家的認同支持，而你是不是也擁有這種特質呢？可以藉由面相觀察出來喔！

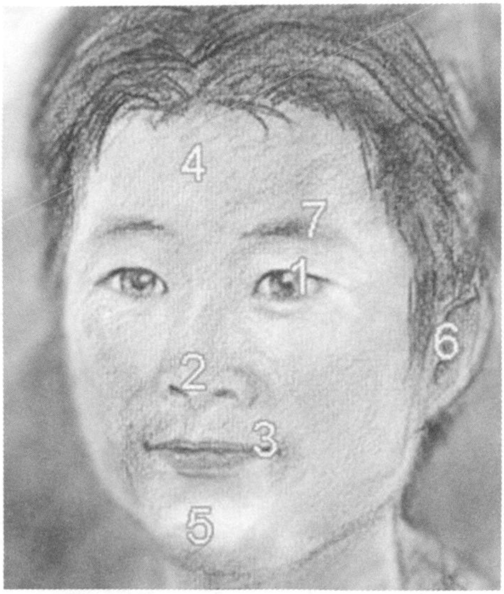

面相特徵

1. 眼睛細長、眼角上揚

眼睛若細長的話，爲人比較重視感情，雖然不太會直接表現，不過私下會默默的關心照顧，而眼角上揚的人，人際關係會比較好，也善於溝通協調。

2. 鼻頭渾圓

鼻頭渾圓的人，對事情的處理比較理智，而且手段會很圓滑，通常除了理財的能力不錯之外，異性緣也特別的好，能夠用實際的行動關心他人，成爲大家喜歡的對象。

3. 嘴巴適中、嘴角上揚

嘴巴的大小要剛剛好，尤其是女性的話，嘴巴大表示事業心重，個性會比較直爽，而比較沒有女性細膩的特質，而嘴巴太小的話，會比較自私一點，講話會比較尖酸刻薄。嘴角若往上揚的話，表示運勢向上發展，人際關係佳，若向下彎的話，表示比較勞碌，人際關係較差。

4. 額頭寬廣

額頭的部分，如果可以的話，盡量要高廣寬闊，這樣表示對事情的判斷正確，見解比較深入，做人處世比較合情合理，若是女性的話，事業心會較重，尤其是額頭又明顯突出的話，表示個性較爲凶悍能幹，但是往往會傷了和氣，人際關係需要注意。

5. 下巴厚實

下巴的部分，可以看出爲人的修養，若有雙下巴的人，運勢會比較良好，表示自己待人良誠懇，懂得熱心公益，能得到大家的支持，但若太過削尖的話，代表行事較自私自利，比較會追求物質享受。

6. 耳朵

耳朵的部分盡量不要太小，形狀也不要外翻，輪廓要明顯才好，表示爲人心胸比較寬闊，比較容易聽進建言，不會隨便發脾氣，就算有困難發生，也能得到他人的幫助，順利的解決問題。

7. 眉毛

眉毛長度要過目，而且最好粗細適中，色澤盡量要光亮，其中不能有逆毛，這樣代表個性溫和，跟家人的關係良好，出外會照顧朋友，而且容易出名。反之，眉毛過短，或是太粗太細，又有逆毛產生的話，表示性情起伏不定，容易情緒化，對他人會喜怒無常，人際關係較爲複雜，容易遭受拖累。

二十四、不重視感情、不懂得回饋的面相

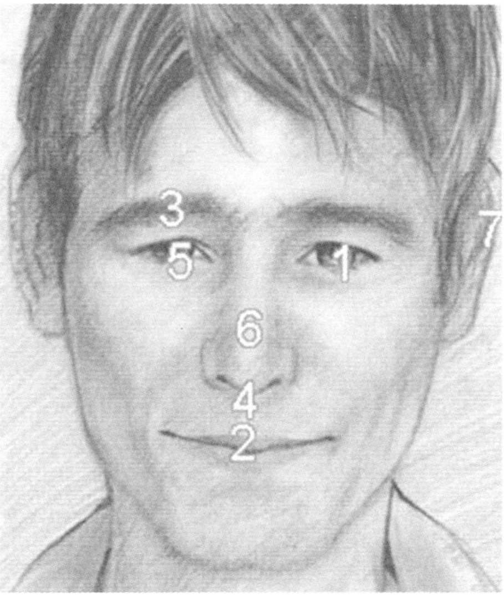

有些人容易自我封閉，生活在自己的世界，只重視自己的私慾，而無暇理會他人的需求，說好聽一點是離群索居、獨善其身，實際上是自私自利、薄情寡義。他不喜歡讓人看到自己的喜怒哀樂，而且心防特別重，對待周遭的人總是冷漠以對，不然就是虛情假意的招呼問候。這種人是碰不得的，要特別的小心。

面相特徵

1. 眼睛大、鼻子短

眼睛大的人，會比較衝動行事，而且不太考慮後果，還會有自我迷戀的特質，鼻子短的

人，無法控制物質慾望，會比較奢侈浪費，不太在意他人的感受，只重視自我的滿足而已。

2. 嘴巴小、鼻子尖

嘴巴小、鼻子尖的人，肚量會比較小，而且不太善於溝通，會比較有抱怨批評，表面上看起來待人和善，其實是僞裝出來的表情，心裡不太願意幫助他人，付出的金錢財物反倒會很心疼。

3. 眉毛稀疏

眉毛稀疏的人，做人會比較現實，不太會顧慮交情，因此不太跟其他人往來，就算有交際應酬的話，也只是爲了某種目的而已。

4. 人中短淺

這種人比較不會熱心公益，會比較以自我爲中心，不在意他人的死活，只關心要自己，對朋友不是很熱情，通常有事情才會攀關係。

5. 三白眼、四白眼

眼睛有三白眼或四白眼的話，表示爲人精明幹練，城府很深，只想要成就自己，而不惜犧牲別人，內心讓其他人猜不透，會使人有害怕的感覺。

6. 鼻樑歪斜

鼻樑代表個人心思，若長得歪斜的話，表示心術不正，會動歪腦筋算計他人，而且會貪圖利益，不顧慮到衆人的福利，常常惹上麻煩，遭來他人怨恨。

7. 耳朵太高

耳朵位置太高的人，通常會比較自以爲是，認爲自己的主張正確，不太理睬他人的看法，雖然表現得很清高，但是私下會很孤僻，很少跟朋友有往來。

二十五、尊重他人、謙虛禮讓的面相

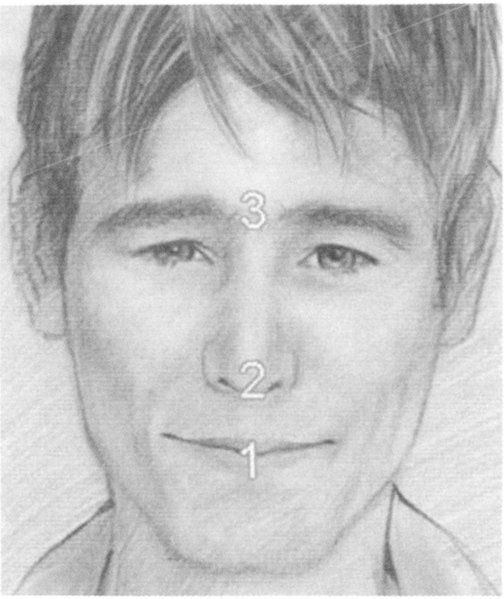

若做人懂得禮讓對方，加上說話得體的話，那麼就不容易招致失敗，因爲身邊的朋友會願意幫助他，自己也會比較努力進取，會虛心求教，從失敗中學習，不會因爲一時成功而沾沾自喜，也不會因爲一時失敗而自甘墮落。因此這種特質的面相，通常是寬大、開放的臉形與五官，而不是緊閉、擠縮的臉形與五官。

面相特徵

1. 嘴巴寬大

嘴巴除了大之外，也要能夠閉合，而不是大而無收，這樣是不太好的，表示做人缺乏原

則性，有馬馬虎虎的心態，不是很能夠踏實行事。反之，嘴巴大而有收，則表示思想宏觀，胸襟遠大，顯示與他人不同的氣度。

2. 鼻孔露出

鼻孔露出的話，一般人都會說是破財，有隨便浪費的習慣，但若只是稍微露出，不是太嚴重的話，那麼其爲人豪爽，不拘小節，會喜歡跟朋友分享，做事情也很乾脆，拿得起、放得下，凡事看得很開，願意樂觀面對。

3. 雙眉開闊

眉毛較開闊的人，心胸會比較寬大，做人的原則性不高，所以對他人不容易記恨，通常人家說什麼都會答應，不太會跟人計較起衝突，有時候讓人覺得缺乏主見，但其實這是一體兩面的思考，只要不被有心人士利用，就不會有太大的問題。

命相缺陷帶災難，事與願違徒辛勞（一）

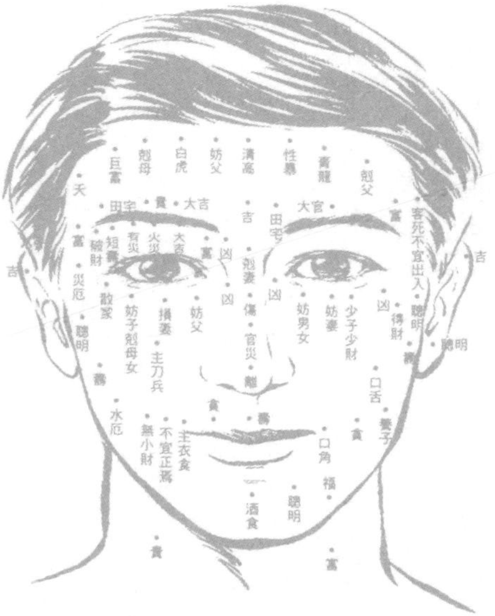

命相缺陷帶災難，事與願違徒辛勞（一）

一、男性淫亂花心的面相

1. 奸門

奸門的位置有斑點或惡痣出現的話，表示爲人性好漁色，跟另一半感情不和睦，容易向外尋找刺激安慰，婚前會同時交往許多異性，婚後很有可能會出軌或偷情，夫妻有可能會因此離異。

2. 眼睛

雙眼若斜視看待他人，眼神不是很正派的話，表示城府深沉、心懷鬼胎，又言詞閃爍，不是很誠懇的話，表示對感情不是很認真看待，有事情會瞞

另一半，有腳踏多條船的情況發生。

3. 人中

人中的部位有斑點或是惡痣出現的話，表示自己對於性的需求強烈，有慾求不滿的情況，比較不能夠控制自己，很容易受到誘惑，而有出軌或偷情的情況。

二、男性窮途潦倒的面相

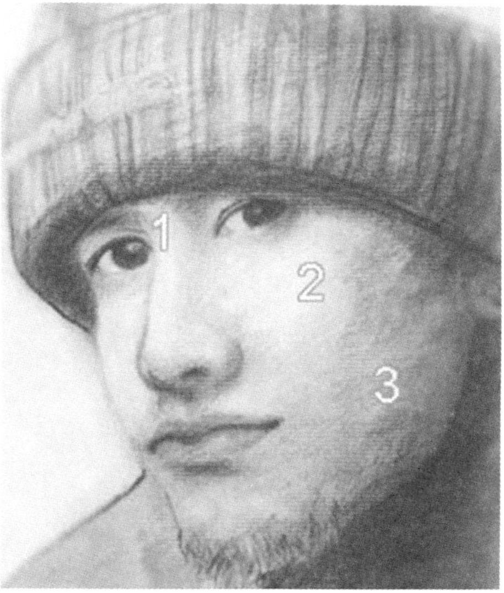

1. 山根

山根的部分太過細小，表示事業的基礎薄弱，自己的企圖心不夠，做事情常常半途而廢，沒有貫徹到底的毅力，因此會越來越辛苦，老年很可能窮途潦倒，沒有經濟收入的來源，必須靠外力救濟來過活。

2. 顴骨

顴骨若不明顯，又加上歪斜的話，表示得不到朋友支持，事業上沒有辦法領導統御，常常遭到小人的欺詐，或是莫名其妙的損失，使得人生坎坷辛苦。

3. 面容、聲音

面容若泛油光，但卻是細皮嫩肉，表示此人桃花較多，但爲人卻無擔當，生平無大志可言，又聲音帶嬌相女性的話，情況更是明顯，沒辦法全力衝刺事業，缺乏威嚴來領導統御。

4. 手腳、腰部：

手跟腳軟綿綿，沒有什麼力氣可言，表示好吃懶做、不求上進，又腰部細小，表示辛苦勞碌，做什麼事情都不是很順利，必須反反覆覆才能成功。

三、男性孤僻一世的面相

1. 額頭、眼睛

額頭的部分表示基礎運勢，以及個人的見識、事業的發展等等，若太過狹窄或偏斜的話，表示運勢不是很理想，跟親戚好友較少往來，沒辦法獲得實質幫助，行事喜歡獨來獨往，老年有孤僻的可能。眼睛的部分，眼球突出的話，表示爲人較爲急躁，脾氣不是很好，嫉妒心會滿強烈的，跟人家不容易相處，所以也有孤僻的傾向，不太跟人家交際應酬。

2. 鼻翼、準頭

鼻翼若薄弱細小，而且準頭也是，但呈現歪斜的情況，表示爲人心術不正，心懷鬼胎，

因此他人不願意接近，而且選擇配偶的判斷上，不是很明確，對方的條件不理想，還可能拖累自己，造成家人之間的誤會，老年有可能獨居。

3. 人中

人中歪斜的話，表示跟子女較無緣，而且老年運非常辛苦，沒辦法享受清福，還可能需要奔波勞碌，才可能有實質的收穫，來安度晚年生活。

4. 嘴巴、喉結

嘴巴形狀如吹火般突出，表示講話尖酸刻薄，凡事愛斤斤計較，人際關係不太理想，晚年運勢也比較差，經濟生活需要注意，喉結若突出的話，爲人較孤僻。

四、男性子女無緣的面相

1. 眼睛

眼睛若凹陷無力，而且形狀爲三角形的話，表示跟六親的緣分較薄，人際往來互動較少，而且對子女管教嚴厲，但卻容易遭到反彈，若不能改變方式管教，子女成年時就會各自離去，不會顧及到親情。

2. 淚堂

淚堂有雜亂紋路的話，表示跟子女的關係不佳，而且身體不是很健康，生育能力會受損，不容易讓配偶懷孕，有可能需要領養子女。

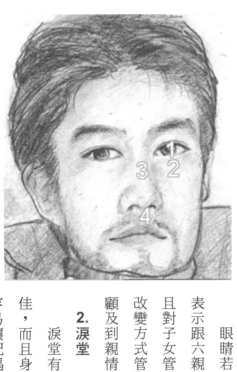

3. 年上、壽上

年上、壽上都在鼻樑上，這個地方若有直紋出現，表示跟配偶的關係不佳，彼此房事沒辦法協調，因此較不願意生兒育女，又表示經濟能力不佳，時常會爲了錢爭吵不休。

4. 人中

人中的位置若歪斜的話，表示跟子女較無緣分，甚至連生育的能力都會出現問題，或是領養的子女不孝順。

五、男性偷盜成性的面相

1.眼弦

眼弦的附近若有疤痕、惡痣的話，表示爲人佔有慾強烈，見不得別人好，對物質生活非常在意，若沒辦法滿足的話，有可能會作姦犯科。

2.眼睛

眼睛若斜視他人，見人通常低頭不語，表示個性陰沉，喜歡算計，人際關係不是很活躍，但對於私慾會不擇手段，要十分的小心注意。

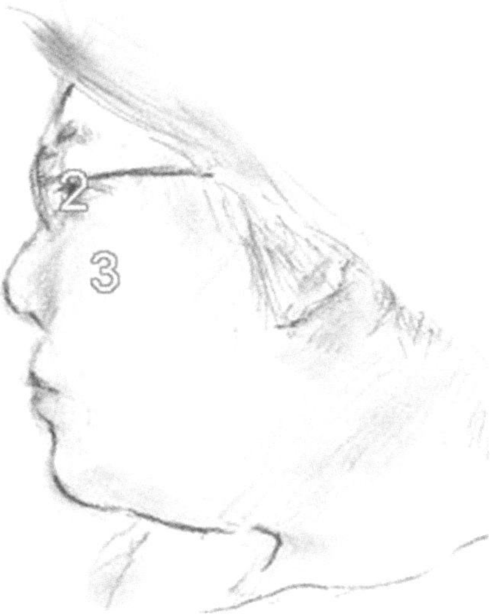

3.顴骨

顴骨的部分若突出，甚至於外張的話，表示爲人脾氣暴躁、好大喜功，常常需要金錢花用，生活奢侈糜爛，若又顴骨無肉包覆的話，表示冷酷無情，若不幸淪爲盜匪的話，對付人的手段非常凶殘。

六、男性心狠手辣的面相

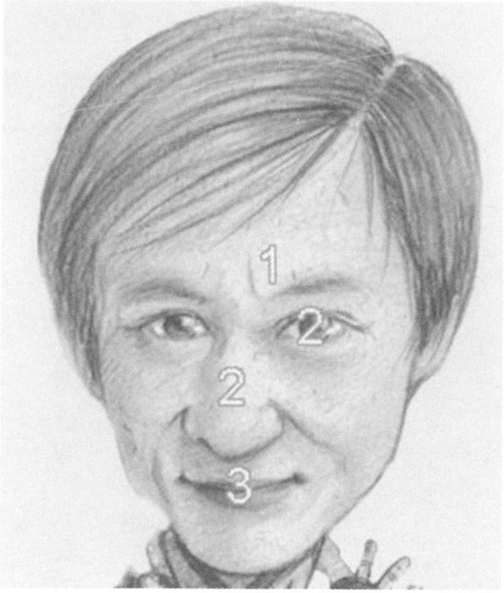

1. 眉稜骨

眉稜骨若非常突出，又沒有肉包覆的話，表示爲人行事衝動偏激、容易膽大妄爲，若與人發生口角糾紛的話，很可能會懷恨在心，而採取暴力或其他手段，時常在外惹事生非，有犯小人或官司的情況。

2. 眼睛、年壽

眼睛若呈現赤紅色，而且久久不能消退，表示脾氣相當火爆，做事欠缺耐性，不高興的話會當場翻臉，而且不會顧慮到其他人的存在，年壽的部分起結，而有擴張的跡象，表示非常以自我

爲中心，不愛受到管教約束，反抗心強烈，對其他人不信任，會想要佔人家的便宜，因此常與人發生衝突。

3. 嘴巴

嘴巴如吹火形狀，又嘴唇薄弱，表示爲人容易口出惡言，講話不經過思考，會見不得別人好，任意批評諷刺，人際關係非常糟糕，大家不願意接近交往。

七、男性配偶緣薄的面相

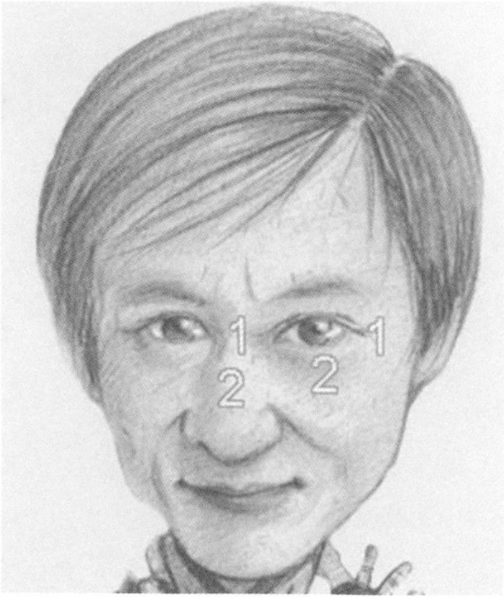

1. 山根、奸門

山根的位置低陷，甚至有疤痕、惡痣的話，表示此人一事無成，沒辦法承擔起家庭重擔，經濟需要靠配偶幫忙，因此配偶會比較勞心勞力，身體情況不是很理想。奸門的部分色澤昏黯發黑，表示跟配偶的關係不親密，容易有爭吵，夫妻通常不能白頭偕老。

2. 淚堂、鼻樑

淚堂的地方若色澤灰黑，表示跟另一半觀念不合，教養子女的方式歧異，因此會引發爭端，鼻樑若凹陷的話，表示配偶比較操勞，或是身體不佳，經常生病看醫生，花費不少金錢。

八、男性子女代溝的面相

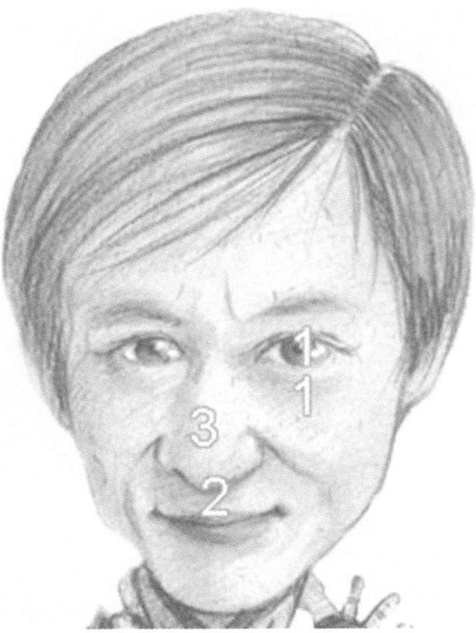

1. 眼睛、淚堂

眼睛若凹陷，而淚堂也有橫紋出現，表示自己的六親緣薄，不容易得到助力，早年奔波勞碌，跟子女相處時間少，不了解子女的想法，因此容易產生代溝。

2. 人中

人中歪斜又出現痕紋、惡痣的話，表示跟子女的緣分較薄弱，不容易影響子女的做爲，還可能要替子女操心，老年生活需要提早規畫，以防子女不賢孝。

3. 年壽

年壽若出現紋路，表示喜歡做主發號師令，但主張通常有問題，因此跟子女的溝通會出問題，子女會想要反抗，不是乖乖聽命。

九、男性事業失利的面相

1. 天倉

天倉的位置，代表一個人的貴人運，以及是否能得到支持，若凹陷的話，表示沒有人提拔幫助，必須要靠自己努力上進，求學過程會比較辛苦，若山根也低陷的話，表示基礎不是很好，大多無法自行創業，只能當人家的雇員，理財投資要特別注意。

2. 顴骨、準頭

顴骨若不明顯，或是外表有缺陷的話，表示爲人缺乏自信，沒辦法獲得支持，準頭低垂，表示錢財外流守不住，又心思不是很光明正大，人家會比較排斥。

3. 地閣、地庫

地閣歪斜而地庫有惡痣、生瘡的話，表示容易受到朋友的拖累，若擔任團體主管的話，會遭人暗中設計陷害，導致名譽信用受損，也表示交際應酬的手段較差，不夠圓融委婉、缺乏彈性。

4. 法令

法令紋若彎曲又斷斷續續的話，表示自己沒辦法創業，而且缺乏領導統御的權威跟手段，事業前途會遇到阻礙，所以成就有限。

十、男性容易再婚的面相

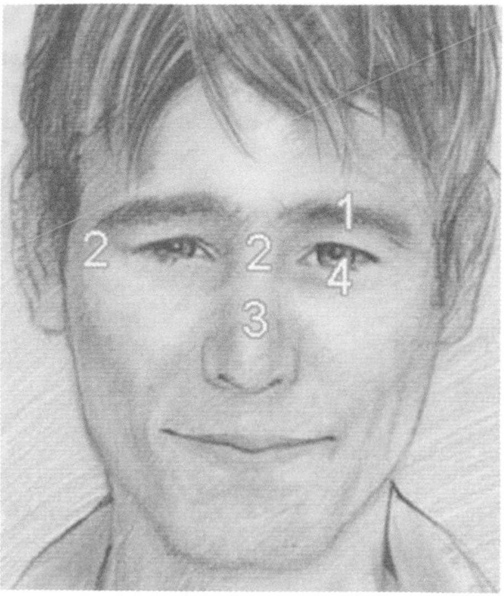

1. 眉毛

眉毛中間有間斷，而且眉尾有下垂的趨勢，表示夫妻感情不佳，有離異的情況出現，或是因爲外力介入，導致彼此沒辦法長相廝守，有再娶的可能。

2. 山根、奸門

山根有橫紋滿佈，又奸門凹陷、色澤昏黑，表示跟配偶的關係不親密，凡事必須要替配偶操心煩惱，但配偶卻不領情，大小衝突不斷，雙方有可能離異，各自再另組家庭的情況。

3.年壽

年壽色澤灰黑，而且低陷無力的話，表示配偶中途發生變故，無法與自己長相廝守，有再續絃的可能。

4.眼弦、奸門

眼弦若呈現紅色，而奸門的位置突出，表示不甘寂寞，若伴侶不適合自己，就會另尋新歡再娶，感情生活不是很穩定，容易有桃花氾濫的問題。

十一、男性配偶支配的面相

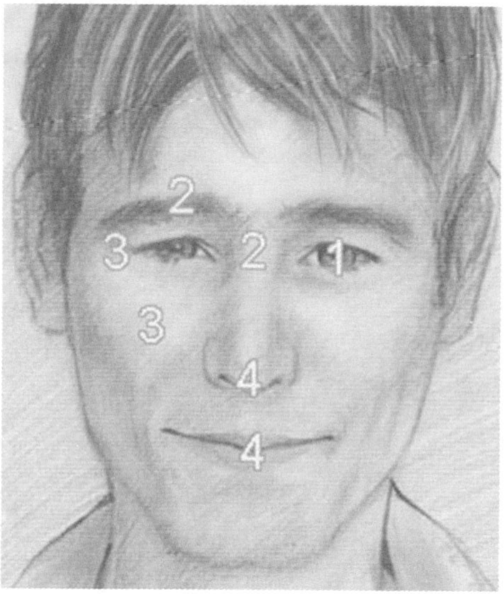

1.眼睛

眼睛若右眼大、左眼小的情況，表示感情容易有波折，而男性表示有懼內的傾向，處處會受到配偶的影響，凡事要請示配偶的意見，而沒辦法完全自做主張。

2.眉毛、山根

若眉毛壓眼的話，又山根的位置低陷，表示自己沒有什麼主張，而且膽量會比較小，什麼事情都想躲避，但是偏偏配偶管得很緊，容易產生逼迫的意味，自己的行爲舉止會比較收斂。

3.魚尾、顴骨

魚尾紋下垂，而且顴骨扁平的話，表示夫妻感情不和睦，自己會處於弱勢，不會主動爭取什麼，凡事會聽從對方的意見，而不太敢擅自主張，很容易受到配偶影響，在朋友眼中是個妻管嚴。

4.準頭、嘴唇

準頭若不突出明顯、嘴唇又像掀開嘟嘴的樣子，表示有苦難言、心情鬱悶，配偶多半會比較強勢，常常發牢騷抱怨，但自己卻不敢有所回應，長久下去，有可能爆發更嚴重的衝突。

十二、男性流氓無賴的面相

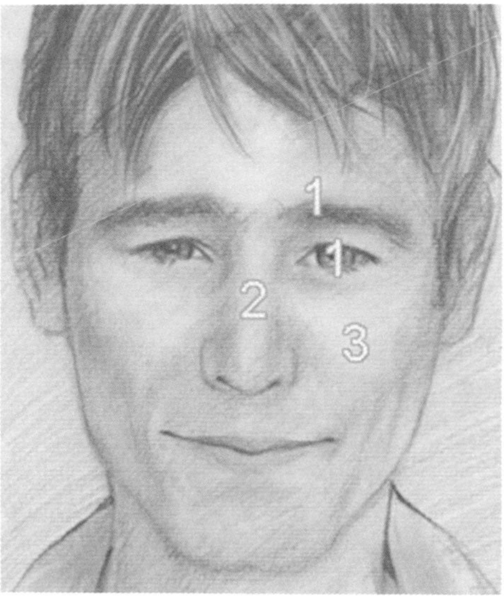

1. 眉稜骨、眼睛

眉稜骨過分突出，而且相當明顯，沒有肉包覆的話，個性會比較暴躁，對事情沒有耐心，好勝心會比較強，容易跟人家發生衝突，凡事喜歡武力解決，若眼睛也是突出的話，情況會更嚴重，非常情緒化，做事情不考慮後果，本身意外災害會比較多。

2. 臉形、年上

臉形如果橫張，像豺狼虎豹一樣，表示修養不是很好，做事情我行我素，不愛接受人家的管教約束，若年上又起結的話，表示缺乏替人著想的慈悲心腸，反而會比較自私自利，爲達目的不擇手段。

3.顴骨、牙齒

顴骨若突出高聳，但是卻沒有肉包覆，只見到骨頭的話，表示爲人霸道強勢，喜歡爭權奪利，往往不考慮其他人的立場，只會計算自己的利益，若門牙又尖斜的話，情況會更加明顯。

十三、男性勞碌無福的面相

1. 額頭、天倉

額頭的位置若比較狹窄，不是很寬廣開闊的話，表示幼年運比較辛苦，家中經濟不是很理想，事業上沒有貴人來幫忙，凡事會比較辛勞忙碌，需要靠自己努力打拚，又天倉低陷的話，表示遇到困難的機會多，但通常不容易順利解決，需要拖延許多時間。

2. 福堂、山根

福堂有雜紋出現，表示爲人心神不寧，常常擔憂害怕，因此會比較勞碌，而山根低平，表示事業基礎不是很好，需要自己爭取機會，經過一

番挫折才能成功，享福清閒的時間很少。

3. 顴骨、準頭

顴骨若低陷的話，表示自己沒有助力，人際關係的手腕較差，得不到有力的支持，若自行創業的話，在管理上恐怕會出問題，準頭若往下垂，表示投資理財的判斷不佳，需要小心注意，以免血本無歸。

4. 井灶、嘴巴

井灶若薄弱，而嘴唇也掀開，像合不攏似的，表示運勢不太理想，有每況愈下的情形，經常會在關鍵時刻出錯，而必須要奔波勞碌，事情才能有轉機出現。

十四、男性久病纏身的面相

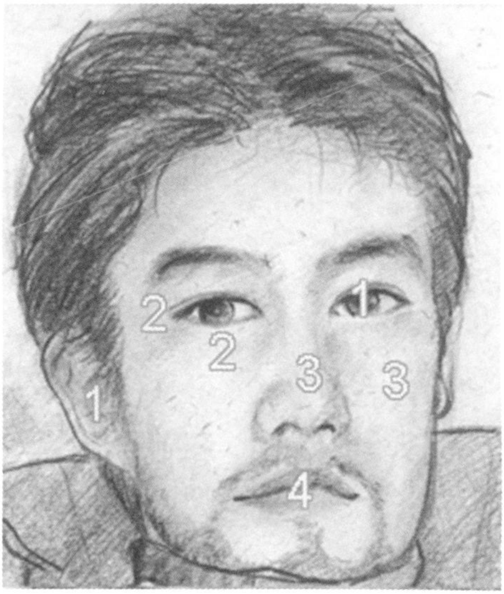

1. 耳朵、眼睛

耳朵的部分若是呈現青色，或是黑色的話，表示體質不佳，腎功能需要注意，若眼睛又呈現黃色的話，表示肝臟解毒功能有問題，恐怕會引發疾病。

2. 淚堂、奸門

淚堂的位置若浮腫，奸門也凹陷枯槁的話，表示生理機能出現問題，不可以熬夜或過度操勞，腎功能需要注意，才不會引發疾病。

3. 顴骨、年壽

顴骨若呈現赤黑色，又年壽的色澤灰黑，表示生理機能有問題，腸胃方面也需要注意，要節制飲食起居。

4. 面容、嘴唇

面容若憔悴泛黃，又嘴唇發紫發黑的話，表示營養不良，或是肝臟解毒功能出現問題，要立刻調養治療，以免引發相關疾病。

十五、男性婚姻出軌的面相

1. 山根

山根的位置若出現青、白參雜的氣色，又有斑點或惡痣的話，表示爲人意志力薄弱，易受到誘惑而出軌，生活容易奢侈浪費，有把錢花在異性身上的情況，對配偶的要求通常不理不睬。

2. 眼弦、魚尾

眼弦若出現青色，眼神浮動有點失神的感覺，加上魚尾的部分色澤昏黯，或者有斑點出現的話，表示心神不寧，有走濫桃花的現象，可能有婚外情，或是私下跟衆多異性交往，性生活較不節制。

3. 魚尾、奸門

魚尾部位有痣的話，又奸門也有痣的話，表示夫妻感情不合睦，時常有爭吵的現象，性生活不協調，男性會有另結新歡的現象，而且容易一犯再犯，不懂得節制。

十六、男性配偶早亡的面相

1. 眉毛、天倉

眉毛出現中斷或是斷斷續續的情況，表示跟六親無緣，家人聚少離多，會有生離死別的可能，天倉出現赤色，表示夫妻之間緣薄，若配偶不幸早亡，很容易變得孤僻，很少跟子女同住，不太願意跟人往來。

2. 淚堂、山根

淚堂枯槁又呈現黑色的話，表示生兒育女較少，或是跟配偶關係不親密，彼此的緣分較薄弱，又山根位置低陷，出現斑點或惡痣時，感情

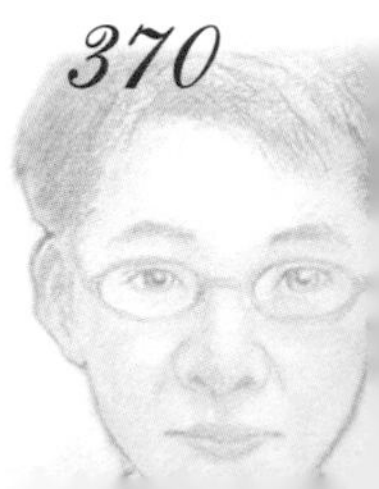

肯定不融洽，會爲了生活而煩惱，配偶會比較辛苦操勞，而有積勞成疾的現象。

3. 奸門、年壽、人中

奸門出現雜紋，又年壽凹陷，表示跟配偶關係疏遠，彼此不是很親密，對方的體質不佳，會有身體的問題，人中歪斜的話，表示老年無伴，配偶有可能離異或是早亡。

十七、男性招致意外的面相

1. 驛馬、山林

驛馬的位置若出現雜紋，表示旅行運不佳，不適合出遠門，或到異鄉去發展，要注意安全，才不會發生意外，而山林呈現赤色，表示要注意災厄降臨，不要獨自去登山或是戲水，以免造成遺憾。

2. 印堂、山根

印堂若出現赤紅色，表示生命有危險，出門要注意血光之災，旅遊也要加倍留意，又山根的部分發青，表示會遇到刁難阻礙，身心容易操勞，身體可能會出現問題，要懂得休息調養才好。

3. 耳朵、年壽

耳朵的耳骨有斑點或惡痣，表示容易遇到倒楣的事情，出門在外要小心注意，不要太過招搖，年壽有橫紋經過，表示會有意外災害發生，要特別的注意，不要從事冒險刺激的活動。

十八、男性暴力虐妻的面相

1. 額頭

額頭若狹窄突出，但皮膚卻像繃緊一樣，表示爲人見識不足，自以爲是，對待別人冷酷無情，不太容易親近，對配偶態度比較急躁，欠缺包容的心態。

2. 眉稜骨、顴骨

眉稜骨若突出，但是卻無肉包覆，而顴骨削尖，甚至於外張的話，爲人處事比較霸道，不喜歡受他人約束，比較我行我素，會去侵犯別人的權益，嚴重者，會犯下罪行，但卻不悔改。對於配偶若有不滿，會破口大罵，甚至於拳動腳相向，有暴力的傾向。

3.山根、淚堂

山根若出現斜紋，又淚堂薄弱，表示夫妻感情不合睦，男性會有很多煩惱，卻找不到人來發洩，會把氣出在另一半身上，嚴重者，雙方可能會離異。

4.奸門、眼睛

奸門若是灰黑色，又眼睛突出的話，表示爲人沒有耐性，非常的急躁，對另一半要求會比較嚴苛，不滿意的話，就會破口大罵，若對方回嘴，有可能拳腳相向，造成雙方掛彩。

十九、男性喪偶成鰥的面相

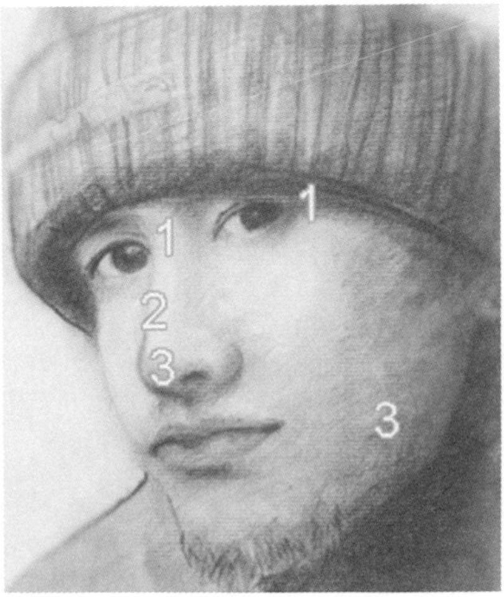

1. 山根、奸門

山根的部分低陷，又出現雜紋的話，表示事業的企圖心不強，經濟的收入有限，配偶的條件不是很理想，彼此會爲了家庭生計奔波，對方有可能因此積勞成疾，而提早離開人世。奸門低陷的話，表示夫妻的緣分較薄，有聚少離多的現象。

2. 年壽

年壽若有橫紋出現，色澤又灰黑的話，表示中年運勢不佳，很容易破財耗損，跟另一半的感情不佳，會爲了金錢而爭吵，對方不是選擇離開，就是因爲操勞過度，或是發生意外而往生。

3. 準頭、酒池

準頭若低陷，又酒池的位置有惡痣，表示夫妻的緣分薄弱，加上愛花天酒地，讓異性不敢接近，而遲遲沒辦法結婚，或是婚後不負家庭責任，配偶一氣之下選擇離開。

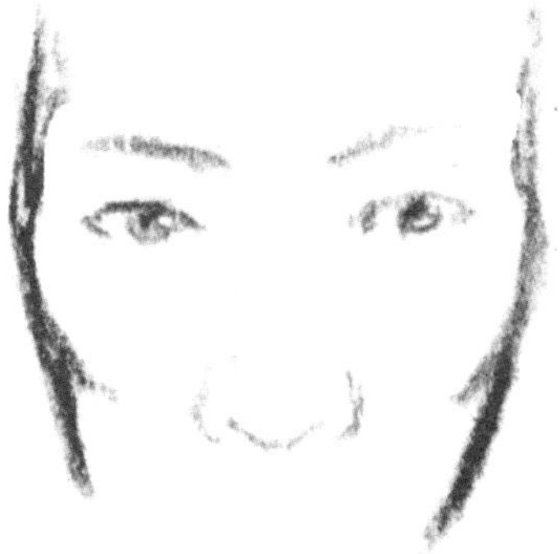

命相缺陷帶災難，事與願違徒辛勞(二)

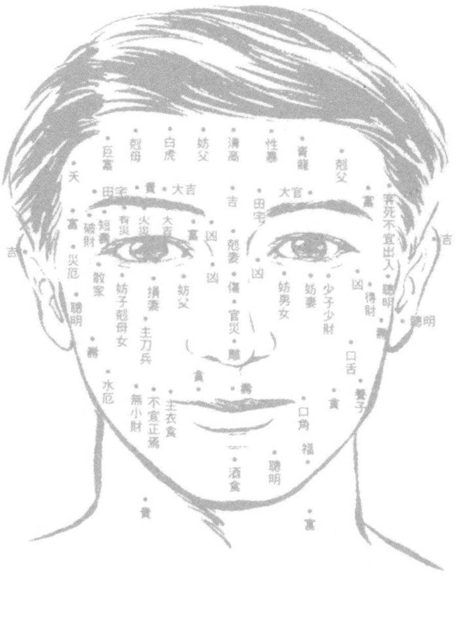

命相缺陷帶災難，事與願違徒辛勞(二)

一、女性紅杏出牆的面相

1.眼睛

眼睛有三白眼或四白眼的話，那麼就有可能因外遇而出軌，而且是主動紅杏出牆，非他人加以引誘，所謂三白眼、四白眼，就是眼睛黑色瞳孔部分被眼白給包圍起來，給人厲害而且難以接近的感覺。

2.眼弦、魚尾

眼弦的部分若呈現青色，但魚尾的部分卻呈現紅色的話，表示有桃花的傾向，但多半是不正常關

桃花，若未婚者表示有地下情人，已婚者表示有外遇。

3.年上、顴骨

年上的位置在鼻樑上，這個地方跟顴骨之間，若有鮮紅色的膚色呈現，表示最近有跟人私下幽會，感情生活比較複雜，而且行動上會比較主動積極。

4.山根、奸門

山根若有斑點的話，加上奸門的位置突出，表示忍耐力不佳，容易受到他人誘惑，而又非常重視感情生活，常常會與異性接觸，很容易有外遇。

二、女性勞碌無福的面相

1. 眼睛、面色

眼睛妖艷像會勾引人似的，但面容的氣色卻是白裡透青色，有點慘白發青的臉，表示爲人精明能幹，但卻沒有貴人幫助，凡事需要親自動手做。

2. 腋毛、腰部

沒有腋毛，加上腰部非常的細，像蜜蜂那樣的話，表示沒有靠山，凡事需要辛勤工作，才能有所收穫，欠缺額外的幫助。

3. 皮膚、胸部

皮膚的顏色光澤細白，但胸部卻向前傾，有

點駝背的樣態，表示此人非常辛勞，一刻也不得休息，負擔會比較沉重。

4. 額頭

額頭太過寬廣的話，爲人精明幹練，凡事喜歡掌握大權，若又額頭突出的話，表示個性強悍，有馭夫的傾向，但處理事情卻非常草率，沒有辦法一次辦妥，需要反反覆覆才能收效。

三、女性孤僻難處的面相

1. 眉毛、山根

眉毛若壓眼的話，表示個性急躁、沒有耐性，所以人際關係會比較不好，加上山根的部分低陷，表示缺乏主見，容易受人影響，而後又害怕被拖累，所以不敢跟人深入交往。

2. 眼睛、淚堂

眼睛若是呈凹陷下去的樣子，表示人際關係較差，與親戚朋友較少往來，而淚堂氣色又不佳的話，表示與子女無緣，彼此較少聯絡，也不會跟子女同住。

3. 年壽、鼻翼

年壽的位置在鼻樑上，若呈現灰黑色的氣色，又鼻翼的部分朝天，鼻孔有外露的現象，表示與配偶較無緣分，經濟也不太好，容易陷入困境當中，晚年比較沒有人願意伸出援手。

4. 年上、人中

年上位於鼻樑上，這個地方若隆起有結的話，表示為人心術不正，常算計周遭朋友，說話不誠實，而被其他人拒絕往來，容易形成孤僻，加上人中歪斜的話，表示無法獲得子女的認同，經濟沒有支助。

四、女性子女無緣的面相

1. 山根、奸門

山根若有明顯的橫紋，加上奸門的部分低陷，表示婚姻生活不是很理想，夫妻之間感情不睦，會比較不願意生育子女，或不管教子女，與子女感情不親密。

2. 淚堂

淚堂的部分若低陷，或是色氣不佳，又佈滿橫紋的話，表示子女的數量不多，就算有的話，也不懂得飲水思源、孝順回饋，甚至會有忤逆的情況發生。

3. 年壽

年壽的部分，也就是鼻樑的位置，若有直紋出現，而且延伸至山根的話，表示財源收入不穩定，經濟不佳，養兒育女較爲困難。

4. 人中

人中不夠深長，反倒是平淺短小，表示生育能力不佳，不容易受孕，可能需要領養子女，若有子女的話，大多溝通不良，會有代溝產生，不太容易管教，親情緣分較薄。

五、女性偷雞摸狗的面相

1. 眼弦、瞳孔

眼弦的附近若有長痣的話，表示人際糾紛較多，很容易跟人斤斤計較，若加上瞳孔歪斜，眼神看起來不正的話，則表示心思深沉但浮躁，比較會動歪腦筋，來算計他人。

2. 頭低、眼斜

看見他人的時候，打招呼都是頭低低的，不敢正視著對方，像是做了虧心事一樣，這種行爲舉止，有時候是害羞，但若每次都如此，且不苟言笑的話，表示爲人冷漠無情，喜歡暗中窺探他人隱私，等待時機來獲取利益。

3. 鼻小、唇薄

鼻小的話，表示沒有主見，容易受他人的影響，有作姦犯科的可能，若加上嘴唇很薄的話，表示心胸狹小，講話尖酸苛薄，不是能夠交往的朋友。

4. 顴骨、嘴巴

兩邊顴骨不明顯的話，表示沒有朋友扶助，而且沒辦法主導情勢，只能聽命於人，若嘴巴又削尖如吹火，表示容易犯口舌是非，常常禍從口出，而且有犯官司的可能。

六、女性心思不正的面相

1. 笑聲

笑聲是表示一個人心思的看法，女性若喜歡冷笑的話，但又不是針對某事而笑，有事沒事就發笑，多半心裡有詭計盤算，或是不自覺的流露出，此人有某些壞習慣，但不喜歡人家發現。

2. 雙眼、顴骨

雙眼若突出的話，表示個性急躁、脾氣火爆，動不動會跟人家吵架，並且使用激烈的手段，若顴骨也突出，而且削尖的話，那麼爲人更是強勢，而且心狠手辣，甚至會出賣朋友。

3. 鼻樑

鼻樑若有起結突出的話，表示爲人不誠實，會經常說謊，而且重視個人利益，不顧他人的感受，若鼻頭又如鷹喙倒勾的話，那麼城府頗深，心機很重，會有陷害他人的意圖，最好不要跟這種人做朋友。

4. 唇薄

唇薄的人比較無情，而且行事比較冷靜，因此若有人不小心得罪他，輕者，會出言諷刺譏笑，重者，會當街怒罵，甚至於使出撒手鐧。

七、女性配偶早亡的面相

1. 山根、奸門

山根表示事業的基礎，也是觀看另一半的位置，若有低陷、疤痕或惡痣的話，表示較沒有依靠，配偶的條件不是很理想，不是離婚的話，就是很早離開人世，若奸門的部分凹陷，而又呈現灰黑的氣色，那麼情況會更佳明顯，多半無法跟配偶白頭偕老。

2. 年壽

年壽的位置凹陷，表示缺乏經濟支柱，若有呈現灰黑的色澤，表示配偶很可能英年早逝，只剩下自己孤單一人。

3. 法令

法令紋若斷斷續續，而且有彎曲開叉的現象，也多半表示配偶不幸身亡，沒辦法長年陪在身邊。

八、女性月事已來的面相

1. 眉毛

眉毛的前端若翹起，色澤帶點油膩黑亮，就表示月經來潮。

2. 淚堂

淚堂的部分若色澤紅潤，表示月經正常，若灰黯的話，表示月經不順，而淚堂凹陷枯槁的話，表示月經漸漸減少，或已經沒有月經。

3. 人中

人中的部位象徵子宮，出現赤紅色的話，表示經期不順，流量時多時少。

九、女性流落風塵的面相

1. 口笑、眼笑

眼睛媚態像勾引男人似的，水汪汪的好像會笑一樣，加上嘴巴時常合不攏，有事沒事就發笑，好像在嘻鬧一樣，表示爲人不重視貞操觀念，喜歡物質享受，常跟不同異性交往，性生活隨便。

2. 手指、手掌

手掌、手指軟綿綿的，好像沒有什麼骨頭一樣，若又細皮嫩肉的，在古代的話多半是青樓女子，流落風塵的象徵，但現今女性地位提高，不用依附男性，除了出賣靈肉的可能外，也表示貪

圖享受，喜歡追求物質生活，對感情抱持的心態像遊戲一樣，有腳踏多條船的傾向，算得上是八面玲瓏社交名媛。

3. 腰、臀

腰部若過細的話，表示比較沒有福分，容易爲經濟煩惱，所以容易追求物質生活，受不了外在的誘惑，又臀部走路時，過度的搖搖擺擺，代表異性緣不錯，但性慾方面，則會有慾求不滿的現象。

十、女性奪人夫婿的面相

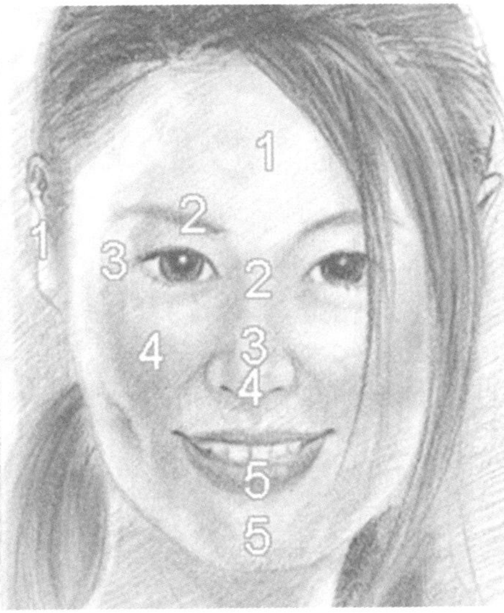

1. 額頭、耳朵

額頭若過低的話，表示思慮不周，判斷能力不佳，對感情會比較執著，有外遇發生的話，往往不能夠輕易收手，常常介入他人的婚姻。耳朵若是外翻的話，表示不遵守傳統禮教，重視自我主張，感情會採取極端的做法，容易跟有婦之夫，或其他單身異性，有較密切的往來。

2. 眉毛、山根

眉毛若過細的話，表示個性比較軟弱，感情容易受人影響，若投入的話，就會不顧一切付出，不管對方是不是欺騙自己，常有三角戀愛的困擾，又山根部位過細，表示沒有主見，缺乏事業企圖心，經濟基礎不夠穩固，會有依賴男性的傾向，而造成第三者的情況。

3. 鼻樑、魚尾

鼻樑若比較低陷，不夠高聳隆起，表示比較沒有主見，容易受他人的影響，對於異性的挑選上，標準不是很嚴苛，若加上魚尾紋雜亂的話，表示同時跟多位異性往來，而且有親密關係，但感情始終安定不下來。

4. 顴骨、準頭

顴骨若不明顯的話，表示人際關係較差，很少跟人互動，很難主導團隊的事情，若加上準頭又小的話，表示經濟條件差，挑選異性沒有標準可言，感情會比較隨便投入，而產生許多糾紛。

5. 嘴唇、地閣

嘴唇若薄的話，加上有合不攏嘴的情況，表示感情交往混亂，而且都不是很認眞，只是抱持遊戲的心態而已，若地閣有尖削不飽滿的話，表示行爲不能獲得他人認同，有自私自利的傾向，只喜歡追求物質享受。

十一、女性遭逢家暴的面相

1.眼睛、山根

眼睛若一邊大、一邊小，感情婚姻通常都不是很順利，若女性是左眼大、右眼小的話，表示另一半很強勢，而且處處會受到對方阻礙，而沒辦法順利開展，若反抗的話，還可能與對方惡言相向或慘遭修理。若山根的部位又低陷，表示膽量會比較小，凡事聽命於另一半，而沒有自己的主張見解。

2.眉毛、顴骨

眉毛若跟眼睛太近，形成眉壓眼的情況，表示人際關係緊張，容易受到他人的壓迫，另一半對自己也是如此，要求會比較嚴苛，若顴骨又長得高的話，表示想要奪夫權，夫妻彼此間將產生摩擦，嚴重的話，對方會動手打人、暴力

相向。

3. 顴骨、奸門

顴骨沒有肉來包覆，而很明顯突出的話，表示配偶個性比較暴躁，脾氣不是很好，容易變成對方的出氣筒，加上奸門又低陷，表示夫妻感情不合睦，容易有摩擦衝突，若嚴重的話，有可能拳腳相向。

4. 田宅、淚堂

田宅宮位於眉毛跟眼睛之間，若這裡呈現浮腫的話，又淚堂的色澤昏黯，表示夫妻間閨房失和，感情不是很融洽，時常有衝突發生。

十二、女性爲情所困的面相

1. 山根

山根的位置若色澤爲青白色，而且又出現斑點的話，表示對感情很執著，非常的死心眼，但又不敢大膽行動，只能胡思亂想，有患相思病的可能。

2. 眼弦、魚尾

眼弦若泛赤紅色的話，表示春心蕩漾，陷入感情漩渦當中，很容易被異性給勾引，但魚尾部分若呈現青色，表示過程進行得不是很順利，或遇到阻礙壓力，而有煩惱困惑的現象。

3. 奸門

奸門的部分若有惡痣或斑點產生，表示感情

婚姻不是很順利，跟另一半容易溝通不良，彼此會有心結產生，而沒辦法相處得很愉快。

4. 準頭、鼻翼、顴骨

準頭或鼻翼出現黑斑或粉刺，表示感情生活容易起伏，常替另一半操心煩惱，但對方通常都不領情，若顴骨又泛紅的話，表示彼此之間溝通不易，自己有很多話想說，但最後都沒有機會說，顯得非常的苦惱。

十三、女性凶悍潑婦的面相

1. 眼睛、顴骨

眼睛非常大，而且有突出的現象，表示脾氣暴躁，做事情非常衝動，加上顴骨外張尖削，又沒有肉包覆的話，那麼很喜歡掌大權，好與人爭奪利益，因此會有嚴重的口角，還可能拳腳相向，惹上官司是非。

2. 鼻子、嘴唇

鼻樑若有起結突起的話，爲人重視利益，而且不惜說謊欺騙，不是很誠實的人，加上準頭如鷹勾鼻的話，那麼更是心機深沉，常常暗中算計他人，來滿足自己的私慾，而嘴巴形狀如吹火般

多出，表示得理不饒人，會有咄咄逼人的態勢，說話尖酸刻薄，不惜與人發生衝突。

3. 臉形、聲音

臉形若外張如老虎臉一樣，表示個性凶悍，喜歡掌權，會要配偶讓她三分，甚至直接發號師令，而聲音又沙啞像男性的話，那麼行爲舉止更是誇張魯莽，跟人家產生衝突的機會就增多。

十四、女性所嫁非人的面相

1. 額頭、耳朵

額頭比較低的話，表示不是很聰明，對事情的反應較慢，處理手腕不是很圓融，教育程度相對的也可能較差，因此選擇對象的時候，比較不能夠精明的判斷，若耳朵又反背外翻的話，更是無法循規蹈矩，感情婚姻有衝動行事，不按牌理出牌的情況，通常會早婚或未婚生子，配偶的條件也較差。

2. 眼神、顴骨

眼神不是很犀利，反而是像死魚一樣的話，表示爲人沒有企圖心，腦筋也比較死板，對於感情婚姻不是很有規畫，常常會因判斷錯誤，而懊

惱不已，顴骨又平平的話，表示比較操心勞碌，會替另一半擔心受怕，但對方卻不懂得感恩回報。

3. 鼻樑、準頭

鼻樑若細小，加上準頭也小的話，表示配偶的條件不是很理想，在經濟能力上需要加強，否則會因爲現實生活而起衝突，自己會比較操心勞累。

4. 鼻翼

鼻翼的部分若不明顯，或是很薄很小的話，表示理財能力不佳，配偶也不善理財，若外翻看見鼻孔的話，那情況更是明顯，配偶容易花錢浪費，生活有奢侈的情況，有可能舉債度日，經濟情況比較拮据。

十五、女性疾病纏身的面相

1. 淚堂

淚堂的部分深陷，像是凹下去的感覺，加上色澤昏黯，表示睡眠不是很充足，生理情況不佳，容易有婦女病的困擾。

2. 顴骨、仙庫

顴骨的地方下垂，而仙庫的位置出現斑紋，表示體質較差，生理機能不佳，也很容易產生婦女病。

3. 人中、嘴唇

人中歪斜或有惡痣，表示子宮容易出問題，甚至有腫瘤的情況，而嘴唇若歪斜發白的話，也表示容易有婦女疾病。

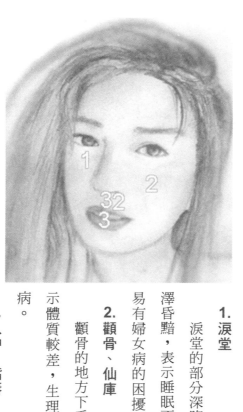

十六、女性通姦偷人的面相

1. 山根、魚尾

山根的位置若呈現青色，而魚尾的部位同時是紅色的話，表示最近有濫桃花的情況，或有不正常的男女關係，容易有外遇出軌的情況。

2. 眼弦、奸門

眼弦的部分有青色，而奸門也是青色的話，表示最近心思浮動，有思春的徵兆，對性慾比較有需求，容易被人誘惑，而有出軌的情況發生。

3. 眼尾

眼尾附近有粉紅色或青色同時出現的情況，加上有痣的話，表示爲人愛賣弄風騷，對異性念念不忘，比較不甘於寂寞，會成爲他人的第三者，或有婚外情的情況發生。

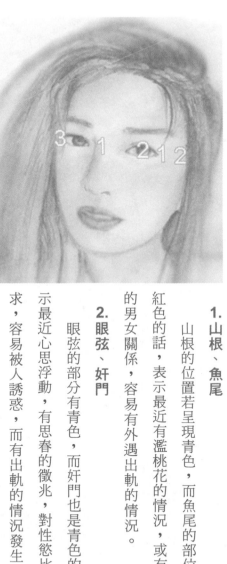

十七、女性夫兒緣薄的面相

1.眉毛、天庭

眉毛不完整，而且中間有間斷的話，表示跟親人較無緣、朋友少幫助，凡事需要靠自己，過程會滿辛苦勞累的，加上天庭氣色黑黯，那表示事業一無所獲，沒有貴人可以幫忙，丈夫會比較早過世。

2.淚堂

淚堂氣色不佳，而且昏黯無光澤的話，表示較難生兒育女，跟子女容易有代溝，彼此關係不是很親密，若有雜紋出現的話，子女要注意安全，以免發生危險意外，造成永遠的遺憾。

年上、壽上

年上、壽上色澤灰黯發黑，又呈現凹陷的樣子，表示跟丈夫較無緣，對方會比較早離開人世，自己容易守寡，沒有兒女承歡膝下。

4. 法令、人中

法令紋分叉不全，人中部位氣色不佳，或是有疤痕、惡痣的話，表示跟子女無緣，自己不能生育，或是領養的子女不孝順。

十八、女性夭折短壽的面相

1. 耳骨、山根

耳骨上面有惡痣的話，表示爲人個性叛逆，做事情又衝動，所以容易發生意外，山根的部分有赤筋劃斷，表示健康不佳，災禍連綿不斷，要注意安全。

2. 驛馬

驛馬的位置在髮際的兩側，若有疤痕或赤紅色顯現的話，表示出外容易有阻礙，尤其是去遠方旅行，要注意危險意外，才不會發生客死異鄉的不幸。

3. 年壽、準頭

年壽有橫紋出現，而且非常明顯的話，近期要注意災禍，又準頭雜紋叢生，色澤也灰黑」，要注意自身安全，不然恐怕無法長壽。

十九、女性喪偶守寡的面相

1. 山根、奸門

山根若出現橫紋的話，表示一生坎坷、奔波勞碌，沒辦法享清福，配偶的條件不是很理想，需要經濟的支持，若奸門也有雜紋的話，表示夫妻緣分較薄，相處的時間少，或是配偶很早就離開人世。

2. 年上、壽上

年上、壽上的位置，若色澤灰黑不光亮，形狀又不尖挺，反倒像凹陷的話，表示容易無依無靠，做事情會比較辛勞，但收穫卻不是很多，也不太能與配偶白頭偕老。

3. 法令、嘴唇

法令紋開叉或斷斷續續的話，表示跟丈夫的關係不佳，彼此不是很親密，若嘴唇又呈現黑紫色的話，表示晚年運辛苦，配偶的助力少，有可能是守寡的情況。

二十、女性言謊虛假的面相

1. 眼睛

眼睛一邊大、一邊小的話，表示爲人雙重個性，性情起伏不定，充滿了情緒化，不希望讓他人知道自己的隱私，會想辦法掩飾自己，若是右眼大、左眼小的女性，表示自我意識高漲，不把配偶放在眼裡，回話會有敷衍了事的現象。

2. 顴骨、鼻樑

顴骨若尖削的話，表示個性剛強，不太願意服輸，凡事會爭取主導地位，加上鼻樑尖削像刀一樣的話，爲人較冷漠無情，說話大多不誠實，跟配偶容易有說謊的現象。

3. 準頭、鼻翼

準頭尖尖的突出，若又有點勾的話，表示爲人心機深沉，警戒心很重，不太會相信他人，疑神疑鬼的神經質，說話會語帶保留，若鼻翼又薄弱無肉，表示做人易走極端。

4. 嘴巴

嘴唇若薄的話，表示對人比較不熱情，凡事會冷眼旁觀，不太願意介入，或者讓其他人打擾自己的生活，但若嘴巴形狀如吹火般的話，容易泛口舌是非，常跟人糾纏不清，讓別人非常討厭。

命運薄缺何其多，且看下面說分曉(一)

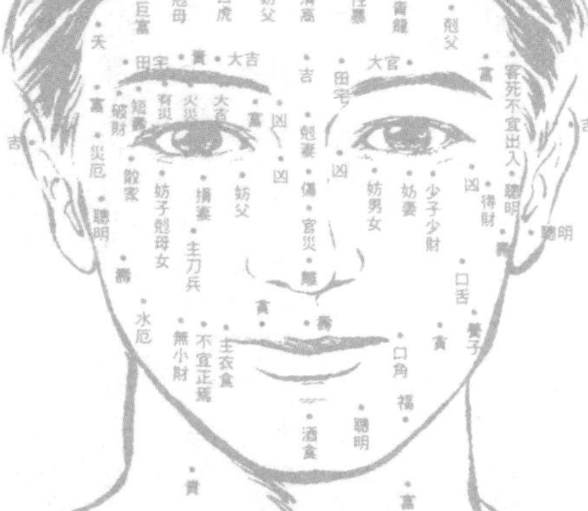

命運薄缺何其多，且看下面說分曉(一)

一、春季招惹無妄之災的面相

1. 右顴

臉部右邊的顴骨若出現黯黑的氣色，表示容易遇到災禍，多半都是事業上的問題，很可能被公司資遣，不然就是犯了過錯被公司開除，或者是自行創業，卻因爲經營不善，無法帶領部屬，甚至被對方拖累，而面臨倒閉的命運。

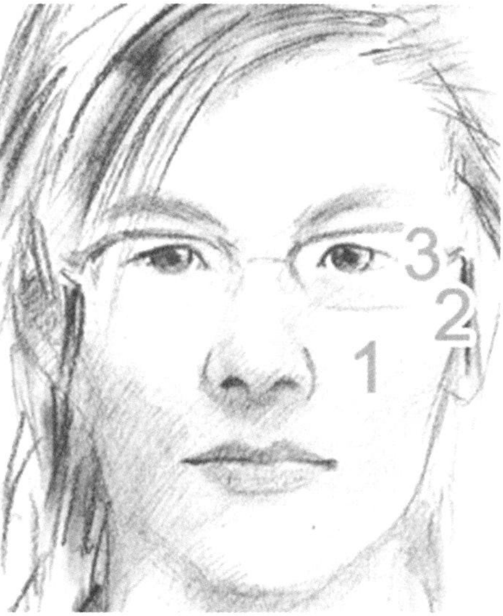

2. 命門

命門若出現紅色的斑點，表示容易遇到災厄，出門的時候要注意交通安全，以避免發生車禍意外，或是工作的時候，要注意機器操作，才能避免傷害發生。住家方面，要注意瓦斯

或電器的使用，才不會引發火災，造成財產生命的損失。

3. 奸門

奸門的位置若出現赤紅色、灰黑色交雜的情況，表示配偶容易遇到遭厄，要對方最近小心一點，來提防意外發生，盡量少去危險的公共場所，或是深夜獨自出遊，才能確保生命安全。

二、夏季招惹無妄之災的面相

1. 天庭

天庭的位置若出現赤紅色，表示事業非常不順，有被拖累的可能，要注意契約的簽訂，或是員工的做為，才不會到時候發生差錯，而有對簿公堂的情況，官司訴訟多半對你不利，敗訴的機會很大。

2. 氣色

臉部氣色非常糟糕，呈現灰黑色的話，又有類似脫皮掉屑的現象，表示最近諸事不順，運勢低落，很可能遇到他人強行搶劫，而有損失財物或受傷的可能，出門時要多加注意，金錢盡量不要露白。

3. 日月角

日月角的位置，若出現黑色的氣色，表示家裡面發生了問題，多半跟父母親有關聯，可能是疾病纏身，或是有其他的變故，應該趕快前往探視。

三、秋季招惹無妄之災的面相

1. 左顴

左邊的顴骨若有赤紅色，表示事業不順利，跟人往來要注意，才不會被對方設計陷害，影響到自己的事業前途。投資理財方面，不要過度樂觀，而投入大量資金，很可能發生無法預期的因素，導致血本無歸的情況。

2. 命門

命門的位置若出現赤紅色的斑點，表示要注意火災，盡量不要去危險的公共場所，或密閉式的空

間，或者使用火源、電器用品要注意，才不會引發火災，造成財產生命的損失。

3. 奸門

奸門的位置若氣色欠佳，呈現灰黑的情況，表示配偶容易發生意外危險，而讓你非常擔憂害怕，有拖累你的情況發生，因此要叮嚀對方多注意交通安全，盡量不要深夜出門，才能確保不受到傷害。

四、冬季招惹無妄之災的面相

1. 口唇

嘴唇出現黑紫色的情況，表示生理機能出現問題，要趕快到醫院檢查治療，以避免身體受到損害。平常飲食要注意清潔衛生，交際應酬要有所節制，才不會有食物中毒，或是腸胃疾病的發生。

2. 地閣

地閣的位置若出現赤紅色或斑點，表示自己犯官司小人，最近很可能被朋友拖累，或是跟人發生衝突，而必須要上法院裁決，但情況多半對自己不利，官司很可能會敗訴，而必須支付大筆費用。

3. 奴僕

奴僕的位置若出現赤紅色或斑點，表示會有激烈的口角衝突，多半是主管跟部屬的溝通有問題，任務無法順利執行，或資方跟勞方的問題，恐怕會越演越烈，若無法協調的話，很可能要上法院來裁決。

五、私通他人老婆的面相

1.山根

山根的位置若有青色、白色的斑點，表示爲人性生活頻繁，同時跟許多異性有勾搭，通常有可能跟別人老婆私通，有外遇偷情的情況。

2.魚尾、奸門

魚尾的位置若紋路多，表示異性緣非常不錯，能夠吸引很多異性，會有桃花情事發生，若奸門的位置突出，表示情慾強烈、慾求不滿，因此很容易出軌。

3.三白眼、四白眼

眼睛是三白眼或四白眼的話，表示爲人心機深沉，貪圖利益享受，很容易被人用物質給勾引，或是主動去勾搭其他異性，所以會有桃色糾紛的情況。

六、易受感情困擾的面相

1. 山根

山根的位置出現青色，又有斜紋的話，表示感情遇到阻礙，沒辦法順利進行，會非常迷戀某位異性，但是付諸行動卻沒有結果，有自尋煩惱的困擾出現，因此有爲情所困的可能。

2. 淚堂

淚堂尾端有青點，表示情慾不滿足，想要尋找交往的伴侶，但是卻苦無對策，不知道如何跟異性表達，而有煩惱困擾的現象。

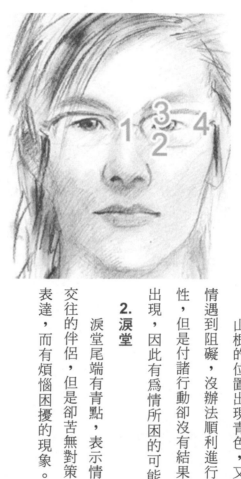

3. 眼弦

眼弦有赤色斑點，或是青色斑點的話，表示自己的心思不定，容易受到異性的引誘，但是由於桃花眾多，很容易三心二意，不知道如何去挑選，所以會有煩惱的情況出現。

4. 奸門

奸門的位置若呈現青色，又凹陷不明顯的話，表示異性緣不佳，沒有什麼知心的伴侶，追求行動多半失敗，只能苦苦等待，見到情侶會既羨慕又嫉妒，而有煩惱痛苦的情況。

七、勾搭別人老公私通的面相

1. 山根

山根的位置若出現雜亂紋路，又氣色青白相間的話，表示爲人心思不定、感情複雜，同時跟多位異性交往，婚後又不甘寂寞，會想找人訴說心聲，所以容易被異性給引誘，而有婚外情的情況。

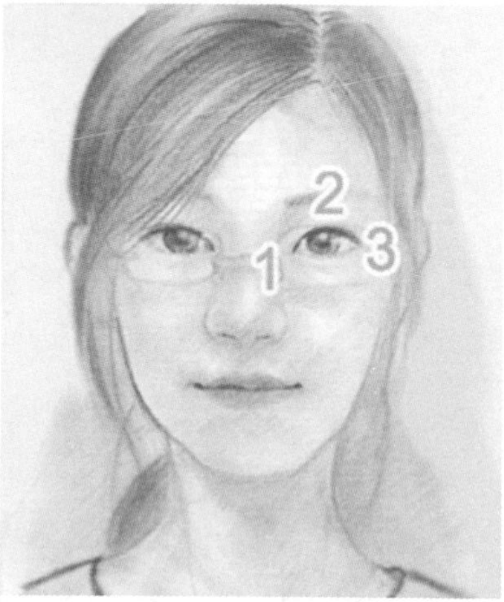

2. 眉上

眉毛尾端有惡痣或斑點的話，表示感情不順利，常常遇到阻礙，婚後跟老公感情失和，經常有爭吵的現象，會顯得非常孤獨空虛，想要尋求溫暖的懷抱，若有其他異性趁虛而入，很可能就會紅杏出牆。

3. 奸門

奸門的位置有青筋出現，而且青色向外分佈的話，表示桃花緣衆多，感情不夠忠貞，很容易受到異性引誘，而私下跟人暗通款曲，但卻把另一半蒙在鼓裡，不會讓對方知道。

八、老婆早早辭世的面相

1. 眉毛

眉毛的長度若太短，或是眉毛有間斷的情況，表示感情運勢不是很理想，跟另一半的緣分較薄弱，此有聚少離多的情況，配偶有可能遭遇不測，而提早離開人世。

2. 山根

山根出現雜亂紋路，又氣色灰黑的話，表示另一半體弱多病，無法一同分擔家計，自己會比較辛苦勞累，

事業開展會比較緩慢，配偶有可能因爲疾病，而提早離開人世。

3. 印堂、年壽

印堂的位置有八字紋出現，年壽凹陷且氣色灰黯，表示姻緣的薄弱，配偶沒辦法幫助你，甚至有拖累你的傾向，配偶的災禍較多，有可能因爲發生意外，而提早離開人世。

九、老婆離家出走的面相

1. 眉尾

眉尾部分下垂，又呈現分叉的話，表示夫妻感情失和，爭執吵鬧不斷，不懂得愛惜對方，凡事都推拖給配偶處理，對方會因此憤而離家出走，要想辦法改變自己的作風才好。

2. 山根

山根出現雜亂紋路，又呈現青色向下分佈，表示事業不得志，而夫妻爲家中生計爭執，因此雙方會撕破臉，配偶不願意繼續幫助，會獨自離家出走。

3. 奸門：

奸門的位置若有青筋、青色浮現，表示夫妻感情不穩定，容易喜新厭舊，在外跟其他異性勾搭，不顧慮家庭與婚姻，讓配偶覺得無法諒解，因此離家走出，甚至有離婚的可能。

十、久病纏身不癒的面相

1. 雙耳

兩邊的耳朵的氣色昏黯，而且色澤不明亮，表示生理機能有問題，多半是經常熬夜、睡眠不足，或是房事過度、長期憋尿等等情況，導致泌尿系統運作不正常，要趕快做健康檢查，或相關的治療。

2. 淚堂、年壽

淚堂的位置若虛腫昏黯，年壽的部分又發黑的話，表示生理機能有毛病，而且因爲開過刀，或長期服用藥物，導致身體代謝機能有問題，因此要特別的注意飲食起居，以及定期健康檢查。

3. 口唇

嘴唇的色澤呈現赤黑色，而且有枯乾的情況，表示生理機能有毛病，很可能是酒精中毒，或是藥物中毒的情況，要趕快去做檢查跟治療，才不會引發其他相關的疾病。

十一、家貧父母辛勞的面相

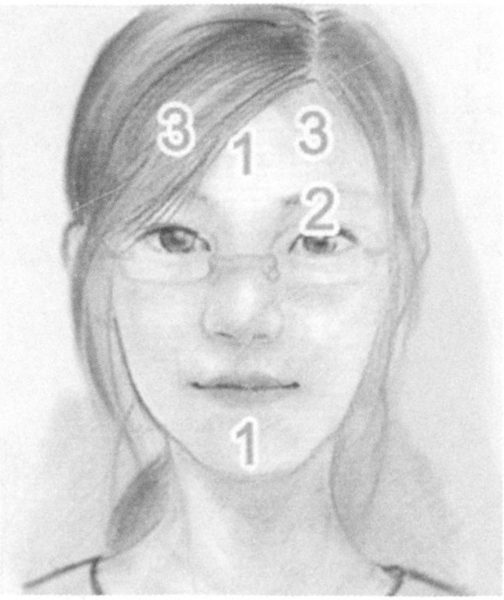

1. 額頭、地閣

額頭若太過狹窄偏斜，又地閣凹陷不飽滿的話，表示家庭背景較差，經濟拮据，父母親的教育程度低，從事較爲粗重勞力的工作，自己受到的栽培有限，幼年的生活不是很理想。

2. 田宅

田宅的位置若狹窄，又色氣灰黑的話，表示家中沒有田園、土地、建築物等財產，父母親的職業多半是勞動階級，不太懂得理財規畫，物質的享受有限。

3. 日月角

日月角的形狀尖凸，但位置卻高低不平均，表示父母親不是很和睦，家中繼承的產業可能變賣敗光，所以經濟情況較爲拮据，父母親容易奔波辛勞。

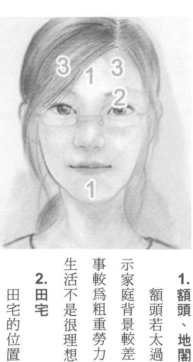

十二、父母親容易生病的面相

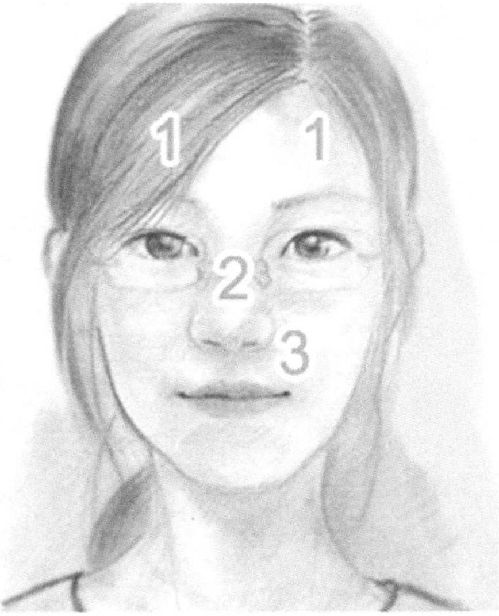

1. 日月角

日月角的位置凹陷，而且有黑色的氣色，表示父母親的運勢不佳，常常遇到無妄之災，而有被拖累的情況，身體也常常病痛纏身，沒辦法專心工作，爲人子女必須要特別的關心照顧。

2. 年上

年上枯黃或氣色灰黯，表示父母親的身體不佳，常常需要花錢看病，通常由自己負擔，還必須花時間陪伴，而有可能影響到正常的工作。

3. 法令

法令紋代表父母親，若紋路的顏色昏黯，表示父母親身體情況不佳，而且持續在生病中，左邊代表父親、右邊代表母親。

十三、爲人心腸惡毒的面相

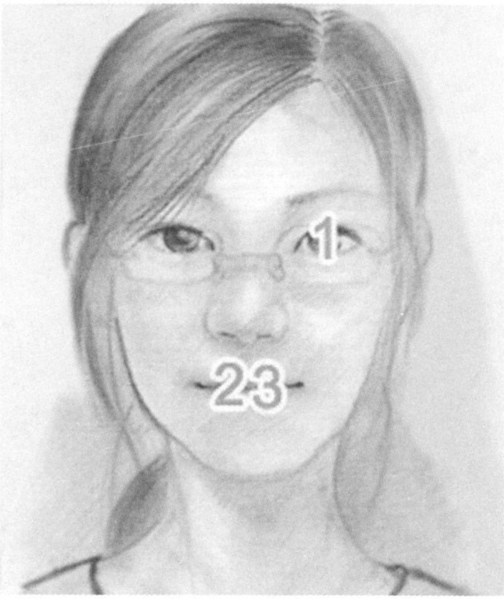

1. 氣色、眼神

滿臉都是青筋、青色分佈，表示脾氣不是很好，容易因爲暴躁而惹事，而且很重視個人利益，很可能會不擇手段，若眼神又露出兇光，對人往往都直視的話，表示爲人霸道兇殘，應該少接近爲妙。

2. 冷笑、舌頭

平常獨處的時候，會低頭冷笑不說話，但是卻不知道爲何而笑，讓人摸不著頭緒，或者常常用舌

頭舔嘴唇，這種人多半心機陰沉狡詐，常設計陷害他人，應該避免與之往來，才不會身受其害。

3. 嘴唇、牙齒

嘴巴的形狀削尖突出，好像吹火的感覺一樣，而且牙齒的排列不整齊，表示心胸狹隘，見不得別人好，所以會出言諷刺、語氣尖酸刻薄，或者暗地裡中傷他人，要跟這種人保持距離才好。

十四、順手牽羊偷竊的面相

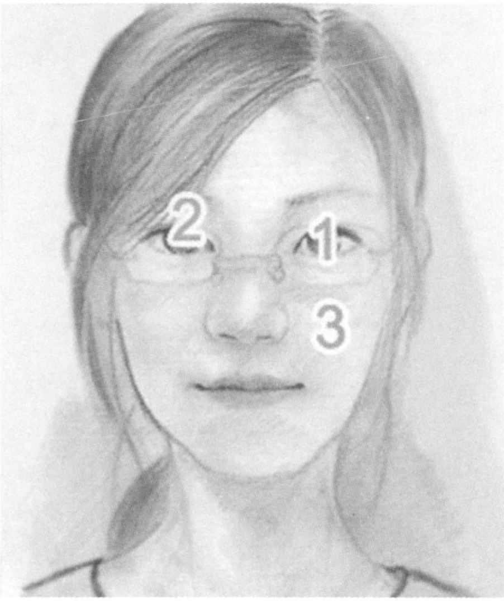

1. 眼神、體態

眼神不敢直視他人，而且左顧右盼的話，走路常回頭觀望，表示爲人心術不正、易走險路，會想要奪取他人財物，若遇到這種人出現時，要特別小心提防。

2. 眼弦

眼弦上下有惡痣的話，表示爲人重視物質享受，經不起外來誘惑，會處處想佔人家便宜，因此會設計陷害他人，或做出偷盜的行爲。

3. 顴骨

顴骨向外側橫張，走路又東張西望，表示爲人貪圖利益，花費沒有節制，會想要偷取別人的財物，或者是光天化日的行搶，來達到個人的慾望，而不顧法律道德的約束。

十五、遭人搶劫竊盜的面相

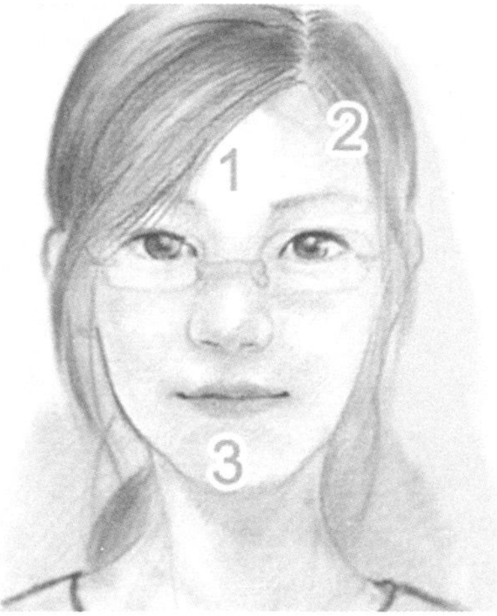

1. 天庭

天庭的色澤黯黑，而且膚質欠佳，表示自己楣運當頭，樣樣都不順利，出門在外恐怕會發生無妄之災，像是被人強行綁架，或是家中遭人入侵，而有財物或生命的損失，要特別的小心注意，最好是能去寺廟拜拜，以保佑平安無事。

2. 驛馬

驛馬的位置昏黯，或福堂的氣色赤紅的話，表示運氣不佳，要注意無妄之災的發生，若有旅行或遠行的話，要注意交通安全，或是飲食上的衛生，才能避免血光之災，或是食物中毒的情況

3. 地閣

地閣的色澤昏黯，又奴僕的部分呈現青色，表示運勢不理想，恐怕會被人給設計陷害，而損失金錢財物，或是出外與人發生爭執，遭到對方動手腳，而需要花錢消災。

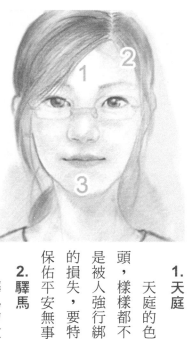

十六、外出血光之災的面相

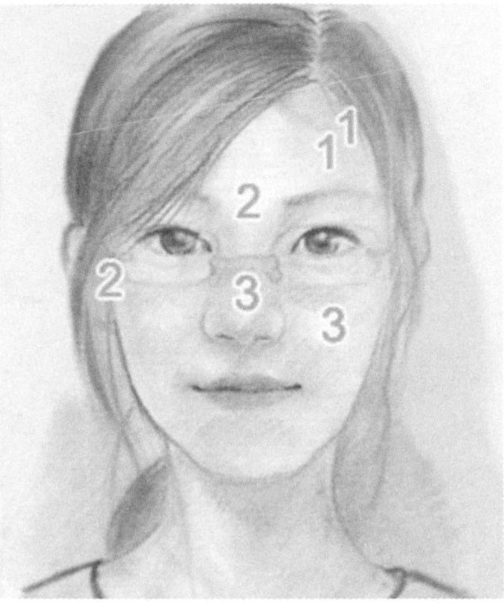

1. 山林、驛馬

山林的位置若氣色黯黑或赤紅，表示不適合到偏僻的地方，像是去登山或是釣魚、游泳，很可能會發生危險，若驛馬的位置也是如此，表示不可以出遊或到異鄉去，恐怕會有意外發生，而有血光之災。

2. 印堂、命門

印堂跟命門的位置，若有赤紅色的氣色或斑點，表示最近運勢不佳，出外要小心注意，特別是交通安全，以免發生意外危險，而損害身體健康。

3. 年壽、顴骨

年壽的位置若出現赤紅斑點，顴骨的氣色又赤紅的話，表示脾氣容易急躁，做事情欠缺考慮，所以會逞強衝動，以致於開車或走路不小心，而發生危險意外，不然就是與人發生爭鬥，而有掛彩的現象。

十七、住宅易生火災的面相

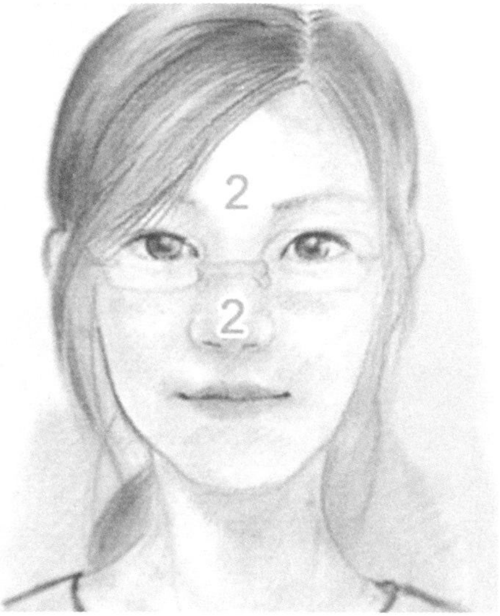

1. 臉部

臉上任何部位有赤紅色的斑點出現，表示該部位所代表的運勢欠佳，而且多半有臨時性的災禍發生，像是血光意外或是遭遇火災等等，要特別小心注意。

2. 準頭、中堂

準頭的位置若有赤紅色斑點，而且一直向上蔓延至中堂的話，表示會有災厄發生，讓你有破財損傷的情況，多半是住家會發生火災，要特別注意瓦斯跟電器用品的使用，才能確保居家平安。

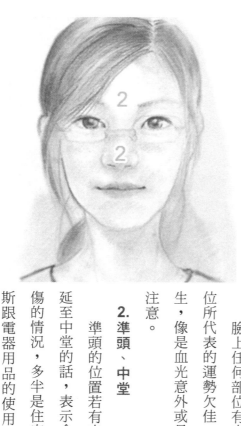

十八、家業無法繼承的面相

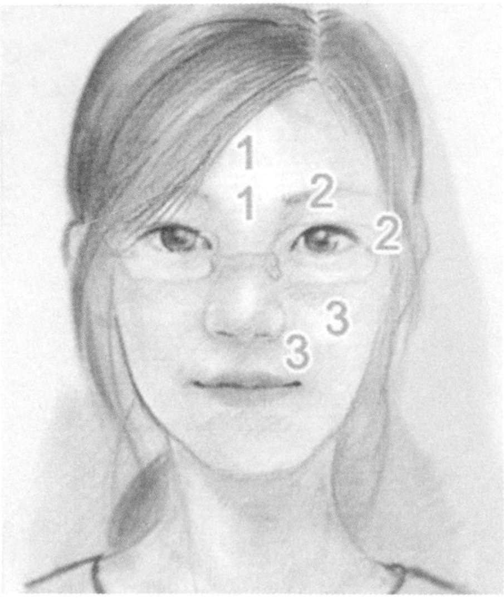

1. 天庭、山根

天庭的位置若顯得狹窄，表示沒辦法獲得長上的餘蔭，有祖業的話會慢慢的沒落，本身受到的栽培有限，又山根的部分細尖，表示企圖心、意志力不足，雖然想繼承家業，但心有餘而力不足，恐怕沒辦法獨挑大樑，必須要跟人共同經營，否則有倒閉的可能。

2. 天倉、眉毛

天倉的位置若因爲頭髮散亂，而有遮掩或沖剋的現象，表示本身累積的福德不夠，事業上缺乏貴人來幫助，凡事會比較辛苦勞累，有事倍功半的情況。若眉毛稀疏、尾端散亂的話，表示爲人個性急

躁，欠缺思慮，凡事三分鐘熱度，沒辦法堅持到底，有奢侈浪費的現象，事業上不容易守成。

3. 顴骨、法令

顴骨的位置若突起尖削，表示作風強勢，但是缺乏彈性的手腕，以及良好的溝通技巧，沒辦法管理部屬，所以事業上很難獨當一面。法令紋的部分若彎曲不正，表示處事不公正，無法獲得眾人信服，因此事業開展有限。

十九、意外客死異鄉的面相

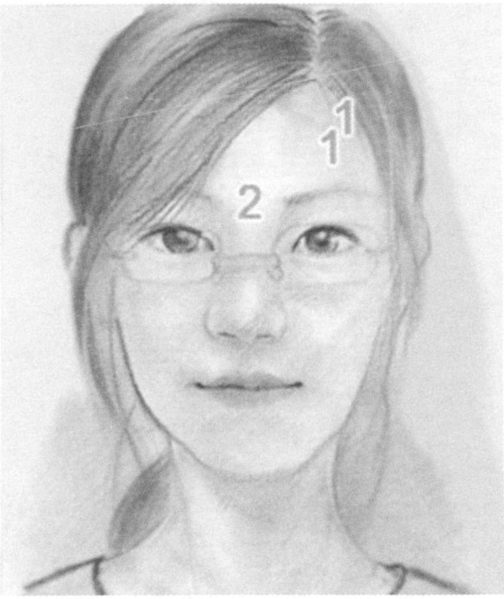

1. 山林、驛馬

山林跟驛馬的部分，若出現赤紅色的斑點，或是灰黑的氣色，表示不宜出遠門，或是到國外去旅遊，中途很可能發生危險意外，而有生命財產的損失，要特別注意才好。

2. 印堂

印堂若發黑的話，又灰黑的氣色向外擴散，表示運勢不妙、大禍臨頭的徵兆，凡事不宜輕舉妄動，應該要保守低調，又出門在外，要注意自身的安全，會有飛來的橫禍，盡量不要在外逗留，遠行應該多加考慮，能延後日期就延後。

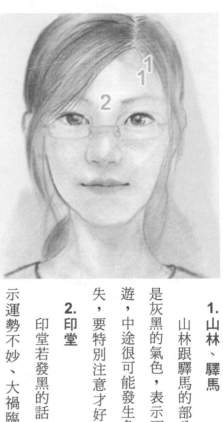

二十、一世奔波勞碌的面相

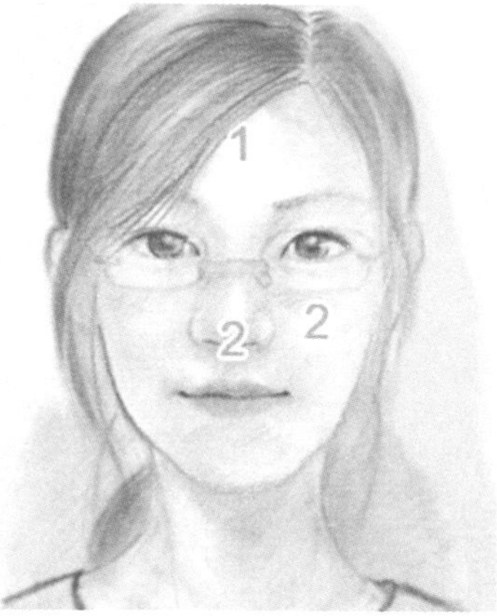

1. 額頭

額頭的位置若有三條橫紋，但是卻彎彎曲曲或斷斷續續，表示凡事奔波勞碌，遇到阻礙需要親自出面處理，而沒有貴人可以幫助，因此事業上，升遷比較會有困難而顯得較慢。

2. 顴骨、準頭

顴骨的位置削尖，表示人際關係較差，沒辦法請求別人幫助，所以凡事會事必躬親，顯得非常的勞碌辛苦。準頭的位置又小，表示見識有限、判斷欠佳，投資理財會比較吃虧，所以必須要多費時間跟力氣，才能累積財富。

3. 手指、手掌

手指若顯得粗糙，又皮膚較硬的話，表示為人奔波勞碌，從事較為粗重的工作，社會地位不是很高。又手背的部分浮現青筋，表示個性較為急躁，一刻也閒不下來，有勞心勞力的傾向。

二十一、老婆容易生病的面相

1. 龍宮、奸門

龍宮的位置若氣色昏黯，表示配偶的體質欠佳，經常生病吃藥，要多加注意。若奸門氣色灰黑的話，表示彼此的個性不合，凡事都希望推給配偶處理，所以對方比較辛苦勞碌，因此常過度勞累而生病。

2. 凌雲、印堂

凌雲的位置出現惡痣，又印堂的部分有八字紋，表示家運每況愈下，配偶多半體弱多病，而維持家計的重擔就落在自己身上，所以會比較辛苦勞碌。

3. 年壽

年壽的位置若低陷，又色澤昏黯的話，表示配偶的體質欠佳，所以常常會過敏，不然就是生病需要看醫生，金錢的開銷很大，讓自己有點喘不過氣來。

二十二、錢財週轉不靈的面相

1. 顴骨、法令

顴骨的位置若呈現青色，表示最近事業不是很順利，恐怕會遇到阻礙，多半是有關於錢的問題，若法令紋也出現黑色，表示貴人運較差，沒有人可以幫助，就會發生週轉不靈的情況。

2. 鼻翼、準頭

鼻翼的位置若呈現灰黑的氣色，或準頭有青筋出現，表示最近財運不順利，投資很可能會失敗，盡量不要擴大投資，以免損失慘重。再者跟人借貸往來，很可能被其他人給拖累，而有破財的現象發生，要謹慎考慮才好。

3. 井灶

井灶有赤紅色或黑色的細紋出現，表示財富有所損失，很可能被人給拖累，不然就是自己太過招搖，而引起別人的覬覦，而有破財消災的情況，要特別小心注意。

二十三、容易成爲鰥夫的面相

1. 山根

山根的位置凹陷，而且氣色是黯黑的話，表示事業、財運的基礎薄弱，得不到好的配偶幫助，配偶不是條件較差，就是體弱多病的情況，讓自己沒辦法順利開展，配偶有可能提早離開人世。

2. 奸門

奸門的位置有雜亂紋路出現，又氣色呈現黑色的話，表示夫妻的緣分薄弱，彼此不是感情不好，就是聚少離多的情況，配偶還容易發生意外危險，而有提早過世的可能。

3. 年壽

年壽的位置凹陷，而且氣色是灰黑的，表示配偶對自己的幫助不大，還可能拖累自己，配偶的身體欠佳，有可能較早離開人事。

二十四、無法白頭偕老的面相

1. 眉尾、印堂

眉尾的部分雜亂，有交叉的現象，表示夫妻感情欠佳、家庭失和，有先離婚再娶的可能，或者印堂有八字紋的話，表示配偶因故很早就過世，而中老年的時候，會有第二春的伴侶。

2. 山根

山根若有橫紋出現，而且像是切斷鼻樑一樣，表示事業、財富基礎不佳，配偶很可能嫌棄自己而離去，自己會另外尋找對象再迎娶，但是條件都不是很理想。

3. 眼睛、奸門

眼睛的位置凹陷，又呈現三角形的話，表示缺乏主見，獲得六親的幫助較少，運勢不是很理想，又奸門的位置凹陷的話，跟配偶的關係不融洽，很容易發生爭吵，配偶會憤而離家出走，甚至於離婚收場。

二十五、遭遇老婆欺壓的面相

1.山根、奸門

山根的位置沒有隆起，又奸門凹陷的話，表示沒有主見，人云亦云，容易受到朋友的影響，而處處以朋友優先，讓配偶心裡很不是滋味，會被配偶批評、責怪，但卻不敢回嘴反抗。

2.眼睛

眼睛若呈現一大一小，而且是左眼小、右眼大的時候，表示有妻管嚴的現象，不敢隨便得罪配偶，凡事會尊重配偶的意見，才能夠放心的去執行。

3.顴骨

顴骨的部分若一邊大、一邊小，又剛好是右邊大、左邊小的話，表示個性比較急躁衝動，起伏不定，但由於本身缺乏威嚴，不敢對配偶任意使喚，表面上常發表意見，但私下卻很聽從配偶的指示，不然很有可能被配偶打罵。

2
1
4
3

命運薄缺何其多，且看下面說分曉(二)

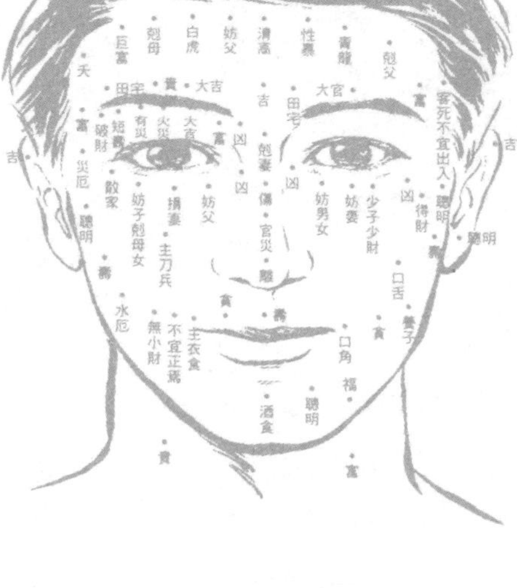

命運薄缺何其多，且看下面說分曉(二)

二十六、容易出賣靈肉的面相

1. 臉部、聲音

臉部若氣色呈現青、白相雜的情況，又聲音非常輕柔嬌聲，非常嗲的話，表示運勢起伏不定，沒辦法自主獨立，會有依附他人的情況出現，但不一定會流落風塵，有時只是表示職業較為低下而已。

2. 腰部、雙眼

腰部非常的纖細，好像要折斷一樣，表示先天運勢缺乏福祿，所以會比較辛苦勞累，經常為謀三餐而煩惱，有不得已而下海的情況出現。但若雙眼

斜視爲三白眼的話，表示爲人貪圖物質享受，心機十分深沉，會爲了滿足慾望而出賣靈肉。

3.魚尾、鼻孔

魚尾的位置若紋路雜亂，表示爲人感情複雜，多半三心二意，沒辦法安定下來，又鼻孔外露爲朝天鼻的話，表示投資理財能力差，對金錢的渴望高，常沒辦法滿足慾望，所以會有透支過度的現象，可能會利用肉體來賺取所需。

二十七、缺乏福氣好運的面相

1. 田宅

田宅的位置若凹陷，而且有疤痕或惡痣的話，表示沒有祖業遺留下來，所以沒辦法繼承，同時象徵投資理財的能力差，不懂得如何賺錢致富，所以沒辦法置產。有關土地、房屋的買賣，通常也會發生糾紛困擾。

2. 準頭、鼻翼

準頭的位置扁平，表示賺錢的能力不高，在投資理財時，眼光也不是很準確，所以往往累積不到什麼財富，還可能賠錢了事。又鼻翼外露爲朝天鼻的話，表示容易遭朋友影響拖累，而很難守住財

3. 地閣、奴僕

地閣的位置偏斜且凹陷，表示運勢較爲薄弱，事業沒有什麼基礎，貴人運不旺盛，同時晚年生活也會比較辛苦，要懂得提前規畫才好。若僕役的位置灰黯又生瘡的話，表示生活陷入貧困，凡事會比較辛勞，沒有人可以伸出援手。

二十八、運差拖累老婆的面相

1.眉毛、凌雲

眉毛的位置若有間斷的現象，表示感情運勢不佳，夫妻之間緣薄，加上個性急躁，很可能會衝動行事，而拖累對方的情況發生。如果凌雲的位置有惡痣的話，情況將更爲明顯嚴重。

2.山根

山根的位置若偏斜，又鼻樑削尖像刀鋒一樣，表示爲人較爲孤僻，人際關係不佳，姻緣較爲薄弱，對配偶的條件很挑剔，但卻不容易找到理想的對象，配偶對自己沒什麼助力，反而還可能拖累配偶。

3.奸門、年壽

奸門的位置若凹陷的話，表示夫妻感情不合，常有爭執吵鬧的現象，又年壽的部分凹表示缺乏擔當，配偶較爲辛勞忙碌，有拖累配偶的可能。

二十九、拳腳施暴欺負老婆的面相

1. 壽上

壽上的位置突起而且還起結的話，表示爲人個性陰沉、脾氣暴躁，不喜歡受人家的約束，處處會想要佔人家便宜，有不擇手段的傾向，對配偶不滿的話，會批評諷刺一番，嚴重的話，很可能會拳腳相向。

2. 眉稜骨、雙眼

眉稜骨的位置突起，又沒有肉包覆的話，表示個性急躁，欠缺考慮，遇到不滿的事情，就會直接

發洩情緒，很容易波及到旁人，尤其是配偶。若眼睛又凸出的話，那表示作風強勢，不肯退讓，衝突場面將更爲火爆。

3. 淚堂

淚堂的部分若薄弱，表示爲人不重視感情，行事比較直來直往，跟配偶的婚姻關係較差，對子女也疏於照顧，有可能爲了小事就跟配偶吵架，甚至鬧到離婚。

三十、兄弟姊妹早亡的面相

1. 耳朵

耳朵的形狀彎曲像波浪，又如果有疤痕或殘缺的話，表示家庭背景不理想，幼年生活多困苦，兄弟姊妹的緣分較薄，不是早年夭折，就是送人撫養，再不然就是孤兒的情況。

2. 眉稜骨

眉稜骨的位置若有雜亂紋路，表示爲人較爲孤僻高傲，兄弟姊妹緣分薄弱，家庭的親情較不親密，就算有兄弟姊妹的話，彼此也不常往來。

3. 眉毛

若長出白色的眉毛，表示兄弟姊妹體弱多病，很容易遭遇災禍，通常會很早就夭折，跟兄弟姊妹緣分薄弱。

三十一、無福家道中落的面相

1. 福堂

福堂的位置若凹陷，而且出現許多雜紋，表示先天的福德不足，沒辦法獲得長上的庇蔭，凡事會比較辛苦勞碌，然後才能有所得。若有祖業要繼承的話，也恐怕環境時運不濟，有心無力，沒辦法發揚光大，反而有變賣的情況。

2. 眉毛、田宅

眉毛的部分連成一線，使得印堂被沖剋，而有鎖印的現象，表示運勢沒辦法順利開展，處處受到限制，而且還容易發生災禍，而有被牽連拖累的可能，若有祖業要繼承的話，恐怕無法獨力自主，需

要有人從旁輔助才行。

3. 山根、準頭

山根的部分尖細，表示爲人缺乏主見、膽識不足，事業的企圖心不足，恐怕無法獨當一面，對於創業會顯得非常辛苦，若準頭的部分低垂，表示投資理財較差，對數字比較沒有概念，很容易因爲判斷錯誤，而招致嚴重的損失。

4. 地閣

地閣的位置若凹陷或者偏斜的話，表示爲人人際關係欠佳，處事不夠成熟穩重，缺乏管理的能力，無法帶領部屬一起打拚奮鬥，若要開創或繼承事業，恐怕困難重重，充滿阻礙。

三十二、老來孤單寂寞的面相

1. 山根、奸門

山根的位置尖細，若鼻樑又像刀一樣削尖的話，表示個性沉默寡言，不喜歡跟人往來互動，有刻意遠離人群的傾向。若奸門的部分凹陷，表示跟配偶關係不親密，彼此很少溝通，甚至會有分房的現象，老年會比較孤單寂寞。

2. 淚堂、人中

淚堂的位置若有雜亂紋路，表示跟子女的緣分薄弱，恐怕沒辦法生兒育女，或是跟子女不親密，彼此很少往來互動。又人中的部分短淺，而且有惡痣的話，表示子女不但不孝順，還有忤逆的現象，

有晚景淒涼的可能，要懂得事先規畫。

3.喉結、嘴巴

喉結的部分若特別凸出，又嘴巴的形狀像吹火般，表示爲人愛搬弄是非，喜歡三姑六婆，很容易無形中得罪人，造成人際關係失和，因此若發生困難，別人通常不願意幫助，會有孤軍奮戰的情況。

三十三、衝動逞兇鬥狠的面相

1. 眉稜骨、眼神

眉稜骨的位置若突出，又沒有肉包覆的話，表示爲人愛逞兇鬥狠，不受管教約束，行事容易我行我素，經常有惹事生非的情況，需要別人幫忙收拾殘局，又眼神若露兇光的話，手段更是兇暴殘忍。

2. 臉形、脖子

臉形若像豺狼，又脖子非常粗的話，表示爲人脾氣暴躁、行事衝動，喜歡佔人家的便宜，而且會用爭奪的手段，不太能夠講道理，這種人應該要盡量遠離。

3. 顴骨、牙齒

顴骨的位置若向兩旁擴張，又能清楚見到腮骨的話，表示爲人霸道囂張，喜歡指使他人，不愛聽從建議，反而會出口傷人，或使用暴力的手段，跟這種人不能講誠信，要盡量避免接觸。

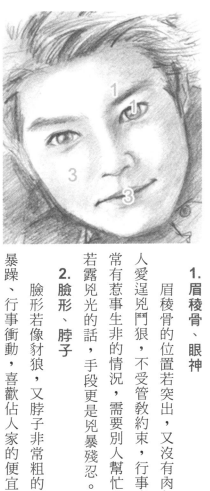

三十四、心存狡詐欺騙的面相

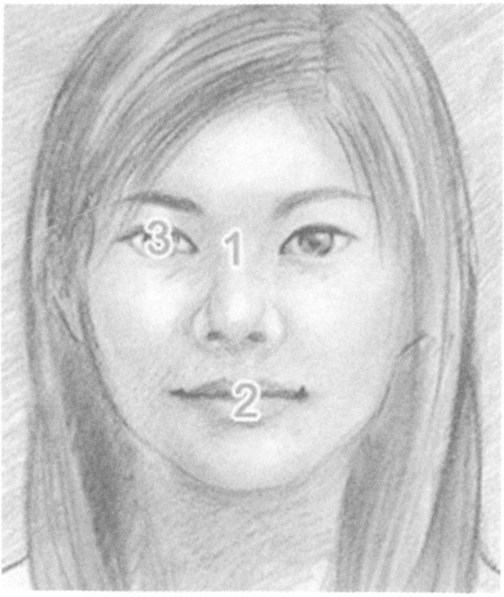

1. 鼻樑

鼻樑的部分若削尖似刀鋒，又臉部氣色呈現青色的話，表示爲人貪圖利益、居心叵測，對於想要的東西，或想達成的目的，會用盡各種手段來完成，容易發生過河拆橋的現象，要特別小心注意這種人。

2. 舌頭、牙齒

舌頭的前端爲尖形，又門牙的部分歪斜削尖，表示爲人舌燦蓮花，說話不切實際，會想要佔人家便宜，應該要避免跟對方交往。

3. 眼睛

眼睛的部分，若眼神不敢直視他人，通常是斜視的話，表示心術不正，有做虧心事的可能，又講話時無意間不斷用舌頭舔嘴唇，表示心機深沉、盤算設計，很可能想佔人家的便宜。

三十五、短視近利學薄的面相

1.眉毛

眉毛的位置雜亂交叉，而且眉尾的部分下垂的話，表示為人短視近利、見識不足，做事情沒辦法貫徹到底，經常是三分鐘熱度，學習技能會半途而廢，沒辦法專精深入。

2.眼睛

眼睛的目光若無神，像是缺乏生氣一樣，表示為人精神恍惚、行事間斷，沒辦法專注於某樣事物，容易被外界因素給吸引或影響，而造成心思散漫的情況。

3.法令

法令紋的部分，若紋路短細的話，表示為人較缺乏主見，對事物的認識有限，判斷通常不夠深入，因此管理的能力不夠，凡事不足以獨當一面。

三十六、欠缺領導統御的面相

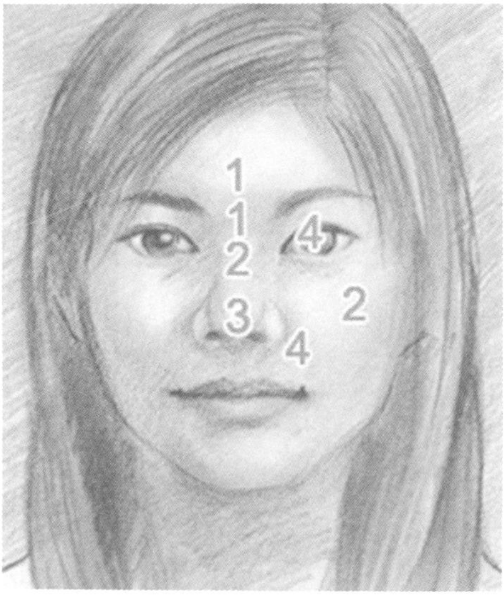

1. 中正、印堂

中正的位置若凹陷的話，表示缺乏貴人相助，事業運勢每況愈下，會有較多的阻礙困擾，不太適合當主管。印堂又顯得狹窄的話，表示爲人氣度狹隘，心胸不開闊，判斷上缺乏遠見，事業的格局有限，比較難升遷或當主管。

2. 山根、顴骨

山根的位置若細又窄，表示事業的基礎薄弱，缺乏額外的助力，凡事會比別人辛苦，又企圖心不足、忍耐力欠佳，無法承當重責大任。又顴骨的部分低平，表示人際關係較差，抗壓性也不好，比較不適合擔任管理的職位。

3. 鼻樑、準頭

鼻樑的位置若削尖細長，像刀鋒一樣的話，表示爲人心機深沉，平常不愛跟人打交道，除非牽扯到自身利益，因此擔任主管，恐怕私心自用，沒辦法服衆。準頭又向下的話，那情況更是明顯，將會成爲衆人的眼中釘。

4. 眼神、法令

眼神若散漫無神，好像失了魂一樣，表示爲人沒有主見，缺乏膽識氣魄，事業上沒辦法開創進取，還可能倒閉失敗。而法令紋短淺的話，表示見識不足、威嚴不夠，部屬容易唱反調，沒辦法帶領團隊。

三十七、遭逢牢獄之災的面相

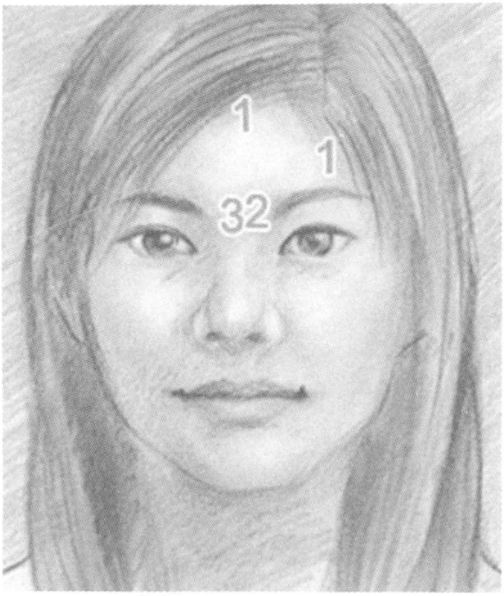

1. 天中、山林

天中的位置若呈現黑色，表示最近運勢欠佳，恐遭小人陷害，但卻沒有貴人幫助，而有糾紛纏身的情況。

若山林的氣色也呈現青色，那表示外出時要特別注意，不要惹事生非，恐怕會發生無妄之災，而有吃上官司的可能。

2. 刑獄

刑獄的位置若出現惡痣，或者雜亂紋路時，表示容易遭人陷害，或是被其他人牽連拖累，而有官司纏身的現象，要特別提防才行。

3. 印堂

印堂的位置若凹陷的話，又氣色呈現黑色，表示先天的福德不足，沒有貴人來幫助化解，而且遇到問題糾紛的話，會如同滾雪球般，有越演越烈的情況，除了損失金錢之外，甚至有牢獄之災的可能。

三十八、劫數死於非命的面相

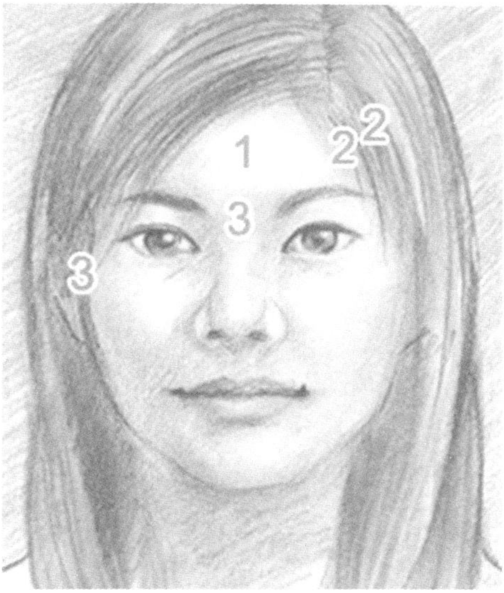

1. 司空

司空或中正的氣色若出現黑色，表示運勢相當低落，有走倒楣運的可能，情況還特別嚴重，出外要特別注意交通安全，或是旅行遊玩時的安全，才能避免血光之災，最好是能到寺廟裡去祭祀拜拜，來化解災劫轉好運氣。

2. 山林、驛馬

山林的位置若出現赤紅色，表示出門在外要注意危險意外，最好不要一個人出遊，或者是深夜逗留不歸，才能避免無妄之災。又驛馬的氣色呈現黑色，表示不適合出遠門或旅行，很可能發生危險意

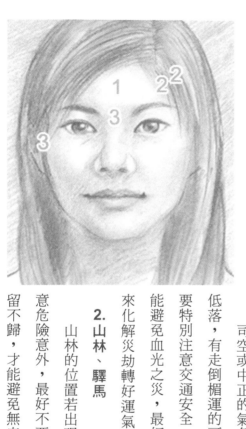

外，有客死他鄉的可能，若可以的話應該要另改日期，或是去上香求平安。

3. 命門、印堂

命門或印堂的位置若呈灰黑、發青、赤紅的話，表示楣運當頭、災禍臨身，出外要特別注意安全，以免發生血光之災，也不要去介入他人糾紛，以免被牽連拖累，居家的環境也要注意，才能避免偷盜或火災。

三十九、一世孤單無依的面相

1. 福堂

福堂的位置若凹陷，而且氣色黑黯，表示先天福祿較少，凡事會比較辛勞，與六親的緣分較薄，彼此很少往來聯絡，若結婚生子的話，子女長大後會自行成家，不跟自己一同居住，感情比較不那麼親密。

2. 山根、奸門

山根的部分若細小，奸門有凹陷的話，表示家庭背景較差，事業的基礎薄弱，跟配偶的感情不合、整天吵鬧，有分居的可能，不然就是配偶體弱多病、運勢欠佳，有提早離開人世的可能。

3. 酒池、準頭

酒池的位置若有惡痣，又準頭下垂的話，表示爲人貪圖享受、縱情聲色，不懂得節制，以及規畫財務，中晚年以後生活會走下坡，朋友會逐漸的遠離，晚景有淒涼的可能，要多加注意才好。

四十、鬱悶自殺身亡的面相

1. 印堂

印堂的位置若出現雜亂紋路，而且氣色黑黯的話，表示最近運勢不佳，遇到很多煩惱阻礙的事情，卻沒有貴人可以幫助，情緒會比較不穩定。若挫折感比較重時，還可能會有想不開的情況。

2. 壽上、命門

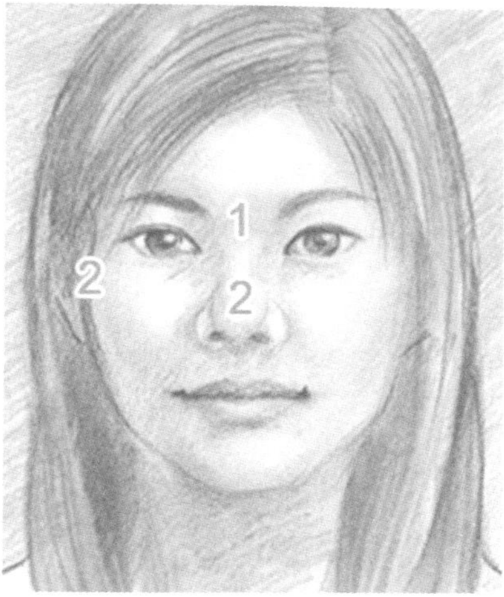

壽上的位置若有橫紋出現，像是劃斷鼻樑似的，又命門的位置呈現赤紅色，表示行事遇到阻礙，進行得不是很順利，還可能被人拖累，而有破財的情況，心情會非常鬱悶，很可能會一時想不開而衝動行事。

3. 頸上

頸上若有橫紋出現，像是被劃斷一樣，又出現惡痣的話，表示意志力薄弱，有可能想不開而自殺，需要多加留意。

四十一、不孝忤逆父母的面相

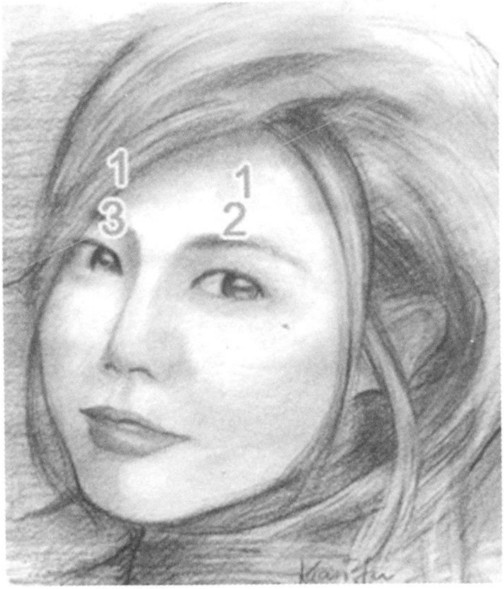

1.日月角

日月角的位置若尖凸，而且歪斜高低不一的話，表示跟父母親的緣分薄弱，彼此不是很親密，父母親沒辦法幫助自己，但自己反而會埋怨父母親，脾氣顯得很暴躁，有不太尊重的態度表現。

2.眉稜骨

眉稜骨的地方突出，但是沒有肉包覆的話，表示爲人脾氣比較急躁，喜歡自作主張，做事情非常衝動，欠缺詳細考慮，對父母親比較不耐煩，有時會有頂撞的情況。

3.眉毛

眉毛的部分雜亂逆長，或是尾端分叉的話，表示跟六親的緣分薄弱，缺乏耐性，凡事三分鐘熱度，無法專注持續下去，又不愛聽父母囉嗦嘮叨，所以會有叛逆的情況出現。

四十二、一生家無恆產的面相

1. 田宅

田宅的位置若凹陷，或出現惡痣的話，表示對於投資理財不擅長，往往判斷錯誤而損失，不然就是被人牽連拖累，而導致破產負債的情況，置產不是很容易。

2. 山根

山根的位置若低平，而且氣色灰黯，表示事業運勢不佳，困難阻礙相當多，所以賺的錢很有限，沒辦法從事投資理財，因此不容易置產。

3. 地閣、地庫

地閣的位置若削尖或歪斜，地庫也凹陷的話，表示爲人貪圖享受，奢侈浪費，不懂得節制，投資理財方面缺乏規畫，有週轉不靈的情況出現，也不太能夠替將來著想打算，通常不會想要置產。

四十三、沒有兄弟姊妹的面相

1. 眉稜骨

眉稜骨的部分若突出，而且沒有肉包覆的話，表示爲人個性剛強，不受他人管教，跟兄弟姊妹不是很合得來，關係不是很親密，或者是家中獨生子、獨生女，受到父母親的寵愛。

2. 眉毛、印堂

眉毛的部分若稀疏，表示六親的緣分薄弱，可能沒有兄弟姊妹，或是跟兄弟姊妹感情不親密，很少溝通互動。印堂的位置若有鎖眉的情況，那情況更是明顯，遭遇困難阻礙時，兄弟姊妹多半不願意伸出援手。

3. 日月角

日月角的位置若凹陷，或者是偏斜的話，表示父母親有可能感情不合睦，或者有生離死別的情況，家庭環境不良，可能沒有兄弟姊妹，或者跟兄弟姊妹很少聯繫。

四十四、無緣膝下承歡的面相

1. 眼睛

眼睛的部分若凹陷下去，又是三角眼的形狀，表示個性剛愎自用，排斥心態很強，缺乏良好的人際關係，可能沒有生兒育女，或者疏於管教子女，跟子女感情不親密，爲人處世較爲孤僻。

2. 淚堂

淚堂的位置若呈現灰黑氣色，又非常薄弱的話，表示姻緣薄弱，跟子女較沒有緣分，生兒育女的人數不多，或者有聚少離多的情況。

3. 嘴巴、人中

嘴巴的形狀如吹火，又人中短淺歪斜，表示體質有問題，不太容易懷孕生子，因此跟子女的緣分薄弱，又子女跟自己關係不佳，很可能會忤逆不孝，晚年生活要提早規畫，才能避免淒涼的現象。

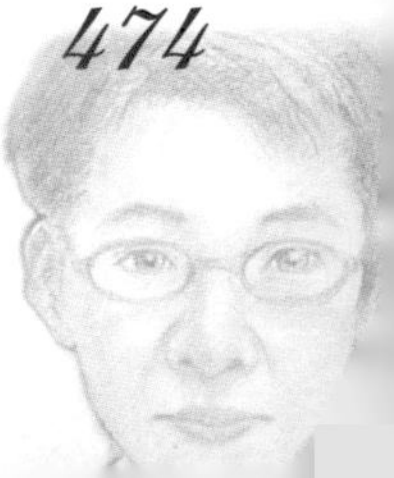

四十五、子女容易夭折的面相

1. 淚堂

淚堂的位置若氣色黯黑，或是有橫紋劃過的情況，表示跟子女的緣分薄弱，子女有可能出生就夭折，或是遭遇到危險意外，而提早離開人世。

2. 人中

人中的位置若有橫紋經過，而且氣色黑黯的話，表示子女不但叛逆，而且聽不進建言，有時會因爲衝動行事，而有悲劇的情況發生。

四十六、子女貧窮困苦的面相

1. 田宅、淚堂

田宅的位置若凹陷，又氣色黑黯的話，表示生活貧困、沒辦法置產，子女多半出外各自奔波，爲生活打拚，沒辦法留住。

2. 龍宮

龍宮的位置若赤紅或灰黯的話，表示子女容易發生災禍，有可能影響生命安全，要多加注意提防，特別是出門在外，或是去旅遊遠行的時候。

3. 淚堂

淚堂的位置若呈現赤紅色，又有雜亂紋路的話，表示跟子女的緣分薄弱，子女體弱多病，有可能夭折，或是容易發生災禍，而提早離開人世。

四十七、週轉不靈拮据的面相

1. 天倉

天倉的位置凹陷，而印堂的部分狹窄，表示爲人心胸放不開，經常煩惱憂愁，對朋友斤斤計較，而得不到額外的幫助，凡事辛勞卻不一定有所獲得，還可能因故倒貼做白工，必須要放寬心胸、提高修養才是。

2. 田宅、鼻翼

田宅的位置若灰黯，又鼻翼朝天外露的話，表示不善於理財，喜歡享受生活，對朋友言聽計從，經常大方請客，收支沒有規畫，會發生週轉不靈的現象，這是要特別注意的。

3. 體態、腰部

身體的比例長，但是腰部卻過於細小，或是身體比例短，但腰部卻過於粗大，都表示爲人遊手好閒，有好吃懶做的傾向，會因此缺錢花用，而有借貸的現象。

四十八、遭劫變賣家產的面相

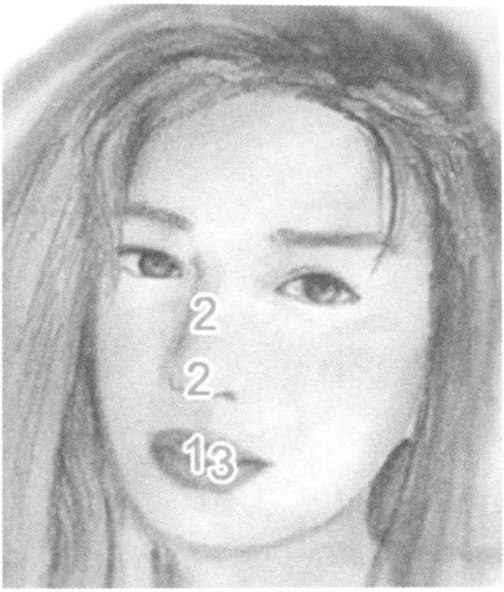

1. 田宅

田宅的位置若出現青筋，氣色呈黑黯的話，表示人生運勢跌落谷底，遇到不小的打擊阻礙，需要做出重大的決定，才能度過眼前難關，所以有可能會變賣家產，來作爲應急的資金。

2. 顴骨

顴骨的氣色灰黯，又法令紋變爲青色的話，表示最近遇到困難阻礙，或跟人家有財務糾紛，甚至上法院訴訟，有牢獄之災的可能，因此需要變賣財產，換取大量現金來因應。

3. 地閣

地閣的位置若凹陷或者歪斜的話，表示爲人不懂得規畫財務，生活比較奢侈享受，沒有節制，不是透支過度，就是染上賭博、酒色，所以很可能會因此負債跑路，而需要變賣家產來還清債務。

占卜大觀園

www.fatemax.com

全球最大命理資料庫網站

會員招幕中·好禮雙重送

◆ 好禮一：開幕慶會員·點數大方送

凡在開幕期間加入占卜大觀園www.fatemax.com成為會員，購買一般點數，即可享有20%的紅利回饋！

◆ 好禮二：會員翻天來搶購

加入會員即可享有新品上線三折起的優惠好康，快來天天搶購你的好運氣！

大師詳批指點迷津
名師開運讓你邁向人生光明

超人氣團隊-
百位名師為你開運、鑑定：
· 姓名學大師：陳哲毅、黃逢逸
· 星座大師：趙心如、Vicky
· 塔羅大師：李來青、Amy
· 命相大師：果芳...
及其它上百位命理名師，讓你知命用運，圓滿人生！

一千種以上算法
東西方命理這樣玩命才過癮！

八字、姓名、紫微、易卦、命相風水、星座、塔羅、異國、靈數魔法…
一千種以上算法，讓你詳批、開運不必上街去，祈福求籤看這裡；讓愛玩命的你，算到抽筋才過癮！

知命用運·圓滿人生
CGT 華人全球網路科技股份有限公司
網址：www.fatemax.com 地址：台北市南京東路四段45號2樓 電話：(02)2718-6669

國家圖書館出版品預行編目資料

大師教你學面相／陳哲毅著.
－－初版－－ 台北市：知青頻道 出版；
紅螞蟻圖書發行，2007〔民96〕
面　　公分，－－(大師系列：1)
ISBN 978-986-6905-29-2 (精裝)

1.面相
293.21　　　　96000053

大師系列 01
大師教你學面相
作　　者／陳哲毅
發 行 人／賴秀珍
總 編 輯／何南輝
特約編輯／林芊玲
美術編輯／林美琪
出　　版／知青頻道出版有限公司
發　　行／紅螞蟻圖書有限公司
地　　址／台北市內湖區舊宗路二段121巷19號(紅螞蟻資訊大樓)
網　　站／www.e-redant.com
郵撥帳號／1604621-1　紅螞蟻圖書有限公司
電　　話／(02)2795-3656（代表號）
傳　　真／(02)2795-4100
登 記 證／局版北市業字第796號
法律顧問／許晏賓律師
印 刷 廠／卡樂彩色製版印刷有限公司
出版日期／2007年 2 月　第一版第一刷
　　　　　2019年 3 月　　　第四刷（500本）

定價 399 元　港幣 133 元
敬請尊重智慧財產權，未經本社同意，請勿翻印，轉載或部分節錄。
如有破損或裝訂錯誤，請寄回本社更換。
ISBN 978-986-6905-29-2　　Printed in Taiwan